História e psicanálise
entre ciência e ficção

Coleção
HISTÓRIA & HISTORIOGRAFIA

Coordenação
Eliana de Freitas Dutra

Michel de Certeau

História e psicanálise
entre ciência e ficção

Precedido de "Um caminho não traçado" por *Luce Giard*

TRADUÇÃO
Guilherme João de Freitas Teixeira

2ª edição
3ª reimpressão

autêntica

Copyright © Editions Gallimard 1987 e 2002 pela edição revista e ampliada e por "Um caminho não traçado" por Luce Giard.

Título original: *Histoire et psychanalyse: entre science et fiction*

Todos os direitos reservados pela Autêntica Editora Ltda. Nenhuma parte desta publicação poderá ser reproduzida, seja por meios mecânicos, eletrônicos, seja via cópia xerográfica, sem a autorização prévia da Editora.

COORDENADORA DA COLEÇÃO HISTÓRIA E HISTORIOGRAFIA
Eliana de Freitas Dutra

EDITORA RESPONSÁVEL
Rejane Dias

EDITORA ASSISTENTE
Cecília Martins

REVISÃO DA TRADUÇÃO
Eliane Marta

REVISÃO DE TEXTOS
Hugo Maciel
Vera Chacham

CAPA
Alberto Bittencourt
(Sobre imagem de David Morgan)

DIAGRAMAÇÃO
Conrado Esteves

Dados Internacionais de Catalogação na Publicação (CIP)
(Câmara Brasileira do Livro, SP, Brasil)

De Certeau, Michel, 1925-1986
  História e psicanálise : entre ciência e ficção / Michel de Certeau ; tradução Guilherme João de Freitas Teixeira. – 2. ed. ; 3. reimp. – Belo Horizonte : Autêntica, 2023. – (Coleção História & Historiografia ; 3)

  Título original: Histoire et psychanalyse: entre science et fiction.
  Bibliografia.
  ISBN 978-85-7526-485-0

  1. Foucault, Michel, 1929-1984 2. Freud, Sigmund, 1856-1939 3. História - Aspectos psicológicos 4. Historiografia 5. Lacan, Jacques, 1901-1981 6. Psico-história I. Dutra, Eliana de Freitas. II. Giard, Luce. Um caminho não traçado. III. Título. IV. Série

11-02881   CDD-901.9

Índice para catálogo sistemático:
1. Psicanálise e ciência : História 901.9

Belo Horizonte
Rua Carlos Turner, 420
Silveira . 31140-520
Belo Horizonte . MG
Tel.: (55 31) 3465 4500

São Paulo
Av. Paulista, 2.073 . Conjunto Nacional
Horsa I . Sala 309 . Bela Vista
01311-940 . São Paulo . SP
Tel.: (55 11) 3034 4468

www.grupoautentica.com.br
SAC: atendimentoleitor@grupoautentica.com.br

SUMÁRIO

"Um caminho não traçado" por Luce Giard...................... 7
   A travessia das disciplinas.. 9
   Lugares de predileção e de ajustamentos................... 14
   O encontro com a psicanálise.................................... 19
   Psicanálise e história da espiritualidade..................... 29
   Sobre a edição desta coletânea................................ 36

Capítulo I – A história, ciência e ficção......................... 45
   "Ficções"... 45
   O legendário da instituição...................................... 49
   Cientificidade e história: a informática...................... 54
   Ciência-ficção ou o lugar do tempo........................... 62

Capítulo II – Psicanálise e história................................ 71
   Duas estratégias do tempo....................................... 71
   Freud e a história.. 74
   Tradições.. 78
   Derivas nacionais.. 81
   Deslocamentos e perspectivas.................................. 86

Capítulo III – O "romance" psicanalítico.
            História e literatura.................................... 91
   Pressupostos históricos.. 92
   Da "cientificidade" ao "romance"............................. 94
   Tragédia e retórica da história................................. 97
   A biografia anti-individualista................................ 100
   Uma estilística dos afetos...................................... 102
   O poema e/ou a instituição................................... 106
   Crer na escrita.. 110

Capítulo IV – O riso de Michel Foucault..................... 117
   Uma prática intelectual.. 118
   Práticas do poder.. 123

Capítulo V – O sol negro da linguagem: Michel Foucault... 131
   O sol negro... 132
   Do comentário à "análise estrutural"...................... 135
   As descontinuidades da razão................................ 141
   Os equívocos da continuidade: a "arqueologia"...... 142

O pensamento do exterior... 145
Questões abertas.. 147

Capítulo VI – Microtécnicas e discurso panóptico:
um quiproquó.. 151
Natureza e análise das microtécnicas.. 153
Microtécnicas de produção de uma ficção panóptica................. 157

Capítulo VII – História e estrutura... 163
Uma surpresa histórica: a diferença
do século XVII religioso... 163
A estrutura do passado histórico.. 166
A estrutura do presente historiográfico..................................... 167
A história e suas condições
de possibilidade (Da cronologia à "estrutura")........................... 169
[Elementos complementares após as palestras dos outros
dois historiadores]... 172
[Um ouvinte pergunta se sua concepção de história não é
demasiado eurocêntrica].. 175

Capítulo VIII – O ausente da história..................................... 179
A resenha crítica, prática da separação...................................... 179
Uma heterologia?... 181
Os vestígios do outro.. 186

Capítulo IX – A instituição da podridão: *Luder*.................... 189
Entremeio [*entre-deux*]. Psicanálise e mística.......................... 190
Nominação. O nobre e o podre.. 192
Da tortura à confissão... 196
Há do outro.. 199
A tradição pelo corrompido... 202

Capítulo X – Lacan: uma ética da fala/palavra [*parole*]...... 207
A tragicomédia... 209
"O artista precede"... 213
A mentira e sua verdade... 218
Retorno de Freud.. 221
Uma arqueologia cristã... 224
A teoria das figuras éticas... 227
Uma política da fala?.. 229

Referências... 233

Índice onomástico.. 251

"Um caminho não traçado"
por Luce Giard

Michel de Certeau tinha uma maneira inimitável para atravessar as fronteiras entre os campos do saber como se tal atitude fosse, para ele, uma evidência: eis o que será demonstrado, de forma concreta, pelos capítulos desta coletânea. Não se incomodava em esperar um salvo-conduto no posto fronteiriço, tampouco em solicitar a autorização dos guardiões de determinado feudo: sem ostentação, nem proclamações de princípio, avançava com um passo firme, como se não houvesse em sua mente qualquer motivo para a mínima hesitação, totalmente ocupado em descobrir o melhor percurso de investigação. Nessa atenção concentrada sobre seu objeto de reflexão, havia uma força, um elã contagioso, mediante os quais ele mostrava que o assunto era algo demasiado sério para proceder de outro modo, além do que o tempo era meticulosamente calculado para aceitar qualquer tipo de tergiversação. Quando adolescente, ele tinha gosto pela esgrima e pela prática do montanhismo nas encostas dos Alpes de sua Savoia natal; ora, segundo parece, essas duas atividades marcaram sua maneira de proceder nas coisas do espírito. Ou, talvez, todas as atividades do corpo e da mente tivessem acabado por fundir-se em uma unidade, fazendo apelo a essas qualidades cuja conjunção conferia um "estilo" inimitável ao trabalho de sua inteligência. Por ocasião de seu falecimento, Marc Augé fez dele a descrição mais justa, ao saldá-lo como "uma inteligência sem medo, sem cansaço e sem orgulho" (1987, p. 84).

Ele chegou a ser criticado, às vezes, por não ficar nem dentro nem fora, por não habitar inteiramente qualquer um de seus papéis que teriam sido exigidos por uma identidade profissional, por suas tomadas de posição e pela profusão de textos produzidos. Como seria possível obter referências precisas, nesse percurso rápido, variado, inventivo, balizado por uma ampla produção de escritos? Com efeito, estes irão apresentá-lo a seus leitores, sucessivamente, como jesuíta, editor das fontes do primeiro século de sua Ordem (1540-1640) e, em seguida, como historiador da mística da Renascença até a Idade Clássica, mas também, como um homem de seu século, apaixonado pela observação das sociedades contemporâneas na Europa e na América Latina;[1] como um cristão "abalado" pelos acontecimentos de Maio de 1968, impaciente por avaliar o *aggiornamento* a ser realizado; e, em seguida, ainda como um historiador que perscruta a especificidade da epistemologia da história; como um espírito generoso que se questiona sobre a construção do vínculo social e a afirmação das diferenças no espaço público; ou, de forma ainda mais surpreendente, como um admirador das "artes de fazer" que organizam a vida cotidiana, obstinado em justificá-la, de maneira erudita, no nível da teoria, por uma montagem de categorias e de procedimentos pedidos de empréstimo às últimas proposições das ciências sociais e humanas.[2] Essa mobilidade e essa exigência de pensamento davam, às vezes, a impressão de vertigem, suscitando a suspeita de descobrir nesse procedimento uma inconstância primordial ou, talvez, uma superficialidade dissimulada. Este jesuíta historiador, tão pouco comum, despertou em alguns a lembrança de uma historiografia, herdada das Luzes e retomada no século XIX, hostil à Companhia de Jesus, considerada então como inteiramente inscrita na ambiguidade. A explicação, um tanto sumária, nada tinha de surpreendente: historiadores e sociólogos já haviam mostrado, há muito tempo, que nunca é simples subtrair-se ao pacto social que gerencia a estabilidade das

---

[1] N.T.: Sobre as viagens de Michel de Certeau ao Brasil, cf. VIDAL, 2008. E também, DE CERTEAU, "Les chrétiens et la dictature militaire au Brasil", in *Politique d'aujourd'hui*, 1969; "La vie religieuse en Amérique latine", in *Études*, 1967.

[2] Cf. Referências: 1. Referências de Michel de Certeau e 2. Referências sobre Michel de Certeau. Para uma visão panorâmica de estudos sobre a obra de Michel de Certeau, ver as coletâneas indicadas *in* GIARD, 1987 e 1988, além da revista *Le Débat*, n. 49, março-abril, 1988; enfim, chamamos a atenção, sobretudo, para AHEARNE, 1995; GEFFRÉ, 1991 e GIARD, 1991.

identidades e suas representações. Para explicar seu procedimento, Michel de Certeau tinha o costume de dizer que ele se limitara a dar "um passo para o lado".

A travessia das disciplinas

Como e por que motivo um tão grande número de viagens entre disciplinas, lugares de interrogação, maneiras de tematizar e construir questões transversais? Ele deslocava-se de um saber para outro, por necessidade, a fim de seguir uma questão surgida em outra área na qual, em seu entender, ela não havia recebido um tratamento satisfatório. Nem por isso ele tinha a intenção de embaralhar as identidades das diferentes disciplinas; nem pregava a mistura dos métodos e dos saberes em nome de uma definitiva unidade da consciência ou em virtude da condição comum a todos os sujeitos dotados de conhecimento. Historiador atento ao que chamou de "operação historiográfica" (*ECH*, 1984a) para designar as condições reais (e, não mais, de princípio) em que se exerce tal ofício, ele insistia sobre o quadro histórico (contexto cultural, hierarquia dos saberes, gestão social dos lugares e dos encargos); com efeito, tal moldura é que vai orientar qualquer disciplina, além de contribuir consideravelmente para sua definição e seu recorte – mesmo que os especialistas prefiram sublinhar a validade de tradição de pensamento que lhes serve de referência –, assim como para sua economia interna e para a coerência das distinções estabelecidas em seu âmago. Ele reconhecia a função e a utilidade dessa série de diferenças e de atos de separação, periodicamente revista por ocasião da emergência de novos saberes, para regulamentar, em cada domínio, os usos internos à profissão e as relações de vizinhança com as outras disciplinas. Ele estava ciente da importância atribuída por todos os especialistas de determinada área do saber às marcas de reconhecimento e aos procedimentos de legitimação, a fim de receberem a respectiva identidade; aliás, tais marcas e procedimentos podem servir-lhes de suporte para estabelecerem entre si um acordo mínimo a respeito de princípios, métodos, vocabulário técnico, ou seja, um verdadeiro aparato que permita, em primeiro lugar, o acúmulo das experiências, assim como dos resultados e, em seguida, a circulação desse acervo sob uma forma condensada, graças à formulação de uma teoria explicativa. O olhar perspicaz lançado por De Certeau para a vida dos saberes – instruído pela meditação dos clássicos da historiografia, na familiaridade dos grandes eruditos do século XVII e dos tratados de método no início do século XX – era complementado por outras leituras mais inesperadas, relacionadas com a filosofia e a sociologia das ciências: em particular Karl Popper (1973), Thomas Kuhn (1972) ou Bruno Latour (1979), desde seu começo iconoclasta sob o sol californiano. O eco dessa influência será percebido mais abaixo, especialmente nos capítulos dedicados a Michel Foucault.

Essa consciência da historicidade inscrita na definição dos métodos e na maneira de recortar objetos de pesquisa incitava-o a rejeitar a sacralização do valor cognitivo das práticas peculiares de determinada disciplina. Ela conferiu-lhe a liberdade de desvencilhar-se das condicionantes impostas por essas práticas. Conduzido, às vezes, pela lógica de suas questões, a afastar-se das respostas já conhecidas, nem por isso ele renunciava a considerar o questionamento formulado e obrigava-se a continuar o trajeto do pensamento fora das fronteiras da história, sua disciplina de referência; esse não conformismo intelectual dizia respeito tanto ao tratamento da problemática adotada quanto à escolha inicial das questões a serem abordadas. Ele não se deixava desviar de certas questões em razão de julgamentos estabelecidos, prontos a desqualificar uma "questão antiga" porque pouco aceitável nas formulações atadas a um estado de saber mais recente, considerado como mais avançado ou científico. Ele julgava tal desqualificação, quase sempre acompanhada por certo desdém em relação a "problemas fora de moda", como o disfarce de uma incapacidade, como um receio inconfessável. O fato de que uma questão pudesse ser difícil de articular nos enunciados do saber presente não lhe parecia um motivo suficiente para declará-la destituída de sentido; o contrário é que lhe parecia mais verossímil. Neste caso, ainda seria necessário colocar à prova tal presunção pela abordagem da questão mediante outro caminho, pela mudança de perspectiva sobre os problemas visados; tais procedimentos tornavam possível a entrada no terreno de outra disciplina, assim como o recurso a seus próprios instrumentos.

Era assim que deveria ser entendida a ironia velada de sua expressão, situando a história em algum lugar "entre ciência e ficção". Ao utilizar essa fórmula inesperada, ele não estava animado pela vontade de rebaixar o estatuto epistêmico da história, mas entendia simplesmente levar em consideração a profundidade das questões formuladas, para não dizer resolvidas, em seu âmago. Mais do que ao brio de um escritor, a fórmula remetia a um elemento essencial em sua concepção da história, cuja análise é desenvolvida no primeiro capítulo desta coletânea. Por ser levado a atravessar as fronteiras das disciplinas unicamente pela necessidade do trabalho em curso, ele não sucumbiu, de modo algum, à tentação de erigir-se em porta-bandeira de um discurso de princípio sobre as virtudes da interdisciplinaridade; pelo contrário, desconfiava sobremaneira desse gênero de grandiloquência, do mesmo modo como desafiou grandes proclamações que, durante algum tempo, haviam acompanhado o recurso à informática. Mas nem por isso era passadista em sua metodologia e epistemologia. Ele não negava aos historiadores a possibilidade de utilizar esses novos meios de coleta e tratamento de dados em grande escala, que podiam conduzi-los a conclusões inatingíveis por outras vias; mas ele julgava indispensável refletir nos considerandos desse recurso a fim de afastar os equívocos, ao explicar que "a homenagem prestada ao computador apoia a antiga ambição de levar a aceitar o discurso histórico como um discurso do real". O perigo designado era o esquecimento da historicidade; daí viria a ignorância dos limites e da fragilidade de uma representação do passado. Ele retornava frequentemente a essa alusão ao "real", como ilusão e chamariz das interpretações, a propósito da história ou da psicanálise, como se ambas, submetidas às mesmas tentações, oferecessem aos respectivos praticantes a ocasião da mesma lucidez.

Ao atravessar o campo de uma disciplina, ele esforçava-se em permanecer fiel à sua própria disciplina, fazendo questão de redizer sua identidade de origem e os limites de sua competência para evitar qualquer ambiguidade e qualquer legitimidade inconsistente. Na sua reflexão sobre a historiografia, ele se voltou com predileção para a psicanálise: nessa disciplina, foi atraído não pela psico-história dos homens ilustres – inaugurada por Freud e Bullit, ao relatarem o caso do presidente Wilson, e sempre atrativa para alguns estudiosos[3] –, nem por considerações gerais sobre os segredos das mentalidades coletivas, cujo acesso seria facilitado pela psicanálise (uma tentação inscrita na linha de Jung à qual nem todos os historiadores conseguiram resistir). Por sua vez, ele optou por refletir sobre o Freud historiador, ou melhor, sobre a tentativa do psicanalista vienense de exercer o ofício de historiador; assim, além de ter lido, atentamente, alguns de seus textos – quase sempre na versão original em alemão –, dedicou um estudo detalhado sobre dois exemplos desse trabalho histórico. Sua atenção focalizou-se, por um lado, no último livro de Freud, *Der Mann Moses* (1939), que comenta a história bíblica de Moisés e do monoteísmo judaico, e, por outro, em um caso de neurose e possessão demoníaca (ocorrido em 1677-1678, na Áustria católica), estudado por Freud, em 1923. Os dois textos privilegiados remetem a áreas que têm a ver diretamente com suas competências: a figura de Moisés é familiar a qualquer teologia cristã do Antigo Testamento; por sua vez, Haitzmann, o neurótico de 1677, não é muito diferente dos possuídos de Loudun, em 1634, cujo processo foi estudado por ele (DE CERTEAU, 1990; voltarei a este assunto mais adiante). Seus dois capítulos sobre Freud, ao abordar Moisés e a neurose de Haitzmann, formam a última parte de seu livro *L'écriture de l'histoire* (1975), repositório principal de sua teorização acerca da disciplina, o que mostra a importância que ele atribuía a Freud em sua reflexão sobre a historiografia.

A contrario, poderemos observar que ele não se interessou, da mesma forma, por outros textos em que Freud dava sua explicação sobre a história do movimento psicanalítico; com certeza, chegou a prestar-lhes certa atenção, ao mencioná-los no capítulo II, mas sem relacioná-los diretamente com as implicações de uma "escrita da história". Aliás, convém sublinhar que sua relação com a psicanálise não se limitava ao estudo de uma herança textual, legada por Freud, mas que ele manteve verdadeiros vínculos, na França, com o círculo vivo dos psicanalistas (ROUDINESCO, 1994b), sem nunca ter desejado agregar-se a tal grupo como psicanalista profissional;

---

[3] FRIEDLÄNDER (1975), em particular o cap. 2, "La biographie psychanalytique est-elle possible?".

àqueles que manifestavam espanto por essa atitude, ele respondia que não desejava estar em todos os lugares ao mesmo tempo. Durante todo o período de sua vigência, ele pertenceu à École Freudienne de Paris (1964-1980), fundada por Jacques Lacan, a quem é dedicado o último capítulo desta coletânea. Ele se inspirou nos escritos deste psicanalista, que lhe serviram também de apreciável estímulo; por sua vez, nessa École encontrou interlocutores que vieram a ser importantes para sua reflexão. Ele participou das diferentes atividades promovidas por essa instituição: grupos de trabalho e círculos de discussão; contribuição em seminários, colóquios e encontros; publicação de conferências em diversas revistas e de volumes associados a essa rede. Foi um membro presente e ativo, sem deixar de conservar sua identidade de historiador, evitando qualquer confusão relativamente a seu *status*, empenhando-se em afastar dele qualquer suposta competência como analista, conforme é sublinhado, mais adiante, no capítulo III: "Historiador de ofício, ou membro dessa École desde sua fundação, nem por isso sou mais 'apto' para falar de Freud ou ser considerado como um de seus representantes".

Ele atribuía uma grande importância a essa maneira de atravessar um lugar de saber, sem ter direito de residir nele, sem ser titular de um discurso "autorizado", legitimado pela filiação a esse saber instituído. Sem ter hesitado em viajar entre as disciplinas, ao mesmo tempo ele rejeitava manter uma posição de destaque, da qual teria conseguido proferir um juízo definitivo sobre cada uma dessas áreas, servindo-se, à sua vontade, de seus métodos e instrumentos. Eis o que é demonstrado pelo campo, voluntariamente limitado, de sua reflexão como epistemólogo: esta se refere somente à disciplina da qual ele possuía uma experiência de primeira mão, ou seja, a história dos séculos XVI e XVII que ele havia praticado diretamente nas fontes, nos arquivos e na literatura da época. Se ele evitou construir uma epistemologia geral, é porque este gênero de discurso lhe parecia tão precário quanto o dos defensores generalistas em favor da interdisciplinaridade. Essa modéstia voluntária de seu desígnio, associada ao distanciamento em relação às instituições do saber, caracterizava sua conduta do percurso intelectual, à maneira de um fronteiriço que, não estando completamente de um lado, nem do outro, conserva sua liberdade de movimento entre idiomas, meios e culturas. Considerando que a história estava solidamente arraigada no centro de sua pesquisa e de seus questionamentos, ele atribuía-lhe explicitamente essa posição-chave em sua reflexão. No entanto, nunca procurou deter uma parcela de poder no cerne da instituição dos historiadores, em relação à qual ele conservou uma atitude semelhante àquela que mantinha diante de outras instituições – psicanálise, teologia ou campo político – que havia frequentado ou atravessado. Em relação a todas essas instituições, ele mostrava uma miscelânea, bastante particular, de respeito social, de exigência ética e de distanciamento crítico, que impunha certa reserva e suscitava a desconfiança, garantindo-lhe uma misteriosa forma de liberdade.

Lugares de predileção e de ajustamentos

Essa liberdade de movimentos estava a serviço de um trabalho – preciso, exigente, desdobrado entre a história, a linguística, a antropologia e a psicanálise, para nomear as disciplinas mais frequentadas – de pesquisa. Ainda será necessário acrescentar a filosofia e a teologia, presentes por toda parte no substrato de uma ampla erudição e na estruturação do pensamento: ambas haviam sido objeto de uma dupla formação inicial – adquirida na universidade, em Grenoble e em Paris; em seguida, no Institut Catholique de Lyon – completada e aprofundada na Companhia de Jesus, segundo o currículo habitual dos jovens jesuítas. A especialização em história ocorreu durante o doutorado, preparado na École Pratique des Hautes Études com Jean Orcibal, dedicado ao diário espiritual de Pierre Favre (1506-1546), um dos primeiros companheiros de Inácio de Loyola. Essa sólida e vasta formação explica, também, a originalidade do historiador, sua mobilidade e habilidade para atravessar as fronteiras dos campos de saber, sua capacidade em associar diversos recursos e em ter sido aceito em diferentes círculos intelectuais; e, sobretudo, explica o olhar lançado sobre a teorização do projeto historiográfico e esse constante desejo de elucidar o emaranhamento das práticas intelectuais, religiosas, políticas e sociais. Esse trabalho, sem concessões, era empreendido, inclusive, na escrita de um texto sutil e adaptável, diferenciado e complexo, que exigia do leitor uma verdadeira atenção, sem deixar de atraí-lo e encantá-lo por sua inventividade e por seu arrebatamento poético.[4]

Suas pesquisas – cujo objeto foi ora a língua dos textos místicos, ora as "artes de fazer" do cotidiano, ora a investigação sobre o estudo dos dialetos pelo *abbé* Grégoire, figura influente durante a Revolução Francesa, ora os tumultos políticos das sociedades contemporâneas, na América Latina ou na própria França, para limitarmos a lista a alguns exemplos – despertaram, uma por uma, o interesse dos especialistas do domínio em questão; mas, em todos esses comentários, a coerência e a unidade da obra inteira nem sempre foram bem percebidas. No entanto, houve unidade de intenção e de aspiração, em torno dos "lugares de predileção e de ajustamentos" – se me permito, aqui, pedir de empréstimo essas expressões familiares ao vocabulário dos *Exercícios espirituais* de Inácio de Loyola, fundador da Companhia de Jesus.[5] De um campo de objetos para outro, de uma pesquisa para outra, através de uma pluralidade de disciplinas e de métodos, a viagem do pensamento esteve associada, em Michel de Certeau, a duas fontes ou, se preferirmos, a dois nós de indagações conjugadas que haviam sido reconhecidas no tempo de uma formação multifacetada e permaneceram centrais durante os trinta anos de uma fecunda carreira.[6] Considerado sob esta perspectiva, o deslocamento entre domínios de saber referiu-se, apesar das aparências, não tanto à escolha dos temas de reflexão – bem cedo definidos –, mas à busca de um terreno propício para sua elucidação e sua apreensão por procedimentos explicitados e controláveis.

A primeira fonte de predileção foi a literatura mística; assim, Michel de Certeau nunca deixou de ler, reler e meditar o *corpus* da tradição cristã, principalmente nos autores da Renascença e da Idade Clássica. A impossibilidade de satisfazer-se com instrumentos habituais de análise para abordar esses textos enigmáticos – e não

---

[4] Em seu texto, Françoise Choay elogiava em *Artes de fazer* (INQ1), "também, o artista – sem dúvida, um dos maiores de nosso tempo – pela graça de um permanente contraponto entre o rigor de sua escrita e a riqueza das metáforas que o animam, sem nunca imobilizar-se em sistema" (p. 86-87, 1991).

[5] DE CERTEAU, "L'espace du désir ou le 'fondement' des Exercices spirituels", 1973.

[6] A lista de suas publicações – incluindo as traduções – elevava-se a 422 títulos, em junho de 1988: Luce Giard, "Bibliographie complète de Michel de Certeau", *in* GIARD, 1988. Depois dessa data, foram publicadas numerosas traduções em vários idiomas e diversas novas edições em francês.

tendo renunciado em questionar seu mistério –, obrigou-o a viajar de disciplina para disciplina, à procura de recursos de investigação e de modos de teorização. O desafio era não o "desejo de saber" a qualquer preço qual "realidade" testemunhavam esses *récits* e essas efusões poéticas, mas a vontade de analisar/expor sua particularidade por meio de procedimentos controláveis e repetíveis, a fim de nomear e respeitar a originalidade peculiar desses escritos. Não pretendia apresentar-se como "testemunha" privilegiada, arauto do sentido derradeiro desses textos, mensageiro capaz de decifrar os segredos divinos depositados no recôndito dos escritos místicos; nada lhe teria sido tão estranho. Afastou com insistência, tanto quanto possível, tal suposição; nessa pretensão, via em ação uma forma de impostura, um abuso do crer pelo saber. Seu principal livro sobre a mística, *La Fable mystique* (1982), abre-se com uma negação insistente, quase suplicante, para não ser considerado como um membro de direito do cenáculo místico; pelo contrário, de acordo com seus próprios termos, ele desejava "evitar que, a esse relato de viagem, fosse atribuído o 'prestígio' (impudico e obsceno, em seu caso) de ser considerado como um discurso credenciado por uma presença, autorizado a falar em seu nome, em suma, suposto saber do que se trata" (DE CERTEAU, *FAM*, 1982, p. 9). Observar-se-á, de passagem, a expressão "suposto saber", que é recorrente em seus textos – e, nesta coletânea, em particular nos capítulos II e III. Tomada de empréstimo da psicanálise, ela descreve a posição do analista no olhar do analisante, como é observado no capítulo X: "À partida, o analista é, pelos clientes, 'suposto saber'; ele funciona como objeto da crença deles" (cf. "A mentira e sua verdade", p. 218).

Tampouco existia a intenção de reduzir essa literatura mística a um código de procedimentos de escrita que deveria ter sido estabelecido, graças aos instrumentos de análise pedidos de empréstimo à linguística e à semiótica, nem a intenção de propor uma tipologia das estruturas psicológicas dos autores místicos pelo recurso à psicanálise. No âmago de seu empreendimento, tinha vontade de apreender, não a causa nem o modo como haviam surgido as escritas místicas, mas a escuta interior de uma música de palavras que havia manifestado, com tanta intensidade, na primeira modernidade das sociedades ocidentais, o sofrimento da separação, a dor da ausência, a ausência do único, no momento em que tinha chegado ao termo certo regime de relação com Deus. Essa ausência, cujos sinais precursores haviam sido discernidos por ele, desde o final da Idade Média, ainda continuava atuante, em seu entender, no século XX sob outras formas, em outros textos de poesia ou de ficção, desprovidos de formulação mística explícita – por exemplo, na experiência do "nada" em Mallarmé, mencionado no capítulo III. Parece-me que, à sua maneira, reservada e pudica, ele havia encontrado nesses textos místicos, além de um objeto intelectual de questionamento, o espaço de uma profunda afinidade, um ambiente de inspiração e uma fonte de vida. A natureza desse vínculo profundo, confirmado no decorrer de sua obra, foi explicada em uma breve meditação poética, publicada apenas dois anos antes de sua morte.[7] No entanto, são manifestas a constância da análise meticulosa assim como a paixão intelectual, desenvolvidas em torno desses textos, até os últimos dias de sua vida, não por ter vontade de construir um monumento de erudição, mas para continuar a narrativa de uma viagem particular:

> Sou apenas um viajante. Não só porque, durante muito tempo, viajei através da literatura mística (gênero de viagem que leva à modéstia), mas também porque – tendo feito, na área da história ou de pesquisas antropológicas, algumas peregrinações pelo mundo – aprendi, em meio a tantas vozes, que eu não passava de um particular entre muitos outros, ao relatar somente alguns dos itinerários traçados em um grande número de diversos países, passados e presentes, pela experiência espiritual (DE CERTEAU, *EUD*, 1991, p. 1-2).

No que diz respeito ao segundo espaço das interrogações, seu papel de ajustamento foi desempenhado de forma duradoura, assim como sua relação com os escritos místicos havia exercido a função de predileção. Mais difícil de isolar em seus textos, tal espaço refere-se à relação, próxima e distante, crítica e respeitosa, que o ligava às instituições ou, de preferência, ao entremeio [*entre-deux*] em que ele

---

[7] Trata-se de "Extase blanche", texto publicado em outubro de 1983 e retomado em sua coletânea *FCR*, 1987.

se situava diante delas. Já o assinalei em sua situação relativamente à instituição dos historiadores. O desligamento manifestado perante as instituições era mais refletido, e seu sentido mais profundo, do que um desejo de singularizar-se do ponto de vista social; ao admitir a necessidade de sua existência e ao compreender a importância de seu papel social – sem julgar necessário submeter-se, em todos os aspectos, a suas exigências –, ele soube evitar tanto ceder ao conformismo das instituições (de saber ou de fé) quanto desencadear uma cruzada contra elas. Assim, tendo elogiado a vontade de mudança manifestada pela multidão nas ruas em Maio de 1968, ele aplica-se a decifrar essa crítica geral das instituições no tempo dos acontecimentos, em uma série de artigos publicados entre junho e outubro, retomados em um livrinho, *La prise de parole*, publicado no final de outubro (1968; 1994). O tom caloroso e aberto assim como a generosidade intelectual dessas páginas causaram surpresa. O livrinho com um título brilhante – "*En mai dernier, on a pris la parole comme on a pris la Bastille en 1789*" ["Em maio passado, tomamos a palavra como, em 1789, havíamos tomado a Bastilha"] (DE CERTEAU, *PPP*, 1994, p. 40) – mereceu-lhe sólidas inimizades e uma grande incompreensão, inclusive entre seus amigos íntimos, porque, sem ter aderido a um partido ou grupo, ele acolhia favoravelmente a hipótese de um profundo remanejamento social e rejeitava sentir-se ameaçado, como ocorria com outros intelectuais, por essa crítica social. Após a desilusão relativamente às expectativas suscitadas pelos acontecimentos de Maio de 1968, ele vai analisar, de forma crítica, em *La Culture au pluriel* (1974), o funcionamento da cultura instituída, além de ter dissecado o discurso oficial com um escalpelo elegante e sutil e, finalmente, sem piedade.

Após esse episódio, ele voltou a abordar, sob diversas perspectivas, o vínculo que se estabelece entre "crentes" e uma instituição (do crer, do saber ou do agir). Ele partia do pressuposto de que, em todas as instituições, havia uma base comum; assim, de acordo com o conteúdo do capítulo III, cada uma delas teria, "fundamentalmente, a função de levar a crer em uma adequação entre o discurso e o real, ao considerar seu discurso como a lei do real". Longe de minimizar o papel das instituições, ele reconhecia-lhes uma função central na gestão do crer, tanto mais que, em sua opinião, esse crer era indispensável para a manutenção da coesão social: "Por sua vez, a vida social exige a crença, bem diferente, que se articula a partir dos supostos saberes garantidos pelas instituições" (igualmente no capítulo III). Ele ficava intrigado pela natureza e pela manutenção desses pactos de crença e de fidelidade, assim como por sua presença confirmada em qualquer forma de organização social; eis um aspecto considerado por ele como uma questão essencial, transbordando o domínio do religioso, atravessando o campo político e social, do passado ao presente, impondo-se tanto ao historiador quanto ao cidadão. Um de seus últimos projetos intelectuais – sem ter tido tempo para realizá-lo – haveria de propor uma "antropologia do crer", conjugada em suas formalidades sociais.[8] Ao reler o conjunto de sua obra, pode-se identificar, na questão das instituições – e dos pactos de crença e de filiação que lhes servem de suporte –, um tema unificador de seu pensamento, que ele acabou submetendo à prova em períodos e meios diferentes, desde os místicos e os possuídos no século XVII até os habitantes das novas cidades que, por volta de 1975, queixavam-se do vazio dos lugares à volta de suas moradias. Como esses lugares eram destituídos de vínculo com qualquer narrativa, lembrança ou crença, os próprios moradores não conseguiam, absolutamente, sentir qualquer afinidade com esses espaços.[9]

O encontro com a psicanálise

Os artigos reunidos neste livro têm em comum explorar o domínio de interseção entre a história e a psicanálise. Nada de surpreendente que Michel de Certeau tenha desejado, frequentemente, fornecer sua explicação sobre a história e sua historiografia: a questão estava na origem da maneira de conceber e praticar seu ofício de historiador. Ele habitava esse ofício com exigência filosófica, indagando

---

[8] O tema é esboçado na última parte de *Artes de fazer* (*INQ1*), em relação ao político e ao religioso; em seguida, através do afastamento social da morte e do moribundo. Ele é retomado em seu artigo, "L'institution du croire. Note de travail", 1983; sobre as sucessivas publicações deste texto, ver números 369 e 385 na "Bibliographie complète de Michel de Certeau", *in* GIARD, 1988.

[9] Ver o cap. "Les revenants de la ville" [Os fantasmas da cidade], in *INQ2*, 1994 (em particular, p. 201-203).

todos os seus detalhes, do ponto de vista epistemológico. Ele não estabelecia qualquer separação entre o exercício do ofício e a elucidação das condições que determinam, tanto no interior quanto no exterior, a forma e os procedimentos de qualquer "operação historiográfica".[10] Já em sua tese sobre Pierre Favre e, em seguida, nas edições críticas que visavam recompor, o melhor possível, a obra dispersa e mutilada de Jean-Joseph Surin, é evidente que ele pretende não só reconstituir "a história desses autores",[11] mas refletir nas maneiras de atingir tal objetivo e relatar sua própria maneira de proceder: a partir de quais pressupostos, sob a égide de quais conivências e à sombra de quais silêncios. A opção, em seu primeiro objeto de investigação, pela história religiosa – ou seja, histórias de crentes em ligação com as crenças de outras eras – obrigava-o a explicar-se sobre crenças que, sem poder subscrevê-las, *stricto sensu*, ele não podia descartar totalmente, nem desqualificar, já que esses conteúdos haviam sido, outrora, formulados, ensinados e aceitos pela Igreja.[12]

Essa situação instável entre o passado desses crentes e o seu próprio presente de crente sublinhava a distância - impossível de abolir - entre qualquer leitura das fontes em sua literalidade e qualquer interpretação *a posteriori* que as transfere para outro registro de crenças e de usos sociais em que os enunciados de outrora, até mesmo conservados em sua integralidade, assumem outro sentido.[13] Daí sua insistência sobre a historicidade de qualquer operação historiográfica e sobre a separação que ela introduz entre o historiador e seu objeto de história. Como é afirmado energicamente no capítulo VIII, o historiador não pode apreender nem descartar "o ausente da história", cuja irremediável ausência marca a operação historiográfica e seu resultado, ou seja, a história escrita. Pode-se supor que sua insistência sobre a fragilidade do trabalho do historiador não era alheia à experiência, na cena contemporânea, da

---

[10] Ver cap. I "Fazer História" e cap. II "A operação historiográfica", in *ECH*, 1984a.

[11] N.T.: Cf. outros esclarecimentos, mais adiante, no subtítulo "Psicanálise e história da espiritualidade", p. 29.

[12] Sobre este aspecto, vamos citar um de seus últimos artigos, "Historicités mystiques", 1985.

[13] Ver cap. III "A inversão do pensável. A história religiosa do século XVII" e cap. IV "A formalidade das práticas. Do sistema religioso à ética das Luzes (XVII-XVIII)", in *ECH*, 1984a.

erosão das crenças cristãs. Além de ter estudado o passado místico dessas crenças, Michel de Certeau tinha escolhido ligar sua identidade social ao presente das mesmas: eis o que ele explicou em uma série de artigos vigorosos, reunidos mais tarde em *La Faiblesse de croire* [A fraqueza de crer] (1987). No entanto, ainda subsistem questões: por que razão ele teceu vínculos estreitos entre a "escrita da história", assim questionada, e a psicanálise? Para seu olhar avisado, que necessidade estaria incluída aí? Como foi seu encontro com a psicanálise e de que modo ficou convencido de que o trabalho do historiador tinha muito a ganhar com a proximidade de Freud e de seus herdeiros em permanente querela a partir de pontos de vista contrários?

Em virtude da complexidade deste assunto, vamos deter-nos em sua análise. Ele remete, em primeiro lugar, à recepção, caótica e preterida, da invenção freudiana na França. Tal recepção deve ser situada em um duplo contexto: por um lado, as resistências diante da psicanálise, na área da medicina psiquiátrica; e, por outro, as relações difíceis da Igreja de Roma e dos teólogos, seus representantes oficiais, com o freudismo. No final do século XIX, a psiquiatria francesa havia conhecido um brilhante desenvolvimento, em torno de Charcot, cujas aulas tinham sido acompanhadas por Freud no hospital de La Salpêtrière; em seguida, sua orientação para a neurologia e uma psicologia de tendência racionalista nos primeiros três decênios do século XX, com Clérambault, Ribot ou Pierre Janet, além das tradições de formação e de pensamento instaladas na rigidez das instituições, multiplicaram as resistências diante das teorias de Freud, percebidas como pouco científicas e atribuindo grande importância a afirmações irracionais ou inverificáveis. A rivalidade mantida com o mundo germânico, após a derrota de 1870, não facilitou a comunicação entre as duas escolas de pensamento. De acordo com a evocação desenvolvida no capítulo II, os textos de Freud acabaram entrando na França por via literária, em particular, em torno da NRF,[14] com André Gide e Jacques

---

[14] N.T.: Sigla de *Nouvelle Revue Française* [*Nova Revista Francesa*]: revista literária fundada em 1909, por um grupo de jovens literatos, em torno da personalidade de André Gide e de sua obra; seu enorme sucesso levou à criação da Editora Gallimard, em 1911, para publicar os livros dos autores NRF.

Rivière; em seguida, através do movimento surrealista – aliança pouco apreciada por Freud.

Entretanto, na década de 1930, houve um início de degelo entre os jovens psiquiatras em formação, graças à chegada dos analistas da Alemanha e da Europa Central. Ao fugirem do nazismo, em plena expansão, esses exilados vinham à procura de um refúgio seguro em uma França que, em sua imaginação – por desconhecerem o estado real de um país exangue pela Grande Guerra e dilacerado pelas clivagens políticas –, continuava sendo a herdeira do Século das Luzes e da Revolução Francesa. Sua presença, sua prática e sua familiaridade com os textos de Freud, assim como seu conhecimento detalhado dos debates entre discípulos e continuadores do psicanalista vienense, contribuíram para ampliar as ideias de alguns círculos de psiquiatria dos quais, após 1945, emergirá uma renovação intelectual. Em 1932, um jovem psiquiatra – que havia chamado a atenção dos professores e colegas de turma – iniciou em Paris sua análise com um desses médicos exilados que, tendo nascido em Lodz, na Polônia, e prosseguido sua formação em Zurique e Berlim, era um "representante exemplar da famosa psicanálise judaica e errante, sempre em busca de uma terra prometida" (ROUDINESCO, 1993, p. 102). Esse analisando, Jacques Lacan, desempenhará um papel decisivo, após 1960, no desenvolvimento da psicanálise na França; seu analista, Rudolph Loewenstein, irá exilar-se – desta vez, nos EUA, em 1942 – para salvar a vida, tendo continuado a exercer sua profissão do outro lado do Atlântico (ROUDINESCO, 1994a, p. 223).[15]

Entre os médicos e os teólogos católicos, o freudismo foi mantido, durante muito tempo, sob suspeita mediante a dupla acusação de preconizar um "pansexualismo" contrário à moral cristã e à sua teologia do pecado, além de destruir a fé, escarnecendo da "ilusão" que seria a experiência religiosa: para a consciência individual, ela limitar-se-ia a ser uma ocasião de neurose; e, para a sociedade, a religião teria sido sempre um instrumento de subjugação nas mãos do poder político. O freudismo devia, portanto, ser rejeitado como

---

[15] Algumas indicações sobre Loewenstein *in* HUGHES, 1975 (capítulo sobre "a ego-psicologia", p. 189-239). Mais amplamente, sobre esse círculo de exilados, ver JAY, 1986.

ateísmo, hedonismo e cientificismo; inclusive, havia quem acreditasse encontrar nessa corrente um avatar do anticristianismo judaico dos primeiros séculos (com todas as ressonâncias tumultuadas que essa hipótese podia despertar na década de 1930, quando os nazistas baniam a psicanálise e seus profissionais para que a boa psiquiatria germânica fosse purificada dessa "ciência judaica"[16]). O opróbrio lançado pelos católicos sobre a psicanálise, sua teoria e sua prática, foi duradouro, na medida em que houve uma conjugação dos efeitos da desconfiança e da ignorância a seu respeito.

Para evocar esse cenário, que se tornou estranho para nós, analisarei detalhadamente dois indícios reveladores, relativamente aos grandes empreendimentos editoriais, eruditos e respeitáveis, que haviam culminado, cada um por si, em uma série de volumes que servem de referência na escala internacional. Como é normal, para iniciativas dessa envergadura, que reúnem a colaboração de dezenas de colaboradores, sua preparação, redação e publicação estenderam-se durante um período bastante prolongado. Minhas observações não se referem às intenções, nem à ideologia inicial dos fundadores e primeiros diretores de cada série, mas levo em consideração o resultado final, no termo de cada empreendimento. Meu primeiro exemplo será o seriíssimo *Dictionnaire de théologie catholique*, um monumento histórico de erudição, publicado entre 1923 e 1972: tendo começado sob a direção de A. Vacant e J.-E. Mangenot, ele conta com 15 tomos em 30 volumes, além de 3 tomos de *Índices*, ou seja, não faltou espaço para seus autores; no entanto, ele não contém qualquer artigo sobre Freud, nem sobre a psicanálise (o tomo 13/1, em que esse verbete – *psychanalyse* – poderia ter sido inserido após "Michel Psellos", foi publicado em 1936). No que diz respeito a tais *Índices*, no último tomo consta um verbete "psicanálise", metade de uma coluna, fazendo remissão ao verbete "Freud" no 1º tomo que, por sua vez, ocupa um terço da coluna. Após uma curta definição, ele oferece – como único viático – um breve resumo descritivo, servindo-se de uma citação devidamente referenciada do *Précis de philosophie* de Armand Cuvillier (tomo II,

---

[16] Ver o dossiê de textos traduzidos e apresentados por EVARD, 1984.

1953): a prosa escolar deste compêndio alimentou as dissertações de inumeráveis candidatos do vestibular e aprendizes de filosofia; ora, tal referência não poderia ser considerada como uma fonte de primeira importância sobre Freud. O verbete "psicanálise" é mais instrutivo para nós porque tenta caracterizar a doutrina em algumas frases e remete ao verbete "religião" do dicionário, além de fornecer o resumo detalhado de um *monitum* do Santo Ofício: mediante esta "advertência oficial", com data de 15 de julho de 1961, o Vaticano demovia qualquer recurso à psicanálise por parte de bispos, eclesiásticos da censura (encarregados de verificar a ortodoxia dos livros impressos), padres e membros das congregações religiosas ("dos dois sexos", de acordo com a precisão dos redatores romanos: diante do perigo, toda a prudência é pouca).

Como segundo monumento editorial, proponho a visita ao admirável *Dictionnaire de spiritualité ascétique et mystique*, iniciado sob a direção de um trio de jesuítas – M. Viller, F. Cavallera e J. de Guibert –, continuado sob a responsabilidade de outros membros da Companhia de Jesus e publicado entre 1932 e 1995, ou seja, 16 tomos em 20 volumes, além de um tomo de *Índices gerais*. Ainda neste caso, o espaço não faltou; no entanto, a psicanálise não é mencionada. Se este verbete tivesse sido escolhido, ele teria aparecido no tomo XII/2, publicado em 1986, após o verbete dedicado a "Ernest Psichari" (uma coluna e meia). Após "Psichari", encontramos, divina surpresa, um substancial verbete "psiquismo e vida espiritual", bem elaborado; em termos eruditos que se estendem por 37 colunas, ele fala de psicologia experimental, clínica ou pastoral, da relação entre experiências religiosas e uma estrutura psíquica, além dos problemas da direção espiritual. Seu autor, um jesuíta, menciona aleatoriamente o ponto de vista de Freud, Jung ou Lacan, além de proceder a uma referência elogiosa a Louis Beirnært, outro jesuíta que se tornou analista e cuja atividade será abordada mais adiante. Lacan, em particular, é citado e comentado com uma deliciosa fórmula: "*O desejo do homem é o desejo do Outro*: tirada de seu contexto, esta expressão de J. Lacan é suscetível de várias interpretações. No caso concreto, vamos retomá-la para significar, simultaneamente, que o homem é o objeto ou o termo do desejo de Deus e que, ao desejar Deus [...]"

etc. (coluna 2.588). A bibliografia indicada no final do artigo dedica uma de suas nove rubricas ao tema "fé e psicanálise": o vocábulo está presente, na falta do próprio conteúdo, uma vez que não é indicado qualquer texto de Freud, apesar de ser mencionada uma tradução de Jung, o delfim repudiado. Este verbete constitui realmente uma maravilhosa substituição: no espaço em que poderíamos alimentar a expectativa de ler um texto sobre a psicanálise, trata-se de uma hábil maneira de manter o silêncio em obediência à vontade romana de outrora, sem ficar confinado totalmente nessa subserviência. Em tal procedimento, será possível reconhecer o que a arte militar designa por "manobra para contornar o obstáculo"; na data da publicação do volume, em 1986, mais de vinte anos após o grande degelo suscitado pelo Concílio Vaticano II, a operação tem, sobretudo, valor de sintoma enquistado. Para colocar em perspectiva a cronologia desses episódios, lembrarei que Louis Beirnært havia falecido em abril de 1985 e Michel de Certeau em janeiro de 1986.

Certamente, a oposição das instâncias romanas à psicanálise foi tenaz, à semelhança de sua resistência em outras áreas, desde o século XIX, quando havia sido considerado pertinente combater determinados teólogos, filósofos, exegetas ou cientistas, acusados de ceder demasiado terreno diante das "novas ideias", no que diz respeito a uma série de problemas relacionados com as doutrinas científicas, a arqueologia do Oriente Próximo bíblico, a moral, a filosofia política ou a teoria do conhecimento. Dependendo da circunstância, o inimigo designado podia ser a evolução das espécies, o historicismo, o modernismo, a filosofia da ação preconizada pelo infeliz Maurice Blondel (apesar de ter sido um modelo de crente), o marxismo, etc. Mesmo assim, deve-se evitar sobrevalorizar a força dos interditos na realidade: se, em 1961, a advertência do Santo Ofício, mencionada nos *Índices* do *Dictionnaire de théologie catholique*, continua sendo mobilizador em termos simplistas contra a psicanálise, em compensação, nos fatos, as situações eram mais diferenciadas, as opiniões divergiam até mesmo entre os fiéis praticantes e as decisões do Santo Ofício já não eram obedecidas, religiosamente, sem contestação. Na França, alguns professores universitários católicos, no seio da Universidade pública – portanto, em terreno laico – rejeitavam renunciar a uma parcela de sua autonomia intelectual. Grande número de crentes sinceros aprenderam a negociar a obtenção de algum grau de liberdade, segundo seu estado de vida, sua filiação institucional, as responsabilidades exercidas, sua notoriedade pública, os contextos sociais e políticos, a distância mantida em relação à hierarquia eclesiástica e sua capacidade pessoal de liberdade interior. Em determinado local, tolerava-se por meias palavras o que, em outro, continuava sendo proibido. Havia, também, maneiras hábeis ou discretas de encontrar entendimentos: nada era completamente simples, tudo exigia determinação, habilidade e uma dose enorme de paciência.[17]

Ao lado de uma maioria que se julgava obrigada em consciência a conformar-se ao abandono de qualquer referência a Freud, houve também espíritos corajosos que rejeitaram tal injunção; pessoas responsáveis que conseguiram proteger a liberdade intelectual de seus dependentes; médicos que procuravam novas respostas para os sofrimentos dos pacientes; membros de ordens religiosas e padres diocesanos que encetaram sua análise e, em seguida, se tornaram analistas, tendo contribuído conjuntamente para abrir aos católicos, com discrição, uma via de acesso até Freud. Nas casas religiosas ou nos seminários, os mestres de noviços e os formadores de futuros padres inquietavam-se com as incertezas do discernimento das vocações; todos lamentavam os distúrbios mentais que se manifestavam em alguns, às vezes após anos de vida consagrada, tocada sem dificuldades aparentes. Seriam sequelas da guerra, a fragilidade do mundo moderno, o contágio das tentações na grande mistura social após a guerra? Qualquer que tenha sido sua origem, impunha-se a busca de remédio para essas situações; assim, a ideia de fazer apelo, em último recurso, às técnicas psicanalíticas, abria lentamente seu caminho. Iniciada em pequenos círculos, antes de 1940, a evolução das mentes acelerou-se entre os católicos, com o retorno da paz, porque as desordens da guerra, as separações, o cativeiro, a angústia, os lutos pareciam duplicar seus efeitos sobre os sobreviventes, fazendo explodir os códigos sociais e vacilar as crenças. Mudança

---

[17] Um quadro panorâmico sem qualquer referência à psicanálise, *in* FOUILLOUX, 1998.

total relativamente à situação anterior: deixam de existir tanto a docilidade diante das ordens episcopais quanto as certezas interiores.

Duas iniciativas, empreendidas por religiosos, apoiaram e acompanharam a aceitação da psicanálise pelos católicos: numerosos médicos, enfermeiras, intelectuais, membros de congregações religiosas se tornaram analisandos e, em seguida, analistas. A primeira refere-se ao lançamento – pelo dominicano Albert Plé (1910-1988) –, em 1947, de um boletim, *Le supplément de la vie spirituelle*, destinado a informar, em termos modernos, os mestres de noviços e responsáveis por religiosos sobre os problemas de psicologia e de vida espiritual; essa publicação continha artigos sobre Freud e a psicanálise, elaborados em termos ponderados e favoráveis, com suficiente persistência e conhecimento desses assuntos para torná-los aceitáveis. Seu fundador estava vinculado a Bruno de Marie-Jésus, um carmelita que havia restaurado, em 1931, uma revista de sua ordem, *Études carmélitaines* (lançada em 1911 por outro carmelita, Marie-Joseph du Sacré-Cœur, para publicar os textos da tradição espiritual da ordem religiosa de Nossa Senhora do Carmo ou do Monte Carmelo). Bruno de Marie-Jésus havia transformado esta revista em um espaço de grande envergadura intelectual em que, sobre os problemas de mística e de psicologia, encontravam-se lado a lado os melhores especialistas da época – ou seja, teólogos, poetas, historiadores e psiquiatras tinham a possibilidade de dialogar de forma inteligente (FOUILLOUX, 1998, p. 84). As duas publicações, destinadas a públicos leitores diferentes, somaram seus efeitos positivos e começaram a "naturalizar" a psicanálise na cultura comum católica.

A segunda iniciativa diz respeito a uma pequena estrutura de cuidados psicológicos, destinada ao círculo clerical. Criada, em 1959, por quatro pessoas – entre as quais, uma mulher, Andrée Lehmann –, a AMAR (Association Médico-Psychologique d'Aide aux Religieux [Associação Médico-Psicológica de Ajuda aos Religiosos]) tinha o objetivo prático de oferecer um apoio terapêutico e, eventualmente, o acesso à psicanálise, para almas em situação crítica. Em razão de seu estatuto de clérigos e de sua filiação em diversas redes da Igreja Católica, os outros três fundadores – o dominicano, Albert Plé; o jesuíta, Louis Beirnært; e, por último, um padre médico, Marc Oraison – ganharam a confiança dos superiores de casas religiosas e de seminários, de modo que prestaram assistência a pessoas em grande dificuldade, cujas situações não haviam sido resolvidas pelos diretores espirituais nem pelos respectivos superiores. Por sua vez, Marc Oraison (1914-1979) havia defendido uma tese de teologia moral sobre os problemas de sexualidade, publicada com o título *Vie chrétienne et problèmes de la sexualité* (Paris, 1952), com a autorização canônica dos encarregados locais da censura eclesiástica. À semelhança do procedimento adotado em relação a outros defensores moderados da modernidade intelectual, o Santo Ofício desaprovou as "audácias" do livro, assim como a significação demasiado "positiva" atribuída à sexualidade, tendo incluído esse volume no *Index*, em março de 1953, em contradição com o parecer favorável dos encarregados da censura, em Paris (ROUDINESCO, 1994b, p. 206-207, 211-213; 1994a, p. 245). Uma vez mais, foi possível constatar a defasagem crescente entre a evolução dos intelectuais católicos, na França, e as posições rígidas de algumas instâncias romanas.

O terceiro membro do trio da AMAR, Louis Beirnært (1906-1985), exerceu influência direta sobre Michel de Certeau. Tendo ingressado na Companhia de Jesus, em 1923, ele seguiu o *cursus* habitual de formação (humanidades clássicas, filosofia e teologia) que o preparava para ensinar nos colégios e escolasticados da Ordem. Capelão de estudantes, em 1940, ele defendeu a oposição de alguns, na França, ao ocupante nazista e, por isso, foi preso durante algumas semanas; em seguida, à semelhança de certo número de outros jesuítas, participou do movimento de resistência aos nazistas. Em 1946, iniciou uma cura analítica com Daniel Lagache; em particular, fez um de seus controles com Lacan, tendo mantido para sempre sua fidelidade a este psicanalista;[18] em breve, travou amizade com

---

[18] Os psicanalistas estabelecem a distinção entre três tipos de análise: a "terapêutica" que diz respeito aos analisandos comuns; a "didática" que é feita pelo candidato que pretende tornar-se psicanalista; e as análises de controle, ou "controles", que se referem a um psicanalista em formação, mais avançado, já autorizado a receber analisandos, mas ainda com a obrigação de prestar contas de suas análises a um analista experiente (LAPLANCHE; PONTALIS, 1968, ver "análise didática" e "psicanálise sob controle, ou supervisão"). Sobre as implicações e os incessantes debates relativamente à formação nas sociedades psicanalíticas, ver TARDITS, 2000.

uma figura marcante do círculo pós-freudiano, Wladimir Granoff;[19] além disso, começou a receber religiosos em dificuldade, enviados pelos respectivos superiores. Jesuíta e analista – tendo chegado a escrever que, "na desolação, dei-me conta de que, ao nomear-me jesuíta *e* psicanalista, essa partícula *e* estava sobrando"(BEIRNÆRT, 1987)[20] –, Beirnært era também redator em *Études*, a célebre revista mensal de cultura geral, editada pela Companhia de Jesus; aliás, ele fazia parte da comunidade jesuíta da residência, "Pierre Canisius" (rue Monsieur, 15, no 7º bairro de Paris), na qual estava instalada a redação dessa revista. A partir de 1968, Michel de Certeau será membro dessa comunidade. Em junho de 1964, L. Beirnært, M. de Certeau e um terceiro jesuíta encontram-se, ao lado de Jacques Lacan, entre os 134 membros fundadores de École Freudienne de Paris (ROUDINESCO, 1994b, p. 440).

Psicanálise e história da espiritualidade

Pelas vicissitudes da época, Michel de Certeau pertenceu, portanto, a uma geração e esfera católicas em que o encontro com Freud nos textos e com os psicanalistas profissionais era, na realidade, não só possível, mas efetiva e intelectualmente valorizado pelas pessoas à sua volta. No entanto, tais condicionantes não constituíam uma fatalidade, nem uma obrigação para um jovem jesuíta que ia dedicar-se ao ofício de historiador; como se explica que ele próprio tenha mostrado um verdadeiro interesse pela psicanálise? Nenhum de seus textos relata tal propensão; é verdade que, além de nada ter incluído na autobiografia a esse respeito, ele rejeitou claramente o convite de Pierre Nora para colaborar na coletânea de "ego-histórias" (1987). Em meu entender, existem duas razões para seu interesse pela psicanálise – a primeira, de fundo, enquanto a outra é circunstancial – ambas dependentes dos acontecimentos

---

[19] O apoio de W. Granoff, médico, era importante porque os analistas não médicos ainda eram mantidos sob suspeita; sobre sua personalidade, ver ROUDINESCO, 1994b, p. 290-291. Sobre um incidente, em 1961, a propósito de um analisando de Beirnært e das dificuldades apresentadas a W. Granoff pela Ordem dos Médicos (tendo como pano de fundo, as querelas internas ao círculo psicanalítico), cf. p. 341.

[20] Esta citação é relatada por Paul Daman e Andrée Lehmann, "Prefácio", p. 11.

que o transformaram em um historiador da mística. A primeira razão refere-se a seu extremo interesse pela literatura mística e pelas maneiras de exprimir a experiência religiosa;[21] aliás, esse interesse está associado a uma exigência intelectual, confirmada bem cedo, que o impediu de satisfazer-se, ao abordar essas matérias, com estudos descritivos e afirmações doutrinais. Por esse interesse, por sua vasta erudição, pela delicadeza de seu discernimento nos assuntos da vida interior e por sua extrema atenção aos outros, ele estava preparado naturalmente para dedicar-se à história da espiritualidade, uma área em que a Companhia de Jesus tinha atingido um brilho resplandecente desde sua fundação, além de ter desenvolvido uma grande tradição de escrita. Entretanto, propriamente falando, sua intenção inicial era diferente: antes de ingressar nessa ordem religiosa, ele havia começado a preparar uma tese de patrística latina sobre santo Agostinho e ele contava voltar a esse tema depois do período de formação jesuíta; a não concretização desse projeto teve a ver com uma orientação diferente em decorrência de outro motivo.

Esta segunda razão nos leva à sua filiação a determinada geração na província jesuíta da França. Na época, os superiores decidiram que, no termo da formação, os jovens mais dotados deveriam dedicar-se, temporariamente, ao estudo da história da Companhia de Jesus. Assim, na década de 1950, os jesuítas franceses empreendiam, na esteira do que havia sido iniciado desde o final do século XIX, em Madri – e depois transferido, em 1930, para o Institutum Historicum, em Roma – um grande trabalho de retorno às fontes da Companhia, aos textos fundadores da espiritualidade inaciana em que os primeiros jesuítas tinham encontrado o material de sua identidade e a força motriz de sua atividade por toda parte no mundo.[22] A percepção das mudanças sociais após as fraturas da guerra, a evolução da Igreja e dos católicos, as dificuldades tanto de uns para definir seu campo de ação quanto de outros para perseverar e obter resultados tangíveis dessa ação inspiravam o empreendimento que, de

---

[21] Seu primeiro texto publicado, em 1956, em um boletim de estudantes (*Séminaire universitaire* de Lyon/França), intitula-se "L'expérience religieuse, 'connaissance vécue' dans l'Église"; este artigo está reproduzido *in* GIARD, 1988.

[22] Sobre os primeiros tempos, ver O'MALLEY, 1999.

saída, foi colocado no plano de exigência e de excelência intelectual para as quais a Companhia já havia demonstrado, sobejamente, seu talento e sua apetência. Esse retorno ao passado era desejado com a finalidade de esclarecer as questões do presente. A intenção era louvável, a iniciativa comportava suas audácias, suas ilusões e suas ambiguidades, como observou mais tarde Michel de Certeau.[23] Em matéria de história, ela suscitou uma série de sólidos trabalhos de edição, tradução, anotação e recuperação comentada das fontes, que foram incluídos na coleção "Christus" da editora Desclée de Brouwer. Grandes figuras do passado francês da Companhia de Jesus foram estudadas a partir de novas bases, em particular em sua expansão fora da Europa, seja em relação à Nova França, o atual território de Québec no Canadá, ou à China, etc. O principal avanço referiu-se à história da espiritualidade, que acabou por atrair e, durante um longo período, por constituir o tema de estudo de vários desses jovens historiadores. Para alguns, a aventura culminou na "aprendizagem" da psicanálise como novo instrumento de compreensão das "coisas da alma" e, finalmente, conduziu certo número deles a exercer o ofício de analista, seja permanecendo jesuítas ou após sua "separação de um grupo, cujas lentidões históricas e sociológicas pareciam-lhes criar obstáculo para atingir aquele mesmo aspecto que, no entanto, eles haviam descoberto na Companhia" (BEIRNÆRT, 1987, p. 242).[24]

Os trabalhos empreendidos por esses jovens historiadores incidiram, em primeiro lugar, sobre os escritos de Inácio de Loyola e do pequeno círculo dos cofundadores, tal como Pierre Favre, já mencionado; em seguida, eles ocuparam-se dos grandes jesuítas franceses, autores, no século XVII, de uma abundante literatura de espiritualidade, escrita em uma bela língua clássica, que circulou durante um longo período tanto em manuscrito quanto em impresso, assim como por citações, nos livros de divisas, de coletâneas de cartas e de máximas, além de outros florilégios. Bastante ativo nesse pequeno grupo, logo notado pela qualidade de seus trabalhos, Michel de Certeau transformou-se, desde então, em historiador dos

---

[23] Ver *FCR*, cap. 3 "Le mythe des origines", 1987.

[24] Em seu contexto, essa observação referia-se a toda a espécie de atividades exercidas por jesuítas; no caso concreto, permito-me aplicá-la, mais diretamente, à psicanálise.

séculos XVI e XVII.[25] Deste modo, ele nunca mais voltou a seu primeiro encanto pela patrística. Depois de ter traduzido e comentado o *Mémorial* de Pierre Favre (seu diário espiritual, mantido de junho de 1542 até janeiro de 1546, no decorrer de incessantes viagens entre a Alemanha, Espanha e Itália), De Certeau deparou-se com a grande sombra de Jean-Joseph Surin (1600-1665), que se tornou seu companheiro e "guardião". Esse jesuíta de Bordeaux, contemporâneo de Descartes, místico reputado – cujas cartas de direção espiritual foram copiadas e recopiadas nos círculos de devotos – foi também célebre por seus infortúnios: tendo perdido a razão, e em estado de desorientação, ficou confinado no silêncio entre os colegas, durante 12 ou 13 anos, depois de ter servido de exorcista para as religiosas possuídas de Loudun[26] e, em particular, para sua famosa abadessa, a madre Jeanne des Anges (1990).

O processo retumbante de Loudun (julho-agosto de 1634), cujo desfecho levou à condenação à fogueira e à execução pública de Urbain Grandier, padre de uma paróquia da cidade – "tendo reconhecido que o crime de magia, malefício e possessão, tinha ocorrido por sua culpa" (DE CERTEAU, *POL*, 1990, p. 247) –, alimentou as gazetas e as paixões do reino na época de Richelieu e das lutas de religião contra os Reformados. À semelhança do suposto sentimento de culpa de Grandier, a perda da razão de Surin parecia dar testemunho do poder do demônio, em um período de inquietação em que os crentes procuravam sinais oriundos do "verdadeiro Deus", suscetíveis de lhes instilar a certeza da verdade e a força protetora de sua fé. Para as pessoas do Grande Século, a identidade jesuíta de Surin e a qualidade da formação intelectual de sua ordem constituíam um aditamento ao valor exemplar de seu caso. Sobre esse assunto, Michel de Certeau elaborou um magnífico livrinho, baseado em uma leitura sutil dos documentos da época, leitura empreendida como historiador, concluída em termos inspirados na antropologia e na psicanálise:

---

[25] Ele foi incumbido da redação de uma parte substancial (sobre o quinto Superior Geral, Claudio Acquaviva, padre jesuíta italiano, no período de 1581 a 1615, assim como sobre o século XVII na França) do verbete "Jésuites", *in Dictionnaire de spiritualité*, 1974.

[26] N.T.: Cidade de pequeno porte a 300 km a sudoeste de Paris, no Departamento de Vienne.

> A possessão não comporta uma explicação histórica "verdadeira" porque nunca é possível saber quem está *possuído* e por quem. O problema surge precisamente do fato de que existe *algo de* possessão – diríamos, "alienação" – e de que o esforço para se livrar dessa situação consiste em adiá-la, recalcá-la ou deslocá-la alhures: de uma coletividade para um indivíduo, do diabo para a razão de Estado, do demoníaco para a devoção (DE CERTEAU, *POL*, 1990, p. 327).[27]

Michel de Certeau apegou-se à obra de Surin, reconstituída por ele com todos os recursos de um leque de disciplinas, através de antigos acervos das bibliotecas, para estabelecer uma versão mais fidedigna dos textos. Com efeito, a doença de Surin, o menosprezo e as suspeitas de alguns, os usos laxistas ou apologéticos de seus piedosos leitores e editores tinham servido de álibi a toda a espécie de modificações, omissões, interpolações, glosas, edições furtivas ou truncadas. Contrariamente a tais práticas, De Certeau nunca se julgou com autoridade, mediante seu conhecimento íntimo da obra, para defender um diagnóstico redutor sobre seu autor: "Certamente, teria sido possível, mas ilusório, propor para esta 'história extraordinária' uma chave do enigma e algumas teses abstratas sobre a experiência mística ou sobre a esquizoidia" (SURIN, "Introduction", 1966, p. 28). A recusa em elaborar um diagnóstico *a posteriori* era coerente com o princípio do distanciamento, imposto por sua epistemologia, a ser mantido entre o historiador e seu objeto de estudo. Em seguida, tal princípio será desdobrado, com suas consequências, na análise da famosa carta de Surin (datada de 1630; cf. IDEM, 1966) sobre seu encontro com o "jovem da carruagem" que falava tão admiravelmente de Deus e das coisas divinas:

> Cada uma das interpretações que balizam a circulação da narrativa é uma forma de compreendê-la e, ao mesmo tempo, um revelador do grupo que, durante um instante, 'encontra' o jovem ou o pastor no seu caminho. [...] Não há história, além de 'revista e corrigida'. Ela procede à mistura, como outrora,

---

[27] Ver BOUTRY, in *Le Débat* (revista), n. 49, 1988; este número contém outros artigos que formam um conjunto intitulado "Michel de Certeau, Historien".

dos aspectos recíprocos de uma 'conversa' com vários interlocutores; ela é, ao mesmo tempo, nossa leitura de Surin, sua leitura do acontecimento e nossa compreensão do presente através de uma 'relação' com esse passado. A relação com o outro ocorre, simultaneamente, nestes três registros (DE CERTEAU, *FAM,* 1982, p. 321).

Bastaria retirar a menção de Surin para encontrar, nessa última frase, uma descrição da troca aberta entre o analista e o analisando. A maneira como De Certeau-historiador aborda a história extraordinária de Surin ilustra a relação instaurada, em seus textos, entre certo estilo de história da espiritualidade e determinado tipo de recurso à psicanálise: ele evitou erigir, como princípio, seja a unicidade de seu estilo ou a legitimidade desse recurso, tendo-se limitado a praticar os dois procedimentos, esforçando-se em explicitar a sucessão das operações efetuadas para submetê-las ao julgamento crítico dos leitores. Em várias oportunidades, ele observou que a narrativa, por Surin, de sua doença e de sua saída do silêncio da loucura (SURIN, 1993) constituía, na tradição mística do século XVII, o equivalente do texto de memórias de Daniel-Paul Schreber (1975; original em alemão, 1903) para a literatura psiquiátrica e psicanalítica do século XX; nesta coletânea, o capítulo IX propõe um comentário instigante sobre essas *Memórias.* Assim, na maneira como De Certeau escrevia a história dos místicos, ao lado de vínculos visíveis e fecundos mantidos com outras disciplinas, verificou-se uma afinidade especial com Freud e com a psicanálise subordinada à orientação [*d'obédience*] lacaniana.

Mas seria falso limitar, em seu trabalho, a contribuição da psicanálise à compreensão da vida espiritual. Sua relação com Freud foi mais profunda e mais ampla; ela irriga, subterraneamente, toda a obra da maturidade. É possível observá-la ressurgir, sob diferentes formas, no decorrer desta coletânea de textos. Um primeiro exemplo, a propósito dos mitos, mostra perfeitamente a circulação contínua de sua reflexão entre história e psicanálise. No capítulo III, Michel de Certeau apropria-se de um julgamento de Lacan que reconhece em Freud "um dos únicos autores contemporâneos que tenham sido capazes de criar mitos". Ora, nas últimas linhas do capítulo I, De Certeau designa o discurso histórico como "o mito possível para uma sociedade científica que rejeita os mitos, a ficção da relação social entre práticas especificadas e lendas de caráter geral"; o Freud mencionado, neste trecho, já não é o analista dos sofrimentos individuais, mas o teórico da cultura. Outro tema que aflora, de forma recorrente, tecendo passagens entre a história e a herança freudiana, é o da literatura. De novo, no início do capítulo III, é defendida a tese de que "a literatura é o discurso teórico dos processos históricos" e, em seguida, são analisadas as relações entre literatura e história a partir das "intervenções freudianas". Por sua vez, o capítulo X, sobre Lacan, retoma, a seu propósito, a questão da literatura, cuja importância em si mesma é sublinhada, além de ser afirmada sua estreita proximidade com a psicanálise lacaniana.

Último indício da extrema atenção atribuída a Freud pelo historiador: o pedido de empréstimo de uma expressão – "a escrita da história" –, sobrecarregada de sentido, escolhida para servir de título à sua própria reflexão sobre a epistemologia da história, à maneira de saudação respeitosa e de conivência com o alemão de Freud. De fato, como De Certeau indica com precisão no capítulo III, este último havia utilizado *Geschichtsschreibung* para tratar da historiografia hebraica em *Der Mann Moses*. Neste empréstimo, além de uma feliz coincidência, vejo sobretudo uma marca profunda de afinidade entre Freud, que se transforma no historiador da herança judaica, e Michel de Certeau, que se tornou historiador da espiritualidade e de místicos cristãos por solicitação dos superiores da Companhia de Jesus. Das reflexões que ele teceu com os companheiros jesuítas em torno de Freud, vou sublinhar ainda outro indício: na coletânea de Louis Beirnært, publicada postumamente, pode-se ler um texto inédito, intitulado "Moïse et le monothéisme (en réponse aux persécutions nazies)" [Moisés e o monoteísmo (resposta às perseguições nazistas)], sem qualquer referência suscetível de indicar a data de sua redação. Portanto, é impossível saber se eles chegaram a discutir sobre esse texto e se este teria inspirado ou exercido influência sobre De Certeau. Uma nota de Beirnært remete ao capítulo sobre Moisés em *L'Écriture de l'histoire*, o que poderia fazer supor que o texto certeauniano seria anterior; entretanto, essa nota pode ter sido acrescentada *a posteriori* por Beirnært, por ocasião de uma releitura de seu escrito (1987, nota 2, p. 32). Portanto, ela deixa aberta a questão das relações entre os dois comentários, orientados em sentidos bastante diferentes, o que nada tem de surpreendente, considerando a diferença de intenção, de espírito e de geração entre os dois autores. O texto de Beirnært dá testemunho, no mínimo, de intercâmbios possíveis entre os dois companheiros jesuítas em torno do *Moisés* de Freud; neste caso, estamos longe da atitude desconfiada por parte de Roma, já assinalada mais acima, em relação a Freud.

Sobre a edição desta coletânea

Esta coletânea corresponde a uma segunda edição, revista e aumentada, com uma nova introdução e um índice; além disso, foram acrescentados os capítulos VII ("História e estrutura") e VIII ("O ausente da história"). A ordem dos capítulos foi modificada em relação à precedente edição.[28] Cada um desses textos já havia sido publicado pelo autor. Em sua composição para a primeira edição, esta coletânea retomava, pela metade, a escolha de artigos reunidos pelo autor em um livro destinado a seus leitores norte-americanos (DE CERTEAU, *HDO*, 1986), que foi publicado pouco depois de sua morte. Alguns erros de tipografia ou de leitura, detectados nas edições anteriores dos textos, em separado, ou na primeira edição desta coletânea, foram corrigidos.[29] Nesta segunda edição, tirei proveito do trabalho atento de Andreas Mayer, tradutor para o alemão da precedente edição;[30] às vezes, acrescentei, no texto ou em nota de rodapé, um elemento de maior precisão (título, data, remissão para as edições dos Seminários de Lacan, tradução francesa de uma citação, etc.) – todas essas intervenções são inseridas entre colchetes. Conservei, de acordo com a citação de Michel de Certeau, as traduções de Freud, embora seja possível encontrar, atualmente, outras versões mais atraentes e fidedignas, em francês.

---

[28] Eis a ordem da edição anterior: I. Le noir soleil du langage; II. Microtechniques et discours panoptique; III. Le rire de Michel Foucault; IV. L'histoire, science et fiction; V. Psychanalyse et histoire; VI. Le roman psychanalytique; VII. L'institution de la pourriture; VIII. Lacan.

[29] Meus agradecimentos a Joseph Moingt e Jacques Sédat, que me indicaram alguns erros – não observados pelo autor – na publicação anterior de seus textos.

[30] DE CERTEAU, *Theoretische Fiktionen: Geschichte und Psychoanalyse*, 1997.

A versão alemã, publicada em Viena, fornece o texto original das citações de Freud com a referência à edição de suas obras completas (FREUD, 1940-1952) e a indicação de trechos paralelos; deste modo, os leitores interessados em uma maior precisão têm a possibilidade de consultar tal obra.

Alguns dos capítulos desta coletânea foram elaborados durante um período bastante prolongado; Michel de Certeau mostrava sempre insatisfação relativamente a seus textos. Após uma primeira publicação, ele chegava a retomá-los, corrigi-los, introduzindo retoques de fundo, de forma ou, então, complementos de informação em nota de rodapé; e, em uma nova publicação, acabava por inserir todas essas observações, sob forma retocada ou por fragmentos. Portanto, elaborei o texto final de cada capítulo baseando-me na comparação das versões publicadas sucessivamente e dos exemplares conservados pelo próprio autor. Ao subsistirem, após uma primeira publicação, várias versões datilografadas do texto retocado (procedimento frequente para o período de 1978-1984, em razão da partilha de seu tempo, de seus dossiês e de sua biblioteca, entre Paris e a Califórnia, local em que dava aulas; e, também, em razão do vaivém entre as versões em francês e em inglês) e, por falta de indicações anotadas por ele para sublinhar uma ordem cronológica ou de preferência, limitei-me a uma só versão: ou porque esta havia sido o último texto enviado por ele a editores para uma tradução, ou porque ela me pareceu mais coerente e acabada. Esta segunda edição da coletânea não inclui qualquer mudança na composição dos diferentes capítulos; mais abaixo, apresento o resumo da história textual de cada um.

Os três primeiros capítulos incidem sobre a relação entre a história e a psicanálise. Para Michel de Certeau, esses ensaios constituíam um aprofundamento e um complemento em relação às questões abordadas – às vezes, sob outro prisma – em sua obra *L'Écriture de l'histoire* (1975). Por volta de 1982, ele procurou dar continuidade a esse livro, sob a forma de um segundo tomo: os textos reunidos nesta coletânea representavam, assim, uma versão de trabalho, ainda provisória, de uma parte da obra em preparação. Outros textos seriam acrescentados, em particular uma longa meditação sobre o *Moisés* de Freud pelo qual sentia fascínio: um estudo sobre esse tema já havia sido publicado no último capítulo de *ECH*, mas ele pretendia retomá-lo sob outra perspectiva, tanto mais que o livro de Freud suscitava um novo interesse entre os historiadores. Entretanto, em relação a esses textos em projeto, não existe qualquer versão publicada confiável, homologada como tal pelo autor. Alguns fragmentos do trabalho em curso tinham sido objeto de conferências ou de apresentações em seminários, cujos vestígios subsistem em fragmentos e notas manuscritas nos dossiês do autor, assim como em notas e resumos redigidos por alguns ouvintes, às vezes publicados em revistas.

O capítulo I, "A história, ciência e ficção", apresenta a mais extensa série de alterações com o aditamento de desenvolvimentos específicos que, em seguida, foram suprimidos. A série começa com um dossiê composto por De Certeau, em companhia de diversos colaboradores, cuja página de introdução – além de um artigo, "De l'informatique à l'anthropologie" (1977) – traz sua assinatura. Uma segunda versão, mais elaborada, foi apresentada em inglês por ocasião de um colóquio realizado na Califórnia (Berkeley, março de 1980) com a participação, em particular, de Jürgen Habermas e Albert Hirschman; este texto foi publicado nas Atas desse encontro (HAAN *et alii*, 1983). No intervalo, uma versão francesa foi retomada de maneira parcial, em diferentes contextos e sob diversos títulos: "L'histoire dans une politique de la science" (1981); "Informatique et rhétorique: l'histoire" (1982). Uma versão francesa mais completa, embora desprovida de alguns desenvolvimentos anteriores, foi apresentada como conferência plenária em um colóquio realizado no Canadá (Ottawa, abril de 1980) e publicada, com o atual título – "L'histoire, science et fiction" –, nas Atas desse encontro (CARR *et alii*, 1982); esse foi o texto que, tendo sido retomado em uma revista (DE CERTEAU, *Le Genre humain*, 1983), adotei para esta coletânea com correções de detalhe.

O texto do capítulo II, "Psicanálise e história", corresponde ao escrito que lhe havia sido solicitado por historiadores que organizavam um volume coletivo, com intenção didática, sobre a transformação de sua disciplina (LE GOFF *et alii*, 1978). Tal finalidade didática explica, provavelmente, que esse texto não tenha sido retomado sob outras formas. Esse registro de escrita não era muito apreciado por

Michel de Certeau; aliás, só raramente se submeteu a esse gênero literário. Tal reserva, associada à sua maneira de conceber e praticar a partilha do saber, foi explicada por ele em um maravilhoso pequeno texto que esboça um retrato impressionante do estilo de sua relação intelectual com toda a espécie de interlocutores.[31]

O capítulo III – "O 'romance' psicanalítico. História e literatura" – foi apresentado, inicialmente, em um encontro internacional de psicanalistas (Paris, fevereiro de 1981) e publicado nas Atas desse evento (MAJOR, 1981); em seguida, foi objeto de novas versões apresentadas e discutidas em diversas oportunidades nos EUA, no Canadá, etc. Existem várias apresentações tanto em inglês quanto em francês; nesta coletânea, servi-me de uma versão francesa, parcialmente inédita.

Por sua vez, os capítulos IV a VI constituem um subconjunto sobre a obra de Foucault, autor por quem De Certeau tinha não só amizade, mas também admiração. O capítulo IV, "O riso de Michel Foucault", teve uma história particular entre dois momentos, dois idiomas e dois óbitos. A primeira parte foi escrita, pouco depois do falecimento de Foucault, para a *Revue de la Bibliothèque Nationale*,[32] por solicitação de Yves Peyré, que desejava homenagear a memória desse leitor notável e assíduo; este texto – retomado, modificado e completado com uma segunda parte – foi apresentado, em inglês, no colóquio californiano (Berkeley, março de 1985) para homenagear o grande falecido. Enquanto Michel de Certeau esteve vivo, esta segunda versão permaneceu inédita, tendo sido publicada, por minha iniciativa, em uma homenagem a Michel Foucault (*Le Débat*, 1986).

O texto correspondente ao capítulo V – "O sol negro da linguagem: Michel Foucault" – foi publicado, sob um título mais convencional, na revista mensal de cultura geral *Études*,[33] editada pelos jesuítas da França. Ele foi retomado, sob seu atual título – "Le noir soleil du langage: Michel Foucault" –, com algumas correções, em uma coletânea de artigos de Michel de Certeau (*ABH*, 1973), incluída em uma coleção de existência efêmera e cuja impressão

---

[31] DE CERTEAU, "Qu'est-ce qu'un séminaire?", 1978.
[32] DE CERTEAU, "Le rire de Michel Foucault", 1984.
[33] DE CERTEAU, "Les sciences humaines et la mort de l'homme", 1967.

estava repleta de erros; aliás, esta coleção foi rapidamente abandonada por seu editor.Tendo sido apreciado por Michel Foucault, este artigo foi a oportunidade de um primeiro encontro entre os dois autores.

O capítulo VI – "Microtécnicas e discurso panóptico: um quiproquó" – foi escrito em inglês para um colóquio sobre Michel Foucault, com a participação do homenageado (Los Angeles, outubro de 1981), tendo sido publicado, com outros textos oriundos do mesmo encontro, em uma revista local.[34] Na ausência de qualquer versão francesa, traduzi o texto inglês, sabendo que Michel de Certeau fazia questão dessa leitura de *Surveiller et punir* (1975), livro considerado por ele como o mais importante de Michel Foucault.

Os dois capítulos seguintes,VII eVIII, foram acrescentados para esta segunda edição. Eles retomam a questão da história e de sua escrita em uma perspectiva que está menos diretamente associada à psicanálise; no entanto, em meu entender, seu conteúdo é uma introdução pertinente para alguns dos temas abordados nos últimos capítulos desta coletânea. O capítuloVII, "História e estrutura", é o resultado de um debate público, organizado no *Centre des intellectuels catholiques* (Paris, 1969), com a participação de outros dois historiadores, Raoul Girardet e Pierre Nora. Cada uma das três apresentações era seguida por questões dos ouvintes e pelas respostas dos oradores; todo esse material foi publicado com o título – conservado, aqui, "Histoire et structure" – na revista dessa instituição, *Recherches et débats*. Nesta coletânea, limitei-me a retomar as intervenções de Certeau que, aliás, foram as mais extensas e numerosas; em suas respostas às questões dos ouvintes, suprimi dois breves trechos – esses cortes são indicados com reticências entre colchetes – que faziam alusão às intervenções dos dois outros oradores. Reformulei, de forma mais concisa, as questões dos ouvintes e retirei, nas respostas de Certeau, algumas marcas de oralidade.

Por sua vez, o capítuloVIII, "O ausente da história", constituía a conclusão redigida, com um título diferente, para a coletânea de

---

[34] DE CERTEAU, "Micro-techniques and panoptic discourse: a quid prod quo", in *Humanities in Society*, 1982.

artigos em que fora publicado o cap.V (*ABH*, 1973). Decepcionado pela efemeridade dessa iniciativa, o autor havia começado a desmontar essa coletânea para dispersar seus elementos em diferentes lugares de publicação. Essa conclusão – apesar de ser citada frequentemente – ainda não tinha sido publicada. Sirvo-me, aqui, da versão impressa do livro, depois de ter corrigido os erros de impressão; para adaptar o texto a seu novo contexto de publicação, suprimi a primeira nota de rodapé (que se referia ao preâmbulo da coletânea original) e modifiquei três palavras ou expressões, devidamente assinaladas entre colchetes.

O capítulo IX – "A instituição da podridão: *Luder*" – foi proposto em um encontro da École Freudienne de Paris (Lille, setembro de 1977). De fato, ele é oriundo de outro trabalho (tendo permanecido inédito por estar inacabado) que o autor estava redigindo sobre a tortura; ulteriormente, cheguei a publicar um fragmento desse ensaio.[35] Com o título reproduzido aqui, e sob a mesma forma – "L'institution de la pourriture: *Luder*" –, esse texto havia sido publicado em uma revista, *Action Poétique* (dezembro de 1977), assim como nas Atas do encontro de Lille (1978).

Finalmente, o estudo do capítulo X – "Lacan: uma ética da fala/palavra [parole]" – havia sido solicitado ao autor, após o falecimento de Lacan, por Pierre Nora para a revista da qual este era diretor. Redigido na Califórnia, em dezembro de 1981, só foi publicado um pouco mais tarde ("Lacan: une éthique de la parole", novembro de 1982). Michel de Certeau foi um dos membros da École Freudienne de Paris que haviam tentado opor-se, judicialmente, à dissolução da instituição, decidida pelo fundador.[36] Tal gesto nada havia retirado de sua admiração e de seu respeito pela obra de Lacan, tampouco modificado seu julgamento a respeito da posição do recém-falecido na história da psicanálise, após 1960.

---

[35] Ver seu texto (DE CERTEAU, "Corps torturés, paroles capturées") e o comentário de VIDAL-NAQUET, *in* GIARD, 1987.
[36] A respeito das peripécias da dissolução, ver ROUDINESCO, 1994b, p. 652-664 e 1994a, p. 313-317.

História e psicanálise:
entre ciência e ficção

CAPÍTULO I

A história, ciência e ficção[1]

"Ficções"

À semelhança de "ciência", seu termo correlato – "ficção" – é uma palavra perigosa. Por ter procurado, em outro artigo,[2] definir seu estatuto, limitar-me-ei a sublinhar, neste texto, a título de nota preliminar, quatro funcionamentos possíveis da ficção no discurso do historiador.

1. *Ficção e história*. A historiografia ocidental se bate contra a ficção; entre a história e as histórias, essa guerra intestina remonta a épocas bem recuadas. Trata-se de uma querela familiar que, de saída, fixa posições. Entretanto, por sua luta contra a fabulação genealógica, contra os mitos e as lendas da memória coletiva ou contra as derivas da circulação oral, a historiografia cria um distanciamento em relação ao dizer e ao crer comuns, além de se instalar precisamente nessa diferença que a credencia como erudita ao distingui-la do discurso ordinário.

Não porque ela diga a verdade. O historiador nunca teve semelhante pretensão. De preferência, com o aparato da crítica dos documentos, o erudito retira o erro das "fábulas": ao diagnosticar o que é falso, ele ganha terreno em relação a estas. Na linguagem recebida como admissível, ele escava a posição que acaba atribuindo à sua disciplina, como se – instalado no meio de narratividades

---

[1] "L'histoire, science et fiction" in DE CERTEAU, *Le Genre humain*, 1983. Cf., neste livro, a história textual deste capítulo, p. 37-38.
[2] DE CERTEAU, *ECH*, 1984a (Cf. "La fiction de l'histoire", p. 312-358).

estratificadas e combinadas de uma sociedade (tudo o que ela relata ou relatou para si mesma) – ele se empenhasse em rechaçar o que é falso e não tanto a construir o que é verdadeiro; ou como se ele só conseguisse produzir a verdade pela identificação do erro. Seu trabalho consistiria em algo de negativo, ou – para tomar emprestado a Popper um termo mais apropriado – um trabalho da "falsificação". Desse ponto de vista, no elemento de uma cultura, a ficção é o que a historiografia institui como errôneo, obtendo assim um território próprio.

2. *Ficção e realidade.* No plano tanto dos procedimentos de análise (exame e comparação dos documentos), quanto das interpretações (produtos da operação), o discurso técnico capaz de determinar os erros característicos da ficção autoriza-se, por isso mesmo, a falar em nome do real. Ao estabelecer, de acordo com seus próprios critérios, o gesto que separa os dois discursos – científico e de ficção –, a historiografia adquire seu crédito de uma relação com o real, porque seu contrário está colocado sob o signo do falso.

Essa determinação recíproca encontra-se alhures, apesar de se servir de outros recursos e de outras pretensões; ela implica uma dupla defasagem que consiste, por um lado, em fazer com que o real seja plausível ao demonstrar um erro e, ao mesmo tempo, em fazer crer no real pela denúncia do falso. Ela pressupõe, portanto, que o não falso deve ser real. Assim, outrora, ao argumentar contra "falsos" deuses, fazia-se crer na existência de algo verdadeiro. Ao repetir-se, inclusive na historiografia contemporânea, o procedimento é simples: ao comprovar os erros, o discurso leva a considerar como real o que lhes é contrário. Apesar de ser logicamente ilegítimo, o procedimento funciona [*"marche"*] e "leva na conversa" [*"fait marcher"*]. Desde então, a ficção é transferida para o lado do irreal, enquanto o discurso tecnicamente armado para designar o erro está afetado pelo privilégio suplementar de representar o real; os debates entre "literatura" e história permitiriam facilmente ilustrar essa divisão.

3. *Ficção e ciência.* Por uma reviravolta bastante lógica, a ficção encontra-se também no campo da ciência. Ao discurso (metafísico e teológico) que decifra a ordem dos seres e as vontades de seu

autor, uma lenta revolução instauradora de modernidade tomou o lugar das escritas capazes de instaurar coerências a partir das quais venha a produzir-se uma ordem, um progresso e uma história. Desligadas de sua função epifânica de representar as coisas, essas linguagens formais dão lugar, em suas aplicações, a cenários cuja pertinência se refere não mais ao que eles exprimem, mas ao que, por seu intermédio, se torna possível. Eis uma nova espécie de ficção: artefato científico, ela não se julga pelo real que, supostamente, lhe faz falta, mas pelo que ela permite fazer e transformar. É "ficção" não o que bate a fotografia do desembarque lunar, mas o que o prevê e o organiza.

A historiografia utiliza também as ficções desse tipo quando ela constrói sistemas de correlações entre unidades definidas como distintas e estáveis; quando, no espaço de um passado, ela faz funcionar hipóteses e regras científicas presentes e, assim, produz modelos diferentes de sociedade; ou quando, mais explicitamente, como no caso da econometria histórica, ela analisa as consequências de hipóteses infactíveis (por exemplo: o que teria ocorrido com a escravidão nos EUA se não tivesse ocorrido a Guerra de Secessão? Cf. ANDREANO, 1977, p. 258ss). No entanto, o historiador não deixa de alimentar desconfiança em relação a essa ficção que se tornou científica, acusando-a de "destruir" a historiografia: aspecto perfeitamente demonstrado pelos debates sobre a econometria. Tal resistência pode ainda fazer apelo ao aparato que, ao apoiar-se em "fatos", revela erros. Mas, ainda mais, ela baseia-se na relação que o discurso do historiador, supostamente, mantém com o real; na ficção, incluindo esta, o historiador combate uma falta de referencial, uma lesão do discurso "realista", uma ruptura do acasalamento, pressuposto por ele, entre as palavras e as coisas.

4. *A ficção e o "limpo"*.[3] A ficção é, por último, acusada de não ser um discurso unívoco ou, dito por outras palavras, de carecer de "limpeza" [*"propreté"*] científica. Com efeito, ela lida com uma estratificação de sentido, relata uma coisa para exprimir outra,

---

[3] N.T.: No original: *"propre"*; vale lembrar que este termo pode significar "próprio" (cf., mais adiante, nota 36, cap. III, p. 101).

configura-se em uma linguagem da qual extrai, indefinidamente, efeitos de sentido que não podem ser circunscritos, nem controlados. Diferentemente do que se passa com uma linguagem artificial – em princípio unívoca – ela não tem espaço próprio [*propre*]. Ela é "metafórica". Movimenta-se, imperceptível, no campo do outro. Nessas circunstâncias, o saber não encontra lugar seguro e seu esforço consiste em analisá-la de maneira a reduzi-la ou traduzi-la em elementos estáveis e combináveis. Desse ponto de vista, a ficção lesa uma regra de cientificidade: é a feiticeira que o saber se empenha em fixar e classificar, ao exorcizá-la em seus laboratórios. Ela já não traz, aqui, o sinal do falso, do irreal, nem do artefato, mas designa uma deriva semântica. É a sereia da qual o historiador deve defender-se, a exemplo de Ulisses amarrado no mastro.

De fato, apesar do quiproquó de seus estatutos sucessivos ou simultâneos, a ficção – sob suas modalidades míticas, literárias, científicas ou metafóricas – é um discurso que dá forma ["*informe*"] ao real, sem qualquer pretensão de representá-lo ou ser credenciado por ele. Deste modo, ela opõe-se, fundamentalmente, a uma historiografia que se articula sempre a partir da ambição de dizer o real – e, portanto, a partir da impossibilidade de assumir plenamente sua perda. Essa ambição parece a presença e a força de algo de original; ela vem de longe, à semelhança de uma cena primitiva, cuja permanência opaca continuasse determinando a disciplina. De qualquer modo, ela permanece essencial, constituindo, portanto, o centro obscuro de algumas considerações que eu gostaria de introduzir a respeito do intercâmbio entre ciência e ficção ao abordar apenas estas três pistas de reflexão: 1. o "real" produzido pela historiografia constitui, também, o legendário da instituição dos historiadores; 2. o aparato científico – por exemplo, a informática – possui igualmente aspectos de ficção no trabalho do historiador; 3. ao vislumbrar a relação do discurso com quem o produz – ou seja, alternadamente, com uma instituição profissional e com uma metodologia científica –, é possível considerar a historiografia como uma mistura de ciência e de ficção, ou como um lugar em que se reintroduz o tempo.

O legendário da instituição

De maneira geral, qualquer narrativa que relate "o-que-se-passa" (ou o que se passou) institui algo de real, na medida em que se considera como a representação de uma realidade (do passado). Ela baseia sua autoridade no fato de se fazer passar pela testemunha do que é, ou do que foi; ela seduz e se impõe através dos acontecimentos dos quais pretende ser a intérprete, por exemplo, as últimas horas de R. Nixon na Casa Branca, ou a economia capitalista das *haciendas* mexicanas. De fato, qualquer autoridade alicerça-se no real de que, supostamente, ela é a declaração; é sempre em nome de algo de real que se consegue "a adesão" dos crentes e que estes são produzidos. A historiografia adquire esse poder enquanto ela apresenta e interpreta "fatos". O que o leitor poderia contrapor ao discurso que lhe diz o que é (ou foi)? Ele tem de consentir à lei que se enuncia em termos de acontecimentos.

No entanto, o "real" representado não corresponde ao real que determina sua produção. Ele esconde, por trás da figuração de um passado, o presente que o organiza. Formulado sem rodeios, o problema é o seguinte: a encenação de uma efetividade (do passado), ou seja, o próprio discurso historiográfico, oculta o sistema social e técnico que a produz, isto é, a instituição profissional. A operação em causa parece ser empreendida com bastante astúcia: o discurso torna-se crível em nome da realidade que, supostamente, ele representa, mas essa aparência autorizada serve, precisamente, para camuflar a prática que a determina realmente. A representação disfarça a práxis que a organiza.

1. *O discurso e a/da instituição.* A historiografia erudita não escapa às condicionantes das estruturas socioeconômicas que determinam as representações de uma sociedade. Certamente, ao isolar-se, um círculo especializado tentou subtrair a produção dessa historiografia à politização e à comercialização das narrativas que nos relatam nossa atualidade. Essa retirada – que assume a forma seja burocrática (um segmento do Estado) ou corporativista (uma profissão) – permitiu a separação de objetos mais antigos (um passado), a seleção de um material mais raro (arquivos) e a definição de operações controláveis

pela profissão (técnicas). Mas tudo se passa como se os procedimentos gerais da fabricação de nossas "histórias" comuns ou de nossas lendas cotidianas fossem não tanto eliminados desses laboratórios, mas sobretudo submetidos à prova, criticados e verificados pelos historiadores em seus terrenos de experimentação. Antes de analisar a tecnicidade peculiar às pesquisas científicas, convém reconhecer, portanto, o que elas têm *em comum* com a produção geral de nossas histórias pela mídia. E é a própria instituição profissional dos historiadores que, ao apoiar tais pesquisas, vai associá-las às práticas comuns das quais elas pretendem distinguir-se.

A erudição deixou de ser – salvo marginalmente – uma obra individual; trata-se de um empreendimento coletivo. Para Popper, a comunidade científica corrigia os efeitos da subjetividade dos pesquisadores. No entanto, essa comunidade é também uma usina, distribuída em cadeias de montagem, submetida a exigências orçamentárias, associada, portanto, a políticas e às condicionantes crescentes de um aparato sofisticado (infraestruturas arquivísticas, computadores, modalidades da edição, etc.); ela é determinada por um recrutamento social bastante restrito e homogêneo; orientada por esquemas ou postulados socioculturais que impõem tal recrutamento, a prioridade/recursos afetados às pesquisas, os interesses do orientador/patrocinador, as correntes da época, etc. Além disso, sua organização interna baseia-se na divisão do trabalho: ela tem seus diretores, sua aristocracia, seus "chefes de trabalhos" (frequentemente proletários das pesquisas decididas pelos diretores de departamento), suas técnicas, seus redatores mal remunerados e seus encarregados da manutenção. E deixo de lado os aspectos psicossociológicos desse empreendimento – por exemplo, a "retórica da respeitabilidade universitária", cuja análise foi elaborada por Jeanine Czubaroff (1973).

Ora, os livros, produtos dessa usina, nada dizem de sua fabricação, ou tão pouco quanto nada, dissimulando sua relação com esse sistema hierarquizado e socioeconômico. Será que a tese, por exemplo, torna explícita sua relação com o diretor que superintende a pesquisa acadêmica, ou com os imperativos financeiros a que ele está submetido, ou com as pressões exercidas pelo meio profissional sobre os temas escolhidos e os métodos adotados? Inútil insistir.

No entanto, convém sublinhar o fato de que tais determinações não dizem respeito a imperativos propriamente científicos, nem a ideologias individuais, mas têm a ver com o peso de uma realidade histórica atual sobre discursos que, sem lhe fazerem a mínima referência, pretendem representar o real.

Certamente essa representação do fazer história desempenha seu papel, indispensável, em uma sociedade ou em um grupo: ela procede, incessantemente, à reparação das dilacerações entre o passado e o presente; assegura um "sentido" que supera as violências e as divisões do tempo; cria um teatro de referências e valores comuns que garantem ao grupo uma unidade e uma comunicação simbólicas. Em suma, como afirmava Michelet, ela é o trabalho de vivos para "acalmar os mortos" e reunir toda a espécie de apartados em uma aparência de presença que é a própria representação. Trata-se de um discurso da conjunção, que luta contra as disjunções produzidas pela competição, pelo labor, pelo tempo e pela morte. Mas essa tarefa social exige, precisamente, a ocultação do que particulariza a representação, levando a evitar o retorno da divisão presente na cena simbolizante. Portanto, em vez da representação de um passado, o texto vai proceder à elucidação da operação institucional que o fabrica. Ele confere uma aparência de real (passado), ao invés da práxis (presente) que o produz: uma é colocada no lugar da outra.

2. *Do produto erudito à mídia: a historiografia geral.* Sob essa perspectiva, o discurso científico já não se distingue da narratividade prolixa e fundamental que é nossa historiografia cotidiana. Ele participa do sistema que organiza, por "histórias", a comunicação social e a habitabilidade do presente. O livro ou o artigo profissional, por um lado, e, por outro, o diário impresso ou televisionado diferenciam-se apenas no interior do mesmo campo historiográfico, constituído pelo grande número de narrativas que relatam e interpretam os acontecimentos. O historiador "especializado" obstina-se, é claro, em rejeitar essa solidariedade comprometedora. Vã denegação. A parcela erudita dessa historiografia forma aí apenas uma espécie particular – não mais "técnica" do que as espécies contíguas –, dispondo somente de outras técnicas. Ela tem a ver também com um gênero que prolifera: as narrativas que exprimem o-que-se-passa.

Sem tréguas, desde o início até o fim do dia, a história, de fato, relata-se. Ela privilegia o que não funciona (o acontecimento é, antes de mais nada, um acidente, um infortúnio, uma crise) porque impõe-se, com urgência, voltar a costurar, acima de tudo, essas dilacerações com uma linguagem de sentido; no entanto, reciprocamente, os infortúnios são indutores de narrativas, autorizando sua incansável produção. O "real", outrora, assumia a figura de um Segredo Divino que autorizava a interminável narratividade de sua revelação; atualmente, ele continua a permitir indefinidamente a narração, mas assume a forma de acontecimento, longínquo ou alheio, que serve de postulado necessário à produção de nossos discursos de revelações. Esse deus fragmentado não cessa de ser objeto de comentários; ele tagarela. Por toda parte, notícias, informações, estatísticas, sondagens e documentos que, pela conjunção narrativa, compensam a disjunção crescente criada pela divisão do trabalho, pela atomização social e pela especialização profissional. A todos os apartados, esses discursos fornecem um referencial comum; eles instituem, em nome do "real", a linguagem simbolizadora que leva a crer na comunicação e entretece a rede de "nossa" história.

Dessa historiografia geral, limitar-me-ei a sublinhar três traços peculiares ao gênero em sua integralidade, embora eles sejam mais visíveis na espécie "mídia" e mais bem controlados (ou modalizados diferentemente) na espécie "científica".

a) A representação das realidades históricas é o meio de camuflar as condições reais de sua produção. O "documentário" não mostra que ele é, antes de mais nada, o resultado de uma instituição socioeconômica seletiva e de um aparato técnico codificador, o diário ou a televisão. Tudo se passa como se, através de Dan Rather, o Afeganistão se *mostrasse*. Na verdade, ele nos é *contado* em uma narrativa que é o produto de um meio, de um poder, de contratos entre a empresa e seus clientes, assim como da lógica de uma técnica. A clareza da informação dissimula as leis do trabalho complexo que a constrói; trata-se de uma falsa aparência que, diferentemente da perspectiva ilusória de outrora, deixou de fornecer tanto a visibilidade de seu estatuto de teatro quanto o código de sua fabricação. A "elucidação" profissional do passado possui o mesmo procedimento.

b) A narrativa que fala em nome do real é imperativa; ela "faz conhecer", à maneira como se dá uma ordem. Nesse aspecto, a atualidade (o real cotidiano) exerce um papel semelhante ao que a divindade desempenhava outrora: os padres, as testemunhas ou os ministros da atualidade fazem com que ela fale para dar ordens em seu nome. Certamente, "fazer falar" o real já não é revelar as vontades secretas de um Autor; daqui em diante, algarismos e dados fazem as vezes desses segredos "revelados". No entanto, a estrutura permanece a mesma: ela consiste em ditar, interminavelmente, em nome do "real", o que deve ser dito, o que se deve crer e o que deve ser feito. E o que opor a "fatos"? A lei que se relata em dados e algarismos (ou seja, em termos fabricados por técnicos, mas apresentados como a manifestação da derradeira autoridade, o Real) constitui nossa ortodoxia, um imenso discurso da ordem. Sabe-se que o mesmo ocorre com a literatura historiográfica. Eis o que é mostrado, atualmente, por um grande número de análises: ela foi sempre um discurso pedagógico e normativo, nacionalista ou militante. No entanto, ao enunciar o que se deve pensar e fazer, esse discurso dogmático não tem necessidade de se justificar porque fala em nome do real.

c) Ainda mais: essa narrativa é eficaz. Ao pretender relatar o real, ela o fabrica. Ela é performática. Ela torna crível o que diz e faz agir por essa razão. Ao produzir crentes, ela produz praticantes. A informação declara: "O anarquismo está nas nossas ruas, o crime está à nossa porta!" O público, imediatamente, arma-se e ergue barricadas. A informação acrescenta: "Existem indícios de que os criminosos sejam estrangeiros." O público procura os culpados, denuncia pessoas e vai votar em favor de sua condenação à morte ou de seu exílio. A narração do historiador desvaloriza ou privilegia práticas, exagera a dimensão dos conflitos, inflama nacionalismos ou racismos, organiza ou desencadeia comportamentos. Ela faz o que ela diz. Eis o que foi analisado por Jean-Pierre Faye (1973) em seu livro, *Langages totalitaires* [Linguagens totalitárias], a propósito do nazismo. Conhecemos outros casos em que narrativas são fabricadas em série e fazem a história. As vozes charmosas da narração transformam, deslocam e regulam o espaço social; elas exercem um imenso poder que, por sua vez, escapa ao controle por se apresentar como a verdadeira representação do que se passa ou do que se passou. A história profissional – pelos temas selecionados, pelas problemáticas que ela privilegia, pelos documentos e pelos modelos utilizados – tem uma operatividade análoga. Sob o nome de ciência, ela arma também e mobiliza clientelas. Assim, frequentemente mais lúcidos que os próprios historiadores, os poderes político e ou econômico empenharam-se sempre em cooptá-la, lisonjeá-la, comprá-la, orientá-la, colocando-a sob controle ou subjugando-a.

Cientificidade e história: a informática[4]

Para combinar uma encenação com um poder, o discurso vincula-se à instituição que lhe garante, ao mesmo tempo, a legitimidade diante do público e a dependência em relação à dinâmica das forças sociais. O empreendimento assegura o papel ou a imagem como discurso do real para os leitores ou espectadores, ao mesmo tempo que, por seu funcionamento interno, ele articula a produção sobre o conjunto das práticas sociais. Mas existe interação entre esses dois aspectos. As representações são autorizadas *a falar* em nome do real apenas na medida em que elas fazem *esquecer* as condições de sua fabricação. Ora, é a instituição também que opera o liame entre esses contrários. Dessas lutas, regras e procedimentos sociais comuns, ela impõe as condicionantes à atividade produtora, autorizando sua ocultação pelo discurso produzido. Garantidas pelo meio profissional, essas práticas podem, desde então, ser dissimuladas pela representação. Mas a situação será, assim, tão paradoxal? O elemento excluído do discurso é justamente a garantia da coesão prática do grupo (erudito).

Essa prática não pode ser, evidentemente, reduzida ao que a leva a ser classificada no gênero da historiografia geral. Como "científica", ela dispõe de traços específicos; vou servir-me, como exemplo, do funcionamento da informática no campo do trabalho

---

[4] N.T.: Lembramos ao leitor que a primeira edição deste livro é de 1986 (University of Minnesota): a invenção dos PCs era recente e sequer se vislumbrava a possibilidade de uso dos recursos que a informática ofereceria ao campo das Ciências Humanas; isso, de maneira alguma, invalida as reflexões do autor.

historiográfico especializado ou profissional. Com a informática, abriu-se a possibilidade do quantitativo, estudo sequencial das relações variáveis entre unidades estáveis, durante um período de longa duração. Para o historiador, é a Ilha Afortunada. Finalmente ele terá a possibilidade de livrar a historiografia de suas relações comprometedoras com a retórica, com todos os usos metonímicos ou metafóricos do detalhe supostamente significativo de um conjunto, e com todos os ardis oratórios da persuasão; ele terá a possibilidade de desvencilhá-la de sua dependência em relação à cultura circundante, cujos preconceitos recortam antecipadamente postulados, unidades e interpretações. Graças à informática, ele torna-se capaz de controlar as quantidades, de construir regularidades, além de determinar periodicidades a partir das curvas de correlações – três pontos nevrálgicos na estratégia de seu trabalho. Portanto, a historiografia foi fisgada por uma embriaguez estatística: os livros ficam repletos de algarismos, garantias de objetividade.

Infelizmente, foi necessário desenfeitiçar tais expectativas, mesmo sem ter chegado a falar – como ocorreu, ultimamente, com as observações elaboradas por Jack Douglas (1969) ou Herbert Simons (1980) – de "retórica dos algarismos". A ambição de matematizar a historiografia tem a contrapartida de uma historicização dessa matemática particular que é a estatística. Nessa análise da sociedade baseada na matemática, é preciso, com efeito, sublinhar: 1º sua relação com suas condições de possibilidade históricas; 2º as reduções técnicas que ela impõe e, portanto, a relação entre o que ela aborda e o que deixa de fora; por último, 3º seu funcionamento efetivo no campo historiográfico, ou seja, o modo de sua recuperação, ou de sua assimilação, pela disciplina que, supostamente, é transformada por ela. Eis outra forma de assistir ao retorno da ficção a uma prática científica.

1. Aparentemente, nada de mais alheio aos avatares da história que essa cientificidade matemática. Em sua prática teorizadora, a matemática se define pela capacidade que seu discurso possui de determinar as regras de sua produção, de ser "consistente" (ou seja, sem contradição entre seus enunciados), "limpo" (isto é, sem equivocidade) e restritivo (impedindo, por sua forma, qualquer rejeição de seu conteúdo). Sua escrita dispõe, assim, de uma autonomia que

faz da "elegância" o princípio interno de seu desenvolvimento. Na verdade, sua aplicação à análise da sociedade tem a ver com circunstâncias de tempo e de espaço. Mesmo que, no século XVII, John Craig já vislumbrasse calcular as probabilidades do testemunho em seu *Theologiae christianae principia mathematica*, é no final do século XVIII que Condorcet funda uma "matemática social" e empreende um cálculo das "probabilidades" que regem, no seu entender, as "motivações para crer" e, portanto, as escolhas práticas dos indivíduos reunidos em sociedade (CONDORCET, 1974).[5] Somente então toma forma a ideia de uma sociedade matematizável, princípio e postulado de todas as análises que, na sequência, abordam a realidade social sob o prisma da matemática.

Essa "ideia" não era evidente, embora o projeto de uma sociedade orientada pela razão já tivesse sido proposto em *A República* de Platão. Para que a "língua dos cálculos", de acordo com a expressão de Condillac, viesse a definir o discurso de uma ciência social, foi necessário, em primeiro lugar, considerar a sociedade como uma totalidade composta por unidades individuais que combinam suas vontades: esse "individualismo", surgido com a modernidade (MACPHERSON, 1962; MACFARLANE, 1978), é o pressuposto de um tratamento matemático das relações possíveis entre essas unidades, assim como ele é, na mesma época, o pressuposto da concepção de uma sociedade democrática. Além disso, três condições circunstanciais vinculam essa ideia a uma conjuntura histórica: um progresso técnico das matemáticas (o cálculo das probabilidades, etc.), indissociável, aliás, da abordagem quantitativa da natureza e da dedução das leis universais, características da cientificidade no século XVIII (KLINE, 1972, p. 190-286); a organização sociopolítica de uma administração que uniformiza o território, centralizando a informação e fornecendo o modelo de uma gestão geral dos cidadãos; por último, a constituição de uma elite burguesa ideologicamente convencida de que seu próprio poder e a riqueza da nação seriam garantidos por uma racionalização da sociedade.

---

[5] A questão tratada por Condorcet, em 1785, já havia sido abordada por BORDA (1781); retomada por ARROW (1963), seu tratamento valeu ao autor um Prêmio Nobel.

Essa tripla determinação histórica – a primeira, de natureza técnica; a outra, sociopolítica; e a terceira, ideológica e social – foi, e continua sendo, a condição que torna possíveis as operações estatísticas. Ainda hoje, o progresso científico, o aparelho estatal ou internacional e o círculo tecnocrata servem de suporte ao empreendimento informático.[6] Ou, dito por outras palavras, a matemática da sociedade não escapa à história, mas depende de descobertas científicas, de estruturas institucionais e de formações sociais, cujas implicações históricas desenvolvem-se através de todos os campos de uma metodologia anistórica.

2. Além disso, o rigor matemático exige uma estrita restrição do domínio em que ele pode exercer-se. Já Condorcet procedia a uma tripla redução. Em sua "matemática social", ele pressupunha: a) que alguém age em conformidade com sua crença; b) que esta pode inspirar-se em "motivações para crer"; e c) que tais "motivações" reduzem-se a probabilidades. Impõe-se absolutamente recortar no real um objeto matematizável. Ele deixa, portanto, fora de seus cálculos, um enorme detrito, toda a complexidade social e psicológica das escolhas. Sua "ciência das estratégias" procede à combinação de simulacros. Gênio da matemática, o que é objeto de cálculo, afinal de contas, na sociedade que ele pretende analisar? A rigorosa novidade do método tem como preço a transformação de seu objeto em ficção. Desde o final do século XVIII – aliás, como foi demonstrado por Peter Hanns Reill (1975, p. 231ss), a propósito dos primórdios do historicismo alemão –, o modelo matemático é rejeitado em benefício de um evolucionismo (que acompanha a historicização da linguística) (DE CERTEAU; JULIA; REVEL, 1975),[7] antes que o estruturalismo macroeconômico do século XX venha restaurar, também, esse modelo na história.

Atualmente, na história, o uso da estatística – forma, no entanto, elementar da matemática – só é permitido mediante drásticas restrições. Assim, no próprio começo da operação, deve-se adotar apenas o material suscetível de ser constituído em séries (o que facilitará uma história urbanística ou uma história eleitoral, em

---

[6] Ver, por exemplo, "IBM ou l'émergence d'une nouvelle dictature", 1975.
[7] Ver cap. 4, "Théorie et fiction (1760-1780): De Brosses et Court de Gébelin".

detrimento de outras histórias deixadas de lado ou abandonadas a um artesanato de amadores). Deve-se, também, definir as unidades tratadas de maneira que o signo (objeto calculado em algarismos) nunca seja identificado com as coisas ou palavras, cujas variações históricas ou semânticas viessem a comprometer a estabilidade do signo e, portanto, a validade do cálculo. Às restrições exigidas pela "lavagem" dos dados, acrescentam-se aquelas impostas pelos limites dos instrumentos teóricos: por exemplo, seria necessária uma "lógica imprecisa" capaz de tratar as categorias do tipo – "um pouco", "suficiente", "talvez", etc. – que são características do campo histórico. Apesar das pesquisas recentes que, a partir das noções de "proximidade" ou "distanciamento" entre objetos, introduzem conjuntos "imprecisos" na análise (ver, por exemplo, CORGE, 1975), os algoritmos informáticos reduzem-se a três ou quatro fórmulas.

Todos nós temos a experiência das eliminações que tiveram que ser efetuadas no material porque ele não era abordável de acordo com as regras impostas. Eu poderia relatar os avatares de pesquisas históricas – por exemplo, sobre os Estados Gerais de 1614 ou sobre os *Cahiers de doléances* [Cadernos de reclamações] de 1789 – objetos que acabaram sendo rejeitados do campo fechado da informática. Desde o nível elementar das unidades a serem recortadas, e por excelentes razões, a operação matemática exclui regiões inteiras da historicidade; ela cria uma enorme quantidade de detritos, recusados pelo computador e amontoados à sua volta.

3. Na medida em que elas são respeitadas na prática efetiva do historiador, essas condicionantes produzem um apuramento técnico e metodológico. Elas produzem efeitos de cientificidade. Para caracterizar tais efeitos, seria possível dizer, de maneira geral, que ali onde o cálculo se introduz, ele multiplica as hipóteses e permite tornar algumas delas falsificáveis. Por um lado, as combinações entre os elementos que foram isolados sugerem relações, até então, insuspeitas; por outro, o cálculo a partir de grandes quantidades impede interpretações baseadas em casos particulares ou em ideias preconcebidas. Há, portanto, aumento das possibilidades e determinação de impossibilidades. O cálculo nada comprova; ele faz crescer o número das relações formais legítimas entre elementos

abstratamente definidos, além de designar as hipóteses a serem rejeitadas por serem malformuladas, ou não abordáveis, ou contrárias aos resultados da análise (TILLY, 1973).

Mas, deste modo, em vez de se ocupar, fundamentalmente, do "real", o cálculo procede à gestão de unidades formais. A história efetiva é, de fato, rejeitada de seus laboratórios. Assim, a reação dos historiadores acaba sendo bastante ambígua: eles aceitam e, simultaneamente, rejeitam tal situação. Seduzidos e, ao mesmo tempo, rebeldes. Não estou falando, aqui, de uma compatibilidade teórica, mas de uma situação de fato que deve ter um sentido. Ao analisá-la tal como ela se apresenta, é possível identificar três aspectos, no mínimo, do funcionamento efetivo da informática na historiografia.

a) Ao estabelecer a distinção, como se impõe, entre a informática (em que a estatística desempenha um papel menos importante), o cálculo das probabilidades, a própria estatística (e a estatística aplicada), a análise de dados, etc., pode-se dizer que, em geral, os historiadores instalaram-se neste último setor: o tratamento quantitativo de dados. O computador é utilizado, essencialmente, para constituir novos arquivos os quais, públicos ou privados, duplicam e, progressivamente, substituem os antigos. Existem notáveis bancos de dados, tais como o *Inter University Consortium for Political and Social Research* (ICPSR) da Universidade de Michigan (Ann Arbor), graças ao sistema Fox, ou os bancos arquivísticos criados, na França, tanto na instituição *Archives nationales*, por Remi Mathieu e Ivan Cloulas, no que diz respeito à administração municipal do século XIX, quanto no *Minutier central* [Arquivo Central de Minutas] dos notários parisienses.

Esse desenvolvimento considerável não deixa de estar circunscrito na arquivística, disciplina tradicionalmente considerada como "auxiliar" e distinta do trabalho interpretativo que o historiador se atribuía como seu campo próprio. Além da documentação, ele transforma as possibilidades da interpretação (FURET, 1974); portanto, o computador é situado em um setor particular do empreendimento historiográfico, no interior do quadro pré-estabelecido que protegia a autonomia da hermenêutica. Atribui-se-lhe apenas uma posição como "auxiliar", ainda determinada pelo modelo antigo que, além de hierarquizar as técnicas, distinguia a reunião de dados e a elucidação do sentido. Essa combinação permite que, em princípio, o historiador utilize o cálculo, sem ter de submeter-se a suas regras; ela explica, sem dúvida, que haja, no plano das tentativas intelectuais, como havia sido constatado por Charles Tilly (1973, p. 333-334), um número tão reduzido de confrontos epistemológicos entre a operação matemática e a operação interpretativa, por um lado, e, por outro, que seja mantida, apesar das tensões, porosidades e deslocamentos recíprocos, uma espécie de bilinguismo epistemológico.

b) Utilizado pelos historiadores como um fornecedor de dados mais seguros e mais abrangentes, em vez de ser praticado na qualidade de operações formais acionadas por ele, o computador aparece nos trabalhos dos historiadores sob sua figura atual de poder tecnocrático. Ele introduz-se na historiografia, sobretudo, a título de uma realidade socioeconômica, e não como um conjunto de regras e de hipóteses peculiares a um campo científico. Essa é, aliás, uma reação de historiador, e não de matemático: o computador inscreve-se no discurso do primeiro como um dado contemporâneo, maciço e determinante. A instituição na área da história refere-se ao poder que, transversalmente, modifica todas as regiões da vida socioeconômica.

Assim, cada livro de história deveria comportar uma base estatística mínima para garantir a seriedade do estudo e, ao mesmo tempo, prestar homenagem ao poder reorganizador de nosso sistema produtor. Os dois gestos – o primeiro, que se conforma a um método técnico contemporâneo, enquanto o outro tem a ver com a dedicatória à autoridade reinante – são inseparáveis. Trata-se do mesmo gesto. Desse ponto de vista, o tributo que a erudição contemporânea paga ao computador seria equivalente à "Dedicatória ao Príncipe" nos livros do século XVII: um reconhecimento de dívida em relação ao poder que sobredetermina a racionalidade de uma época. A instituição da área da informática, atualmente – à semelhança da instituição nobiliárquica e genealógica de outrora –, aparece no texto sob a figura de uma força que tem razão e se impõe ao discurso da representação.

Em relação a esses dois poderes sucessivos, o historiador encontra-se, aliás, igualmente, na posição de ente próximo, embora estrangeiro; ele está "junto" do computador, assim como, outrora, ele estava "junto" do rei. Ele analisa e imita operações que efetua apenas à distância; vai utilizá-las, sem ser parte integrante delas. Em suma, ele faz história, mas não a história; é seu representante.

c) Pelo contrário, a dedicatória a essa cientificidade confere crédito a seu texto, desempenhando o papel de citação autorizante. Entre todas as autoridades referidas pelo discurso historiográfico, é esta que lhe atribui maior legitimidade. Com efeito, o crédito é conferido sempre, em última instância, pelo poder, porque ele funciona como uma garantia de real, à maneira como um capital-ouro confere validade aos papéis e cédulas de banco. Essa razão, que carrega o discurso da representação até o poder, é mais fundamental que motivações psicológicas ou políticas. Ora, o poder assume, atualmente, a forma tecnocrata da informática; o fato de citá-lo é, portanto, graças a essa "autoridade", conferir credibilidade à representação. Pelo tributo que paga à informática, a historiografia leva a crer que ela não é ficção. Suas tentativas científicas ainda articulam algo que não o é: a homenagem prestada ao computador consolida a antiga ambição de fazer passar o discurso histórico por um discurso do real.

Essa problemática do "levar a crer" pela citação do poder é acompanhada, como seu corolário, por uma problemática do "crer" que está associada à citação do outro. As duas estão ligadas: o poder é o outro do discurso. Servir-me-ei, como exemplo, da relação estabelecida por uma disciplina particular com outra. Na minha experiência das colaborações entre historiadores e informáticos, uma ilusão recíproca faz supor, de cada lado, que a outra disciplina garantir-lhe-á o que lhe faz falta – uma referência a algo de real. À informática, os historiadores solicitam ser credenciados por um poder científico suscetível de fornecer "seriedade" a seu discurso; à historiografia, os informáticos, inquietos em relação à sua própria habilidade para manipular unidades formais, solicitam um lastro para seus cálculos pelo "concreto" e pelas particularidades da erudição. Na divisa de cada território, leva-se o campo vizinho a desempenhar o papel de compensar as duas condições de qualquer pesquisa científica moderna: por um lado, sua limitação (que é renúncia à totalização); e, por outro, sua natureza de linguagem artificial (que é renúncia a ser um discurso do real), ou de representação.

Para se constituir, uma ciência deve fazer seu luto em relação tanto à totalidade quanto à realidade. Mas o que ela deve excluir ou perder para se formar retorna sob a figura do outro, a respeito do qual continua havendo a expectativa de que seja uma garantia contra a falta que se encontra na origem de nossos saberes. Um "crer no outro" é o modo em que se apresenta o fantasma de uma ciência totalizante e ontológica. A reintrodução, mais ou menos marginal, desse modelo de ciência traduz a rejeição do luto que havia marcado a ruptura entre o discurso (a escrita) e o "real" (a presença). Não é surpreendente que, de todas as disciplinas, a historiografia seja, sem dúvida, a mais antiga e a mais obcecada pelo passado, melhor dizendo, um campo privilegiado para o retorno do fantasma. Nesse caso, o uso do computador, em particular, é indissociável do fato não só de permitir que os historiadores levem a crer, mas também de pressupor sua própria crença. Este superacréscimo (essa superstição) de passado manifesta-se na maneira como eles utilizam as técnicas modernas. Assim, na própria relação com a cientificidade, com a matemática e com a informática, é que a historiografia é "histórica": não mais no sentido em que ela produz uma interpretação de períodos antigos, mas no sentido em que o passado (o que as ciências modernas rejeitaram ou perderam e constituíram como passado – uma coisa finita, separada) produz-se por seu intermédio e transforma-se em narrativa.

Ciência-ficção ou o lugar do tempo

Essa combinação seria o próprio histórico: um retorno do passado no discurso presente. Mais amplamente, essa mistura (ciência e ficção) tumultua o corte que instaurou a historiografia moderna como relação entre um "presente" e um "passado" distintos, em que um é "sujeito" e o outro "objeto" de um saber, um é produtor do discurso e o outro representado. De fato, esse ob-jeto, *ob-jectum* – supostamente, exterior ao laboratório – determina a partir de dentro suas operações.

Essa combinação é considerada, frequentemente, como o efeito de uma arqueologia que, aos poucos, conviria eliminar da boa ciência; ou como um "mal necessário" a ser tolerado como uma doença incurável. Mas ela pode, também, creio eu, constituir o índice de um estatuto epistemológico próprio e, portanto, de uma função e de uma cientificidade a serem reconhecidas por si mesmas. Neste caso, é necessário elucidar os aspectos "vergonhosos" que a historiografia julga ter a obrigação de dissimular. A formação discursiva que aparece, então, é um *entremeio* [*entre-deux*]: ela possui suas normas que não correspondem ao modelo, sempre transgredido, ao qual se pretende crer ou levar a crer que ela obedece. Ciência e ficção, essa ficção-científica funciona, à semelhança de outras heterologias, no ponto de junção entre discurso científico e linguagem ordinária, exatamente no ponto em que o passado se conjuga com o presente e em que as indagações sem tratamento técnico retornam como metáforas narrativas. Para concluir, eu gostaria apenas de sublinhar algumas questões cujo objetivo consistiria em elucidar essa mistura.

1. *Uma nova politização*. Nossas ciências surgiram com o gesto histórico "moderno" que despolitizou a pesquisa ao instaurar campos "desinteressados" e "neutros", apoiados por instituições científicas. Esse gesto continua organizando, frequentemente, a ideologia exibida por alguns círculos científicos. Mas o desenvolvimento do que se tornou possível por esse gesto acabou por inverter seu alcance. Há muito tempo, as instituições científicas, transformadas em potências logísticas, encaixam-se no sistema que elas racionalizam, mas que as conecta entre si, fixa-lhes orientações e garante sua integração socioeconômica. Esse efeito de assimilação é, naturalmente, mais pesado nas disciplinas cuja elaboração técnica é mais frágil. Esse é o caso da historiografia.

Atualmente, convém, portanto, "politizar de novo" as ciências. Eis o que entendo por essa expressão: rearticular seu aparato técnico a partir dos campos de forças no interior e em função dos quais ele produz operações e discursos. Essa tarefa é, por excelência, a do historiador. A historiografia instalou-se sempre na fronteira do discurso e da força, como se tratasse de uma guerra entre o sentido e a violência. Mas, após três ou quatro séculos durante os quais surgiu a crença de ser possível dominar essa relação, situá-la no exterior do saber para transformá-la em seu "objeto", além de analisá-la sob a forma de um "passado", torna-se necessário atualmente reconhecer que o conflito entre discurso e força mantém-se acima da historiografia e, ao mesmo tempo, encontra-se em seu bojo. A elucidação desenvolve-se sob a dominação do objeto de sua abordagem. Ela deve explicitar uma relação interna e atual com o poder (como era o caso, outrora, para a relação com o príncipe); ela será a única a evitar que a historiografia venha a criar simulacros que, ao supor uma autonomia científica, têm precisamente o efeito de eliminar qualquer tratamento sério da relação que a linguagem (de sentido ou de comunicação) estabelece com os jogos de forças.

Do ponto de vista técnico, essa "nova politização" consiste em "historicizar" a própria historiografia. Por reflexo profissional, o historiador refere qualquer discurso às condições socioeconômicas ou mentais de sua produção. Ele tem de efetuar, também, essa análise sobre o próprio discurso, de maneira a conferir pertinência às forças presentes que organizam representações do passado. Seu próprio trabalho será o laboratório em que se faz a experiência do modo como uma simbólica articula-se a partir de uma política.

2. *Pensar o tempo.* Assim, encontra-se modificada a epistemologia que diferenciava um sujeito em relação a um objeto e que, por consequência, reduzia o tempo à função de classificar os objetos. Na historiografia, as duas causas – a do objeto e a do tempo – estão, com efeito, associadas e, sem dúvida, a objetivação do passado, nos últimos três séculos, acabou transformando o tempo no impensado de uma disciplina que não cessa de utilizá-lo como um instrumento taxinômico. Na epistemologia surgida com o Século das Luzes, a diferença entre o sujeito do saber e seu objeto serve de fundamento àquela que separa o passado do presente. No interior de uma atualidade social estratificada, a historiografia definia como "passado" (como um conjunto de alteridades e de "resistências" a compreender ou a rejeitar) o que não pertencia ao poder (político, social, científico) de produzir um presente. Ou, dito por outras palavras, é "passado" o objeto do qual um sistema de produção se

distingue para transformá-lo. Desde o gesto que constituiu arquivos até aquele que transformou as zonas rurais no museu de tradições memoráveis e/ou supersticiosas, o corte que, no interior de uma sociedade, circunscreve um "passado" depende da relação que uma ambição produtora estabelece com o que não é ela, com o círculo do qual ela se separa, com o meio circundante que ela deve conquistar, com as resistências com que ela se depara, etc. Como modelo, ela adota a relação de um empreendimento com sua exterioridade, no mesmo campo econômico. Os documentos "do passado" são, portanto, relativos a um sistema fabricador e tratados segundo suas regras.

Nessa concepção típica da economia "burguesa" e conquistadora, causa impressão o fato de que o tempo é a exterioridade, o outro. Assim, à maneira de um sistema monetário, ele viria a aparecer apenas como um princípio de classificação para os dados situados nesse espaço objetivo externo. Transformada em medida taxinômica das coisas, a cronologia torna-se o álibi do tempo, um meio de se servir do tempo sem pensar nele e de exilar para fora do saber esse princípio de morte e de passagem (ou de metáfora). Ainda resta o tempo interno da produção, mas, transformada no interior em uma serialidade racional de operações, e objetivada por fora em um sistema métrico de unidades cronológicas, essa experiência dispõe apenas de uma linguagem ética: o imperativo de produzir, princípio da ascese capitalista.

Talvez, ao restaurar a ambiguidade que fisga a relação objeto-sujeito ou passado-presente, a historiografia viesse a retornar à sua antiga função, tanto filosófica quanto técnica, de dizer o tempo como a própria ambivalência que afeta o lugar em que ela está; e, portanto, de pensar a equivocidade do lugar como o trabalho do tempo no próprio interior do lugar do saber. Por exemplo, a arqueologia que metaforiza o emprego – apesar de tudo, técnico – da informática faz aparecer, na efetividade da produção historiográfica, a experiência, essencial para o tempo, que é a impossibilidade de identificar-se com o lugar. Que "o outro" já esteja aí, no lugar, é o modo pelo qual o tempo se insinua aí.[8] O tempo pode retornar,

---

[8] Sobre esse retorno do passado no presente, ver adiante o cap. II.

também, no pensamento historiográfico por uma modificação decorrente dessa premissa que diz respeito à prática e à concepção – não mais do lugar – e sim do objeto. Assim, "a história imediata" já não autoriza a distanciar-se de seu "objeto" que, de fato, a domina, a envolve e volta a situá-la na rede de todas as outras "histórias". O mesmo ocorre com "a história oral" quando esta não se contenta em transcrever e exorcizar as vozes cujo desaparecimento, outrora, era a condição da historiografia: se o profissional se empenha em entender, sem deter-se no que pode ver ou ler, ele descobre à sua frente interlocutores que, apesar de não serem especialistas, são também sujeitos produtores de histórias, além de parceiros do discurso. Da relação objeto-sujeito passa-se para uma pluralidade de autores e de contratantes; ela substitui a hierarquia dos saberes por uma diferenciação mútua dos sujeitos. Desde então, a relação – que o espaço particular, em que se encontra o técnico, mantém com outros – introduz uma dialética desses espaços, ou seja, uma experiência do tempo.

3. *O sujeito do saber.* Que o lugar em que se produz o discurso seja pertinente, eis o que aparece com maior naturalidade, precisamente, nas circunstâncias em que o discurso historiográfico trata de questões que envolvem o sujeito historiador: história das mulheres, dos negros, dos judeus, das minorias culturais, etc. Certamente, nesses setores pode-se defender, alternadamente, que o status pessoal do autor é indiferente (em relação à objetividade de seu trabalho) ou que, somente por seu intermédio, o discurso é credenciado ou invalidado (dependendo de ser, ou não, "parte integrante" dele). Entretanto, esse debate exige, precisamente, a explicação do que foi dissimulado por uma epistemologia, a saber, o impacto das relações de sujeitos com sujeitos (mulheres e homens, negros e brancos, etc.) no uso das técnicas, aparentemente, "neutras" e na organização de discursos, talvez, igualmente científicos. Por exemplo, em decorrência da diferenciação entre sexos, será que se deve tirar a conclusão de que a historiografia produzida por uma mulher é diferente da que é elaborada por um homem? Evidentemente, não vou responder, mas constato que essa indagação envolve o lugar do sujeito e obriga a abordá-lo, contrariamente à epistemologia que construiu a "verdade" da obra a partir da não pertinência do locutor. Interrogar

o sujeito do saber é, igualmente, ter de pensar o tempo, se é verdade que, por um lado, o sujeito organiza-se como uma estratificação de tempos heterogêneos e, por outro, seja mulher, negro ou basco, ele é estruturado por sua relação com o outro.[9] O tempo é precisamente a impossibilidade da identidade ao lugar; deste modo começa uma reflexão sobre o tempo. O problema da história inscreve-se no lugar desse sujeito que é, em si mesmo, dinâmica da diferença, historicidade da não identidade a si.

Pelo duplo movimento que tumultua, pela introdução do tempo, a segurança do lugar e do objeto da historiografia, retorna também o discurso do afeto ou das paixões. Depois de ter sido central na análise de uma sociedade até o final do século XVIII (até Spinoza, Hume, Locke ou Rousseau), a teoria das paixões e dos interesses foi eliminada, lentamente, pela economia objetivista que, no século XIX, acabou por substituí-la por uma interpretação racional das relações de produção; assim, da antiga elaboração limitou-se a conservar um resquício, permitindo que, ao novo sistema, fosse conferida uma ancoragem em "necessidades". Após um século de rejeição, a economia dos afetos retornou sob o modo freudiano de uma economia do inconsciente: com *Totem e tabu*, *Mal-estar na civilização* ou *Moisés e o monoteísmo*, apresenta-se a análise – necessariamente relativa a um recalcado – que articula, de novo, os investimentos do sujeito a partir de estruturações coletivas. Tais afetos são espectros na ordem de uma razão socioeconômica; eles permitem formular, na teoria ou na prática historiográfica, questões para as quais já existem numerosas expressões, desde os ensaios de Paul Veyne (1971) sobre o desejo do historiador,[10] o de Albert Hirschman (1977 e 1982) sobre o *disappointment* na economia, o de Martin Duberman (1973) sobre a inscrição do sujeito sexuado em seu objeto histórico ou o de Régine Robin (1979) sobre a estruturação do estudo pelas cenas míticas da infância. Desse modo,

---

[9] No plano coletivo verifica-se o mesmo problema, como demonstra, por exemplo, a relação difícil estabelecida entre a nova historiografia negra africana, do tipo nacionalista, e a pluralidade étnica de seu objeto-sujeito. Ver JEWSIEWICKI, 1979.

[10] Ver DE CERTEAU, "Une épistémologie de transition: Paul Veyne", 1972.

inaugura-se uma epistemologia diferente daquela que definia o lugar do saber por um lugar "próprio" e avaliava a autoridade do "sujeito do saber" pela eliminação de qualquer questão relativa ao locutor. Ao explicitar esse eliminado, a historiografia encontra-se, de novo, reenviada à particularidade de um lugar ordinário, aos afetos recíprocos que estruturam representações e aos passados que, do interior, determinam o uso das técnicas.

4. *Ciência e ficção*. Que as identidades de tempo, lugar, sujeito e objeto, supostas pela historiografia clássica, não tenham "consistência" e sejam atingidas por uma "mexida" que as tumultua, eis o que havia sido assinalado, há muito tempo, pela proliferação da ficção. Mas trata-se de uma parcela considerada vergonhosa e ilegítima – uma obscura metade negada pela disciplina. Aliás, é curioso que a historiografia tenha sido colocada, no século XVII, no extremo oposto: na época, o historiador generalista fazia questão de praticar o gênero retórico por excelência (FUMAROLI, 1971; FUSSNER, 1962, p. 299-321). Em três séculos, a disciplina havia passado de um polo para o outro; essa oscilação é já o sintoma de um status. Seria necessário indicar com precisão sua curva e analisar, em particular, a progressiva diferenciação que, no século XVIII, separou as "ciências" das "letras": a historiografia encontrou-se esticada entre os dois continentes aos quais ela estava vinculada por seu papel tradicional, enquanto ciência "global" e conjunção simbólica social; ela manteve tal posição, apesar de ter adotado modalidades variáveis. No entanto, a melhoria de suas técnicas e a evolução geral do saber acabam por levá-la a camuflar, cada vez mais, seus vínculos – do ponto de vista científico, inconfessáveis – com o que, durante esse tempo, assumiu a forma de "literatura". Tal camuflagem introduz nesse processo, precisamente, o simulacro que ela rejeita ser.

Para devolver a legitimidade à ficção que assombra o campo da historiografia, convém "reconhecer", em primeiro lugar, no discurso legitimado como científico, o recalcado que assumiu a forma de "literatura". As astúcias do discurso com o poder, a fim de utilizá-lo sem ficar a seu serviço, as aparições do objeto como ator fantástico no próprio lugar do "sujeito do saber", as repetições e os retornos do tempo supostamente passado, os disfarces da paixão sob a máscara de uma razão, etc., tudo isso depende da ficção, no sentido "literário" do termo. A ficção nem por isso é estranha ao real; pelo contrário, de acordo com a observação de Jeremy Bentham já no século XVIII, o discurso *fictitious* está mais próximo do real que o discurso "objetivo" (OGDEN, 1932). Mas, neste caso, a lógica adotada é diferente daquela utilizada pelas ciências positivas. Ela começou a fazer o retorno com Freud. Sua elucidação seria uma das tarefas da historiografia. Sob este primeiro aspecto, a ficção é recognoscível no aspecto em que não há um lugar próprio e unívoco, ou seja, no ponto em que o outro se insinua no lugar. O papel tão importante da retórica no campo historiográfico é, precisamente, um sintoma maciço dessa lógica diferente.

Considerada, em seguida, como "disciplina", a historiografia é uma ciência desprovida dos recursos para realizar tal pretensão. Seu discurso assume o que manifesta maior resistência à cientificidade (a relação social com o acontecimento, com a violência, com o passado e com a morte), ou seja, o que cada disciplina científica teve de eliminar para se constituir. Entretanto, nessa difícil posição, ele procura apoiar, pela globalização textual de uma síntese narrativa, a possibilidade de uma explicação científica; o "verossímil" que caracteriza esse discurso defende o princípio de uma explicação e o direito a um sentido. O "como se" do raciocínio (o estilo entimemático das demonstrações historiográficas) tem o valor de um projeto científico; ele mantém uma crença na inteligibilidade das coisas que lhe oferecem maior resistência. Assim, a historiografia estabeleceria a justaposição de elementos não coerentes ou, até mesmo, contraditórios, sem deixar de fingir, frequentemente, "explicá-los": ela é a relação dos modelos científicos com seus déficits. Essa relação dos sistemas com o que contribui para seu deslocamento ou sua metaforização corresponde também à manifestação e à nossa experiência do tempo. Nesta perspectiva, o discurso historiográfico é, em si mesmo, como discurso, a luta de uma razão com o tempo, mas uma razão que não renuncia ao que ela ainda é incapaz de realizar, uma razão em seu movimento ético; ele estaria, portanto, na vanguarda das ciências como a ficção do que elas conseguem alcançar de forma parcial. Uma afirmação de cientificidade orienta o discurso que, em si mesmo, conjuga o explicável com o que ainda permanece inexplicável; o que se relata aí é uma ficção da própria ciência.

Ao manter, continuamente, sua função tradicional de ser uma "conjunção", a historiografia vincula, assim, a cultura – o legendário – de um tempo com o que já é controlável, corrigível ou proibido por práticas de natureza técnica; apesar de ser impossível identificá-la com essas práticas, ela é produzida pelo que estas esboçam, retiram ou confirmam na linguagem recebida como admissível por determinado meio. O modelo tradicional de um discurso global, simbolizador e legitimante, encontra-se aí, portanto, mas trabalhado por instrumentos e controles pertencentes ao sistema produtor de nossa sociedade. Assim, a narratividade totalizante de nossas lendas culturais ou as operações técnicas e críticas não podem estar, sem arbitrariedade, supostamente ausentes ou serem elimináveis do que culmina em uma representação, no texto ou no artigo de história. Sob esse viés, cada uma dessas representações – ou a massa formada, conjuntamente, por elas – poderia ser comparada com o mito, se este for definido como uma narrativa permeada pelas práticas sociais, ou seja, um discurso global articulando práticas que ele não relata, mas deve respeitar; e, ao mesmo tempo, lhe fazem falta e o mantêm sob vigilância. Nossas práticas de natureza técnica são, frequentemente, tão silenciosas, circunscritas e essenciais quanto o eram, outrora, as práticas da iniciação; no entanto, daqui em diante, elas são do tipo científico. É relativamente a tais práticas que se elabora o discurso histórico, garantindo-lhes uma legitimidade simbólica sem deixar de "respeitá-las". Ele é necessário à articulação social dessas práticas e, no entanto, controlado por elas; assim, ele seria o mito possível a uma sociedade científica que rejeita os mitos, a ficção da relação social entre práticas especificadas e lendas gerais, entre técnicas produtoras de lugares e lendas que simbolizam o efeito do tempo. Vou concluir com uma fórmula. O lugar instaurado por procedimentos de controle é, por sua vez, historicizado pelo tempo, passado ou futuro, que se inscreve aí como retorno do "outro" (uma relação com o poder, com precedentes ou com ambições) e que, "metaforizando" assim o discurso de uma ciência, acaba por transformá-la, igualmente, em uma ficção.

CAPÍTULO II

Psicanálise e história[11]

A psicanálise articula-se a partir de um processo que é o núcleo da descoberta freudiana: o retorno do recalcado. Esse "mecanismo" utiliza uma concepção do tempo e da memória; nesse caso, a consciência é, simultaneamente, a *máscara* ilusória e o *vestígio* efetivo de acontecimentos que organizam o presente. Se o passado (ao ter lugar e forma em um momento decisivo no decorrer de uma crise) é *recalcado*, ele *retorna*, mas sub-repticiamente, ao presente do qual havia sido excluído. Um exemplo apreciado por Freud mostra esse desvio-retorno [*détour-retour*] que é a astúcia da história: depois de ter sido assassinado, o pai de Hamlet retorna, mas como fantasma, em outra cena, e é, então, que ele se torna a lei à qual o filho obedece.

Duas estratégias do tempo

Há uma "inquietante familiaridade" desse passado que um ocupante atual rechaçou (ou acreditou ter rechaçado) para apropriar-se de seu lugar. O morto assombra o vivo; ele re-morde[12] (mordida secreta e repetida). Assim, a história seria "canibal", e a memória tornar-se-ia o recinto fechado em que se opõem duas operações

---

[11] "Psychanalyse et histoire", *in* LE GOFF, J. *et alii*, 1978. Cf., neste livro, a história textual deste capítulo, p. 37-39.

[12] N.T.: No original, "re-mord", forma verbal de "*remordre*" que significa, também "*faire souffrir par le remords*", ou seja, fazer sofrer pelo remorso. Vale lembrar que todos esses vocábulos derivam do radical latino "remordere", tornar a morder (ver sinonímia de "difamar" e "refletir"); cf. *Dicionário Houaiss de Língua Portuguesa*.

contrárias: por um lado, o esquecimento, que não é uma passividade nem uma perda, mas uma ação contra o passado; e, por outro, o vestígio mnésico, que é o retorno do esquecido, ou seja, uma ação desse passado, daqui em diante forçado ao disfarce. De maneira mais geral, qualquer ordem autônoma constitui-se graças ao que ela elimina, produzindo um "resto" condenado ao esquecimento; no entanto, o excluído insinua-se, de novo, neste lugar "limpo" ["*propre*"], instala-se aí, suscita a inquietação, torna ilusória a consciência segundo a qual o presente julga estar em "sua casa", fixa aí seu esconderijo; e esse "selvagem", esse "ob-sceno",[13] esse "lixo", essa "resistência" da "superstição" vai inscrever aí – à revelia do proprietário (o *ego*) ou contra ele – a lei do outro.

A historiografia desenvolve-se, pelo contrário, em função de um corte entre o passado e o presente. Ela é o resultado das relações de saber e de poder entre dois lugares supostamente distintos: por um lado, o lugar presente (científico, profissional, social) do trabalho, o aparato técnico e conceitual da *pesquisa* e da interpretação, a operação de descrever e/ou de explicar; e, por outro, os lugares (museus, arquivos, bibliotecas) em que são guardados, inertes, os materiais que são objeto da pesquisa e – em um segundo momento, deslocados no tempo – os sistemas ou *acontecimentos* do passado, cuja análise é permitida por intermédio desses materiais. Uma fronteira separa a instituição atual (que fabrica representações) das regiões antigas ou longínquas (encenadas pelas representações historiográficas).

Mesmo que a análise historiográfica postule uma continuidade (genealogia), uma solidariedade (filiação) ou uma conivência (simpatia) entre seus operadores e seus objetos, ela estabelece uma *diferença* entre uns e outros, marcada, aliás, desde o princípio, por uma vontade de objetividade. O espaço organizado por ela é, ao mesmo tempo, dividido e hierarquizado, comportando um "próprio" (o presente de uma prática) e um "outro" (um "passado" estudado). Tal fronteira atravessa, por um lado, a prática em que o

---

[13] N.T.: No original, "*ob-scène*": "*scène*" significa "cena" enquanto "*ob*" reveste a noção de "movimento para a frente"; ou seja, "fora da cena".

aparato da pesquisa distingue-se do material tratado e, por outro, a encenação escriturária em que o discurso do saber interpretativo domina o passado representado, citado e conhecido.

A psicanálise e a historiografia têm, portanto, duas maneiras diferentes de distribuir o *espaço da memória*; elas pensam, de modo diferente, a relação do passado com o presente. A primeira reconhece um *no* outro; enquanto a segunda coloca um *ao lado* do outro. A psicanálise trata essa relação segundo o modelo da imbricação (um no lugar do outro), da repetição (um reproduz o outro sob uma forma diferente), do equívoco e do quiproquó (o que está "no lugar" de quê? Há, por toda parte, jogos de máscaras, de reviravolta e de ambiguidade). Por sua vez, a historiografia considera essa relação segundo o modelo da sucessividade (um depois do outro), da correlação (maior ou menor grau de proximidade), do efeito (um segue o outro) e da disjunção (um ou o outro, mas não os dois ao mesmo tempo).

Assim, verifica-se o confronto entre duas estratégias do *tempo* que, no entanto, não deixam de se desenvolver no terreno de questões análogas: procurar princípios e critérios em nome dos quais seja possível compreender as diferenças ou garantir continuidades entre a organização do atual e as antigas configurações; conferir valor explicativo ao passado e/ou tornar o presente capaz de explicar o passado; reconduzir as representações de outrora ou atuais a suas condições de produção; elaborar (de onde? de que modo?) as maneiras de pensar e, portanto, de superar a violência (os conflitos e os acasos da história), incluindo a violência que se articula no próprio pensamento; definir e construir a narrativa que é, nas duas disciplinas, a forma privilegiada conferida ao discurso da elucidação. Os cruzamentos e os debates dessas duas estratégias, desde Freud (1856-1939), sublinham as possibilidades e os limites da renovação que o encontro entre elas oferece à historiografia.[14]

---

[14] Sobre os diferentes temas tratados, será possível encontrar indicações bibliográficas detalhadas nas seguintes publicações: BARBU, 1969; BESANÇON, 1971 e 1974; DE CERTEAU, *L'écriture de l'histoire*, 1984a; DUPRONT, 1969; FRIEDLÄNDER, 1975; HORKHEIMER, 1932; MAZLISH, 1968 e 1971; MEYERHOFF, 1962; STROUT, 1968; WEHLER, 1971; WEINSTEIN; PLATT, 1972; WOLMAN, 1971.

Freud e a história

A "elucidação" (*Aufklärung*) de Freud apoia-se em dois pilares que, sucessivamente, ele construiu e considerava como fundamentais e fundadores no mesmo plano: *A ciência dos sonhos* (1900) e, por outro lado, *Totem e tabu* (1912-1913). Neste livro, de acordo com sua afirmação, em 1914, ele "tenta aplicar o método analítico a problemas que, associando-se à psicologia dos povos, levam-nos a recuar às origens das mais importantes instituições de nossa civilização: organização política, moral, religião, mas também proibição do incesto e remorso" (FREUD, "Contribution à l'histoire du mouvement psychanalytique", 1966, p. 113). Tal método leva em consideração duas cenas: uma, individual, e, a outra, coletiva. Aliás, ele assume, alternadamente, a forma (biográfica) de "histórias de pacientes" — com as *Krankengeschichten*[15] (1905-1918), traduzidas com o título de *Cinco psicanálises* –, ou a forma (global) do "romance histórico" com *Moisés e o monoteísmo* (1939), cujo título original sublinha que se trata da relação de um homem, *"der Mann Moses"*, com a configuração histórica do monoteísmo judaico (FREUD, 1973; 1967a).

As intervenções de Freud na historiografia são quase cirúrgicas. Suas operações apresentam certo número de características:

A. Ele invalida o corte entre psicologia individual e psicologia coletiva.

B. Ele considera o "patológico" como uma região em que se exacerbam e se desvelam os funcionamentos estruturais da experiência humana. Desse ponto de vista, a distinção entre normalidade e anormalidade é apenas fenomenal; fundamentalmente, ela deixou de ter pertinência científica.

C. Na historicidade, ele apreende sua relação com *crises* que a organizam ou a deslocam. Em acontecimentos decisivos (relacionais e conflitantes, originalmente genealógicos e sexuais), ele desvenda os pontos de constituição de *estruturas* psíquicas. As confirmações que lhe são fornecidas pela

---

[15] N.T.: Literalmente, "anamnese", "história clínica".

terapêutica permitem-lhe concentrar sua análise em três direções: a) a busca, no adulto, das determinações que recuam a "cenas primitivas" vivenciadas pela criança e pressupõem que esta (epígono situado, até então, nos bastidores) tenha desempenhado um papel central na história; b) a necessidade de postular, na origem dos povos, uma violência genealógica (luta entre pai e filho), cujo recalcamento é o trabalho da tradição (ela dissimula o cadáver), mas cujos efeitos repetitivos são identificáveis através de suas sucessivas camuflagens (existem vestígios); c) a garantia de encontrar, em qualquer linguagem, "fragmentos de verdade" (*Stückchen Wahrheit*) (FREUD, *Der Mann Moses*, 1940-1952, t. XVI, p. 239), estilhaços e resquícios relativos a esses momentos decisivos, cujo esquecimento organiza-se em sistemas psicológicos e cuja reminiscência introduz possibilidades de mudança em um estado presente.

D. Ele modifica o "gênero" historiográfico ao introduzir nele a necessidade, para o analista, de *marcar seu lugar* (afetivo, imaginário, simbólico). Ao transformar essa explicação na condição de possibilidade de uma lucidez, ele substitui, assim, o discurso "objetivo" (aquele que visa dizer o real) por um discurso que assume a figura de "ficção" (se, por "ficção", entende-se o texto que declara sua relação com o lugar singular de sua produção).

Curiosamente, algumas dessas posições foram reviradas como uma luva pelos avatares da tradição psicanalítica ou de suas aplicações. Eis o que é demonstrado por alguns exemplos edificantes. O freudismo foi reduzido à psicologia individual e à biografia, tendo sido isolado no "patológico" (por exemplo, a história econômica ou social deixará, a respeito da feitiçaria ou do nazismo, um "resto" inexplicado e anormal que ela abandona à psicanálise). Ou, então, nos aspectos em que, para Freud, os deslocamentos das representações articulam-se a partir de conflitos originários, pressupôs-se a imemorial ubiquidade e estabilidade de "símbolos" ou de "arquétipos", dissimulados por trás dos fenômenos. Do mesmo modo, a divisão do sujeito entre o princípio de prazer (*Eros*) e a lei do outro

(*Thanatos*) – divisão insuperável que, em Freud, depois de *Para além do princípio de prazer* (1920) até *Mal-estar na civilização* (1930), assume a forma de uma alienação da necessidade pela sociedade e de uma frustração constitutiva de desejos – foi "esquecida" pelas terapêuticas que visam "integrar" o ego na sociedade. Talvez, essa posteridade estivesse "atraiçoando" Freud nos dois sentidos do termo: além de interpretá-lo erroneamente, ela o denunciaria. Ela está, também, conforme à teoria elaborada, em *Moisés e o monoteísmo*, a respeito da tradição, segundo a qual esta inverte ou dissimula exatamente aquilo que, em seu nome, pretende reproduzir. De qualquer modo, convém lembrar, no mínimo, duas teses freudianas que estão associadas mais diretamente à história; dois textos essenciais serão suficientes para indicá-las.

1. No texto "Psicologia coletiva e análise do ego" (1921) – escrito a propósito de *Psicologia das multidões* [1895], livro de [Gustave] Le Bon –, Freud defende vigorosamente que "a atitude do indivíduo em relação aos pais, irmãos e irmãs, à pessoa amada, ao médico, em suma, todas as relações que, até o presente, foram objeto das pesquisas psicanalíticas, podem ser consideradas, com toda a razão, como fenômenos sociais" (FREUD, "Psychologie collective et analyse du moi", 1967b, p. 83). Elas se distinguem dos fenômenos abordados pela psicologia coletiva apenas por um "fator numérico", não pertinente do ponto de vista das estruturas psíquicas. A vida social que postula, desde o início, a constituição do sujeito por uma relação com o outro (os pais, etc.) e com a linguagem apresenta somente unidades sociais, cada vez mais amplas, submetidas às mesmas leis. Portanto, com seu aparato analítico, Freud autoriza-se a atravessar as disciplinas que dividiram entre si os fenômenos psíquicos, segundo um corte (entre "individuais" e "coletivos") que, precisamente, ele rejeita e pretende transformar.

2. Uma vez constituídos, esses campos não deixam de ser especificados por técnicas peculiares. A seu respeito, Freud possui uma competência desigual que, pelo menos teoricamente, não envolve o objeto definido pela própria psicanálise, à semelhança do que ocorre com qualquer ciência; ele é oriundo de uma dessas disciplinas. Seus primeiros trabalhos tratavam da enguia (1877) ou do camarão (1882)!

Ele é médico psiquiatra, tendo começado por efetuar a "conversão" psicanalítica a partir do material, e em função dos métodos, de sua especialidade. Na sequência, a partir de 1907 (com cinquenta e um anos), ele a estende ao estudo dos textos literários (FREUD, 1971a); e depois, a partir de 1910 (a propósito das "palavras primitivas" e de Leonardo Da Vinci) (FREUD, "Des sens opposés dans les mots primitifs", 1933; 1971b), à etnologia e à história. Mas, de acordo com a precisão que figura no "Prefácio" de *Totem e tabu* (1913), livro que marca o segundo momento da *conquista*[16] psicanalítica, ele deixou de ter, desde então, "um domínio suficiente desses materiais [etnológicos] que estão em expectativa (*harrenden*) de uma elaboração [psicanalítica]".[17] Construída e verificável em um campo particular, sua teoria não estaria ancorada aí, mas destinada a renovar outros campos em que Freud já não dispõe dos "elementos" necessários para uma informação de primeira mão e para um controle técnico. O material (*Material*) proveniente dessas regiões estrangeiras e coletado por seus exploradores é, para ele, o que "falta" ao analista e, simultaneamente, aquilo que tem "falta" de um tratamento teórico (freudiano) suscetível de "unificar" a "diversidade" dos fatos e de "iluminar" sua "obscuridade" (FREUD, 1965, "Prefácio"); trata-se de "jazidas", afirma Freud, de "tesouros" a explorar. Ele se empenha em aprofundar tal aspecto, ao devorar os estudos de Smith, Wundt, Crawley, Frazer, etc., ou os documentos do século XVII, além das pesquisas eruditas sobre a Bíblia, etc. – mas sem a "segurança" profissional que lhe conferia seu primeiro terreno de investigação.

Ao estender pontos de vista teóricos para fora do campo em que eles haviam sido elaborados e permanecem submetidos a uma verificação, não será que se passa, de acordo com a observação de Canguilhem (1977), das "teorias" científicas para as "ideologias" científicas? Esse caso é frequente. O próprio Freud hesitava, às vezes, em relação ao estatuto de suas pesquisas sócio-históricas e, no final de sua vida, ele declarava, com ironia, escrevê-las enquanto fumava cachimbo, à maneira de passatempo. Ele traçava, assim, a

---

[16] N.T.: No original.
[17] As menções entre colchetes, na citação de Freud, foram introduzidas por Michel de Certeau.

fratura de uma ambiguidade sobre seus quadros analíticos; compete à posteridade enfrentar o respectivo desafio teórico. Na história, ele foi pioneiro, mas não um profissional, apesar de sua paixão em colecionar "antiguidades" ou, desde a adolescência, da amplitude de suas leituras neste domínio. Além de um *corpus* coerente de hipóteses teóricas verificáveis, ele insinua na historiografia o suspense do romance policial ("Quem matou Harry?") e o aspecto inquietante do romance fantástico (existe um fantasma dentro de casa). Ele volta a introduzir as lutas míticas em uma cientificidade; ele enfeitiça, de novo, o saber, incluindo o aprazível escritório dos historiadores que pressupõem o passado arrumado em peças e em ordem nos arquivos. Aparece o aspecto sério da história acompanhado por seu perigo. Meio século depois de ter sido afirmado por Michelet, Freud observa que, de fato, os mortos "voltam a falar" (citado por BARTHES, 1965, p. 92). Não mais, como pensava Michelet, pela evocação do "adivinho" que seria o historiador: "isso fala", mas à sua revelia, em seu trabalho e seus silêncios. Tais vozes, cujo desaparecimento é o postulado de qualquer historiador que as substitui por sua escrita, re-mordem o espaço do qual estão excluídas e continuam falando no texto-homenagem que a erudição ergue em seu lugar.

Tradições

Em 1919, ao prefaciar *Le Rituel* de [Theodor] Reik (autor que considerava *Totem e tabu* como "a obra mais importante produzida pela psicanálise no domínio das ciências humanas"), Freud fazia o balanço das pesquisas, desde o livro *De l'importance de la psychanalyse pour les sciences humaines* de O. Rank e H. Sachs (1913): "A mitologia, a história da literatura e a das religiões davam a impressão de ser os domínios mais facilmente acessíveis". Ele parabenizava Reik, cujo livro constituía o primeiro volume de uma "psicologia das religiões", por ter "conservado, incessantemente, presentes no espírito as relações entre os tempos pré-históricos e os primitivos da atualidade, assim como entre os produtos da criação cultural e as concepções substitutivas dos neuróticos" (REIK, 1974, p. 23, 25). Proclamação de vitória, portanto, em relação à tarefa de "submeter o material etnológico e pré-histórico à reflexão psicanalítica"; primeiros sucessos para "as tentativas de invasão pela psicanálise" (FREUD, 1966, p. 112).

Esses três domínios ("a mitologia, a história da literatura e a das religiões") ocupam já as reuniões da quarta-feira, à noite, na casa de Freud (a partir de 1902) e, em seguida, da "Sociedade Psicanalítica de Viena" (fundada em 1908; cf. FREUD, 1977). No início, Rank (secretário do grupo), Adler, Federn, Sachs, Schilder, Steiner e ainda outros — assim como, mais tarde, Reik, Tausk e Lou Andreas-Salomé — abordavam o incesto, o símbolo, os mitos, Wagner, Nietzsche, etc. Em breve, essas "aplicações" da psicanálise fazem objeto de discussões mais amplas ou de correspondências com Abraham (Berlim), Ferenczi (Budapeste), Groddeck (Baden-Baden), Jung (Zurique), Jones (Londres), Putnam (Boston), etc. Enquanto narrativas, essas análises levam o estudo de "caso" para a biografia até o "retrato psicológico" do presidente Wilson, trabalho tardio e bicéfalo de Freud e W. C. Bullit (FREUD, 1968).

A criação da "Associação Psicanalítica Internacional" (1910), dotada de um "chefe", equipada com recursos de controle e destinada a "facilitar a ajuda mútua entre seus membros" (FREUD, 1973, p. 120-121), não impediu que essas pesquisas (em particular, como afirma Freud, "as aplicações da psicanálise à ciência da linguagem e à história") se diferenciassem e, até, se confrontassem, cada vez mais. Segundo parece, nessas divergências, um papel mais importante foi desempenhado por três elementos (precisamente, históricos): 1. a relação dos autores com a pessoa de Freud (a teoria analítica tem como fundamento a irracionalidade e a particularidade de uma transferência sobre o outro e, portanto, a singularidade da psicologia de Freud); 2. a relação de dependência entre uma teoria da história e a elucidação, pela análise, de sua relação com a instituição psicanalítica (essa associação submete seus membros à lei de qualquer sociedade — aspecto, frequentemente, dissimulado pela teoria); 3. a lógica das situações sociopolíticas e nacionais em que a posição do analista ("sujeito suposto saber") pôs-se a funcionar (a pressão social é mais forte do que a "família" freudiana ou do que uma sociedade internacional).

Do primeiro elemento, complexo demais para se prestar a um resumo, fixemos ao menos dois fatos: por um lado, ele *historicizou* a teoria ao voltar a introduzir em todos os debates conceituais (por exemplo, sobre Adler, Jung, etc.) a particularidade das relações pessoais com Freud e, portanto, ao conferir a acontecimentos singulares e contingentes o papel de explicar (ou, simplesmente, de designar) as lacunas da "ciência";[18] reciprocamente, ele implicou uma *mitificação* da historiografia já que a narrativa do passado torna-se a transposição romanesca de combates entre os deuses da atualidade psicanalítica (Freud e seus "filhos", em *Totem e tabu*; Freud diante de Adler e Jung, em *Contribution à l'histoire du mouvement psychanalytique*, etc.). A teoria oscila, assim, entre o fato biográfico que a despedaça e a representação mítica que dissimula as condições de sua produção. Por um lado, ela confessa estar dilacerada por conflitos (mas por isso mesmo, ela é irredutível a um sistema); por outro, a interpretação das origens longínquas metaforiza querelas intestinas (mas esse deslocamento de uma cena presente para uma cena do passado ou primitiva sugere, também, analogias de funcionamento entre as representações coletivas e as histórias do sujeito).

O segundo elemento é o mais problemático. De fato, a instituição mediatiza a relação do analista com a história geral. Ainda mais, ela remete a própria análise à organização de poderes que a torna possível e a sustém (por exemplo, é necessário pertencer a uma Sociedade para "exercer"; a "fala livre" do cliente pressupõe uma posição social do analista e um contrato financeiro, etc.). Em suma, no campo analítico, ela é o retorno (disfarçado) da violência que se transforma aí em fala e, assim, encontra-se recalcada como violência física e o corpo a corpo.[19] Pela instituição, "inconsciente social da psicanálise" (CASTEL, 1973), a história (política, social, econômica, até mesmo étnica) retorna no espaço insular do discurso ou da cura. Assim, a criação, brigas e cisões de sociedades psicanalíticas, nos últimos sessenta anos, relatam os processos da teoria com sua exterioridade que, frequentemente, ela denega; entretanto, nesses debates é que se deve procurar os verdadeiros esboços de um história psicanalítica.

---

[18] Daí, a importância das *Correspondências*, narratividade transversal em relação ao discurso científico.
[19] Já se disse, acertadamente, que o psicanalista é um médico que tem horror do sangue.

Um teste, se necessário, confirma a importância estratégica desse lugar na divisa entre história e psicanálise. A recusa de atribuir valor teórico aos problemas institucionais, a vontade de mantê-los fora da análise como uma "desgraça" ou uma necessidade social sem pertinência levam, sempre, a construir uma representação ideológica, doutrinal ou "mística" do inconsciente. Desde então, pode-se pressupor, em todos os indivíduos, a presença (sem seu conhecimento) das constelações simbólicas, arquetípicas ou imaginárias que o analista inventa como o céu – para ele, consciente – de uma realidade imemorial e universal. No aspecto em que a psicanálise "esquece" sua própria historicidade, ou seja, sua relação interna com conflitos de poder e de posição, ela torna-se um mecanismo de pulsões, ou um dogmatismo do discurso, ou uma gnose de símbolos.

Derivas nacionais

Por último, verifica-se a intervenção das situações nacionais que se tornam correias de transmissão dos discursos e métodos oriundos de Viena. Vou chamar a atenção para três casos típicos – deixando de lado a Alemanha nazista, de onde os analistas judeus tiveram de fugir e onde o Reichsführer M. Goering (primo do outro), encarregado da terapêutica nacional,[20] logo assumiu o controle da Sociedade Alemã de Psicanálise" (presidida, durante um período demasiado longo, por Carl G. Jung) para levá-la, por exemplo, a elaborar uma tipologia dos sonhos, de acordo com as raças.

Na URSS, desde 1920, um Comitê da "Associação Psicanalítica Internacional" mantém-se em ligação com Viena. De Moscou, M. Wulff (que, ulteriormente, irá instalar-se em Jerusalém) defende a compatibilidade entre Marx e Freud. Em 1923, tal postura é

---

[20] A Sociedade Alemã de Medicina Psicoterapêutica foi constituída em setembro de 1933, e o neuropsiquiatra Mathias Göring, primo do Marechal Göring (ou Goering), foi o escolhido para presidi-la, ressaltando que "um estudo aprofundado de *Mein Kampf* é esperado de seus membros", devendo este texto constituir "a base dos seus trabalhos" (cf. DOUVILLE, Olivier. Cronologia. A situação da psicanálise no mundo, durante a vida de Freud. *Pulsional. Revista de Psicanálise*, dezembro de 2006). "A intervenção direta dos princípios e leis nazistas na Sociedade Psicanalítica alemã (DPG), iniciou-se em 1935, quando ficou estabelecido que as autoridades nazistas governamentais só admitiriam a existência da psicanálise na Alemanha, se "todos os seus representantes fossem arianos" (VIANNA, Helena Besserman. *O real da ética*. Disponível em: http://www.gradiva.com.br/site/scripts/retica.htm.

confirmada por Trotsky, que transforma o freudismo em uma variante do "materialismo dialético" de Pavlov, mesmo que "o método pavloviano seja a experimentação, enquanto o de Freud é a conjetura, às vezes, fantasiosa":"No fundo, a teoria psicanalítica – escreve ele, em 1926 – está baseada no fato de que o processo psicológico representa uma superestrutura complexa fundada em processos fisiológicos aos quais ele está subordinado" (TROTSKY, 1962). Esse ponto de vista será desenvolvido pelo famoso neuropsicólogo soviético, A. Luriia. No entanto, a partir de 1930, assiste-se a uma reviravolta da crítica na URSS: em 1933, no verbete "Psicanálise" da *Enciclopédia médica* soviética, V. Vnukov contesta as "pretensões" da psicanálise no sentido de "ter direitos para resolver problemas de um amplo alcance cultural e histórico" quando, afinal, a análise é "cúmplice da democracia burguesa". Sob o stalinismo – em 1936, o Partido decide fixar a psicologia a partir da razão consciente e prática –, o freudismo é considerado ultraindividualista[21] e completamente errôneo por sua incapacidade para "apreender os processos e as necessidades de natureza psíquica como produtos do desenvolvimento social e histórico".[22] Essa "pseudociência", considerada "norte-americana" e "reacionária" (1948) é excluída, portanto, da historiografia pela história soviética, de modo que somente a desestalinização atenuou sua excomunhão.

Nos EUA – país que, a convite dos representantes da psicanálise, Freud (em companhia de Jung e Ferenczi) visitou, em 1909 –, ele teve o sentimento de que a psicanálise havia recebido, finalmente, a consagração universitária que lhe tinha sido recusada na Áustria. Com efeito, a "causa" progrediu rapidamente nesse território: desde a primavera de 1911, registra-se a fundação de duas associações. Além disso, norte-americanos – tais como Kardiner (1977) e, até mesmo, alguns mestres, por exemplo, Frink – atravessam o Atlântico para se formarem em Viena; por outro lado, beneficiando-se da autoridade de J. J. Putnam (Harvard), o freudismo implanta-se e redefine-se em uma configuração *made in USA*, em que o positivismo experimental de uma neurologia psiquiátrica se exerce,

---

[21] Cf. verbete "Freudismo", in *Bolshaia Entsiklopediia*, 1935.
[22] Cf. verbete "Psicanálise", in *Bolshaia Entsiklopediia*, 1940, escrito por A. Luriia, que acabou aceitando as orientações políticas do Partido. Ver SCHMIDT, 1969; WULFF, 1930; WORTIS, 1950.

em paralelo, com as "curas de alma" espirituais, organizadas pelo "Emmanuel Movement" contra o "American nervousness", e com as psicologias do encantamento, inspiradas em [William] James ou em Bergson (HALE JR., 1971a e 1971b). A adoção dos métodos vienenses deixa intacta a confiança norte-americana nos profundos recursos do ego e na capacidade da sociedade para garantir a *self-expression* dos indivíduos, ao integrá-los; eis o que, cinquenta anos depois, será possível constatar, na obra de N. O. Brown (1966), para quem a recusa de qualquer repressão tem o estilo de um *revival*.

O privilégio atribuído à história pessoal visa, deste modo, não tanto uma redução da psicanálise a uma terapia individual, mas reenvia a um tipo de sociedade. Assim, as sutis biografias de E. H. Erikson (1958 e 1969) apresentam o modelo *social* – em parte, político, e, em parte, religioso – do pioneiro que, libertado da lei do pai, supera a antinomia entre a rebelião e a submissão. Nesses espelhos de um EUA mítico, a diferença em relação a Freud reside, em primeiro lugar, na reestruturação de uma transmissão psicanalítica por uma experiência nacional. A relação estabelecida por esses textos com a história não se avalia somente pelo conhecimento (insuficiente) dos arquivos, mas pelo fato de que eles simbolizam uma historicidade norte-americana (mesmo que eles não sejam pensados como tais). Portanto, verifica-se a proliferação da biografia; ela ocasiona uma série de exames teóricos (GARRATY, 1957; REIFF, 1959; STROUT, 1968), cursos e colóquios.

Aos poucos, no entanto, o estudo estende-se às genealogias familiares e às estruturas comunitárias (ver DEMAUSE, 1974; DEMOS, 1970), na sequência de cruzamentos entre uma história dos sistemas de parentesco, uma antropologia de Édipo e uma generalização do "romance familiar" freudiano. Tal ampliação é, aliás, na história, um efeito da psicanálise mais antropológica que se enraíza nas primeiras associações (vienense, berlinense, frankfurtiana ou húngara) e que o exílio levou para os EUA. A grande obra de [Geza] Róheim, por exemplo, surgida na Hungria perto de Ferenczi, desenvolveu-se a partir de 1938, nos EUA, país em que, inicialmente, ela se desviou, durante um período, das sociedades tradicionais para enfrentar a questão nazista.

De fato, a psicanálise norte-americana foi, bem cedo, sobredeterminada pela experiência dos emigrados – judeus e alemães sobretudo – perseguidos pelo nazismo. A partir de 1942, ela é mobilizada, igualmente, pelos institutos de pesquisa para estudar os fenômenos de opinião e o caso Hitler: Erikson, [Marie] Jahoda, N. W. Ackerman, [Bruno] Bettelheim, etc., são encarregados de elaborar relatórios. Adorno chega a afirmar: "A essência da história" revela-se em Auschwitz (ROHRMOSER, 1970, p. 20). Mas, desde 1931 – a partir de modalidades, certamente, diferentes para Reich, Fromm, Adorno, Marcuse (que só depois de ter chegado aos EUA é que mostra interesse por Freud), Horkheimer, etc., todos refugiados –, pensar a historicidade equivale a pensar a relação da razão com essa violência; em particular, na vizinhança do marxismo, é pensar o fracasso do mais evoluído proletariado da Europa – e, portanto, da própria revolução – perante o fascismo. Uma reflexão crítica apoia-se na psicanálise: análise "político-psicológica" de Reich que, no fascismo, reconhece uma "expressão da estrutura irracional característica do homem médio" e, sobretudo, as formas religiosas e/ou políticas da "necessidade de autoridade" (REICH, 1972); simbólica de Fromm (1972) que, para opor-se à alienação social, recorre a uma antropologia devocionista; combate de Marcuse contra a "super-repressão" tecnocrática da libido em uma sociedade em que, aliás, o "anonimato" retira sua pertinência ao "conflito modelo" que, para Freud, é a luta entre pai e filho (MARCUSE, 1963 e 1970; ver, também, GROSSMAN, 1965; ROBINSON, 1969), etc. O luto de uma revolução – um infortúnio da história – obceca esses diagnósticos que permanecem privados de terapêutica; somente Reich (que, tendo-se inspirado em Marx e Freud, além de ter percorrido a URSS e os EUA, foi, por toda parte, rejeitado) pretendeu, até a loucura, tentar uma impossível mutação biológica da humanidade.

Na França, uma tripla barreira impediu o acesso de Freud e, sobretudo, da parte sócio-histórica de sua obra: o grande patronato da École Psychologique et Psychiatrique de Paris (Charcot, Clérambault, Janet, Ribot) não admitia qualquer contribuição do exterior e, para cúmulo, circunscreviam a seriedade ao individual. Além disso, uma tradição moralista condenava o "pansexualismo" freudiano, e uma resistência linguística e cultural – nacionalista e chauvinista, durante e após a Segunda Guerra Mundial – rejeitava um germanismo considerado como exagerado, obscuro e "wagneriano". Aliás, salvo Marie Bonaparte, não houve, durante muito tempo, qualquer discípulo de Freud na França (ele próprio, em 1938, passará apenas algumas horas, na capital francesa); além disso, a fundação da Société de Psychanalyse de Paris ocorreu somente em 1926. Entre Viena e Paris, nenhum vínculo estreito de natureza histórica. A abertura à psicanálise, na França, deve-se, em primeiro lugar, aos literatos (o primeiro artigo favorável é escrito por Albert Thibaudet [1921][23]): o interesse de André Breton (que não foi levado a sério por Freud), de Jules Romains, André Gide, Jacques Rivière, Pierre-Jean Jouve, etc., precede o dos psiquiatras (como ocorre, atualmente, nos EUA em relação a Lacan). Aos poucos, assumido pela cientificidade francesa, o *corpus* freudiano acaba por ser adotado (através de traduções dispersas e fragmentárias), mas desligado de seu contexto de origem (que, durante muito tempo, permaneceu desconhecido): trata-se de um texto que se torna objeto de interpretações e polêmica até (e, inclusive, com) a revolução do "retorno a Freud" empreendida por Jacques Lacan, ruptura da qual surgem, em primeiro lugar (1953), a Société Française de Psychanalyse (Lacan, Lagache) contra a Société Psychanalytique de Paris e o Institut de Psychanalyse de Paris (Nacht); em seguida (em 1964), a École Freudienne de Paris (Lacan).[24] Nessas tradições, porém, nada, ou quase nada, é utilizado para elucidar o estranho silêncio que encobre os anos da Ocupação [da França pelos nazistas]: tempo rejeitado, período cuja proximidade é perigosa demais para deixar de ser "esquecida" pela própria psicanálise.

A historiografia, consideravelmente profissionalizada, era mantida de forma consistente sob o patrocínio de metodologias econômicas, culturalistas, até mesmo de inspiração marxista. Apesar de importantes pesquisas precedentes (DEVEREUX, 1967; BESANÇON, 1967) que haviam permanecido marginais à disciplina, foi necessário o choque dos acontecimentos de Maio de 68 para que, em companhia de Marcuse, Reich, etc., os trabalhos etno-históricos de Freud

---

[23] Aliás, ele observa a "configuração curiosamente nacionalista" (p. 467) da ciência psicológica francesa.
[24] Ver, mais à frente, o cap. X.

viessem a adquirir pertinência e a produzir efeitos teóricos na análise das instituições psiquiátricas, do direito, da "ordem corporativista dos médicos", da história e das próprias sociedades psicanalíticas. Tendo ocupado o espaço vago deixado pelas filosofias da consciência (Sartre, etc.) e, desde 1968, avançando no terreno em que o estruturalismo se fragmenta, a psicanálise francesa dissemina-se, atualmente, por todo o campo das ciências humanas e, inclusive, na vulgata dessas ciências, introduzindo nelas a questão do sujeito. Desse expansionismo em todos os sentidos seria possível supor as variantes distribuídas entre duas posições que remontam a antiquíssimas tradições filosóficas: a primeira, cuja configuração é antropológica, seria, do ponto de vista histórico, o retorno de uma quase ontologia, visando um saber que torne o ego presente nos símbolos que seriam o subentendido de qualquer experiência humana. E a outra que, ao definir o sujeito a partir do ponto em que a instituição da linguagem articula-se com base na organização biológica, assumiria, finalmente, a forma que lhe foi fornecida por Lacan no mais notável (e mais historiográfico) de seus seminários (1959-1960): uma "ética da psicanálise".

Deslocamentos e perspectivas

Em 1971, realizava-se, em Viena, o "1º Congresso Internacional de Psicanálise". Retorno às origens. Mais de 3.000 analistas dirigiram-se ao apartamento-museu da *Berggasse* para visitar o mobiliário carmesim do defunto mestre, seu canapé e seus bibelôs. O universo reunido nesse momento era o do Ocidente, enquanto uma peregrinação marxista havia agrupado o do Leste, mas na mesma terra germânica, centro bifacial desses dois impérios. Em Viena, o silêncio do lugar, análogo ao silêncio do *corpus* freudiano (FREUD, 1940-1952), suscitava a fala de uma multidão; mas, somente a ovação destinada a Anna Freud, filha do fundador, conseguiu abafar os rumores dissonantes que confirmavam, ao mesmo tempo, o sucesso internacional e, de acordo com *Totem e tabu*, a fragmentação da obra pela "horda" dos herdeiros. A psicanálise havia entrado para a história da qual, daí em diante, fazia parte. Por isso, foram modificadas suas relações com a historiografia. Os deslocamentos produzidos autorizam a sublinhar três orientações atuais:

1. Uma história da psicanálise

A psicanálise dos fundadores havia transformado a história em uma região a conquistar. Atualmente, a história torna-se uma relação da psicanálise com ela mesma, de sua origem com suas evoluções, de suas teorias com suas instituições, da relação transferencial com filiações, etc. Certamente, continua sendo pertinente inscrever os destinos pessoais em uma genealogia mais ampla; por exemplo, vincular Freud a uma tradição judaica morávia, marcada pelo sabateísmo,[25] ou reconhecer os vínculos de Lacan com o surrealismo ou com uma verdadeira linhagem cristã que substitui o corpo perdido pelo *logos*. No entanto, uma psicanálise da história elabora-se, de preferência, a partir de um modelo interno com o trabalho necessário de elucidação dos déficits da teoria no que diz respeito:

a) às relações de transferência e de conflito a partir das quais se constroem os discursos analíticos;

b) ao funcionamento das associações ou escolas freudianas e, por exemplo, às formas de agregação e de poder que habilitam a "segurar" a posição de psicanalista;

c) às possibilidades de procedimentos analíticos nas instituições psiquiátricas em que, ao saírem de laboratórios destinados a uma clientela de predileção, elas enfrentam as alianças administrativas da política com a terapêutica e, ao mesmo tempo, com o rumor popular da loucura.

Nesse aspecto, a experiência de La Borde abre uma outra história psicanalítica; em vez de "aplicar" a psicanálise, trata-se de revelar "uma subjetividade revolucionária" e de "apreender o ponto de *ruptura* em que, precisamente, a economia política e a economia libidinal *se confundem*" (DELEUZE, 1974).[26]

2. Uma biografia autocrítica

O interesse pela biografia surge desde as origens: nas "sessões de quarta-feira", fazia-se o estudo de N. Lenau, F. Wedekind,

---

[25] Um provérbio sabatiano afirmava: "A lei cumpre-se pela transgressão".
[26] Ver, também, *Recherches*, 1976.

Jean-Paul, K. F. Meyer, H. Kleist, Leonardo Da Vinci... e continua sendo importante. A biografia é uma *autocrítica* da sociedade liberal e burguesa a partir da unidade que ela constituiu. O indivíduo, figura epistemológica e histórica da modernidade ocidental, base da economia capitalista e da política democrática, torna-se, por sua vez, o cenário em que se desfazem as evidências de seus produtores e beneficiários (clientela das curas ou heróis da historiografia). Oriunda da e na *Aufklärung*, a obra de Freud inverte o gesto instaurador da consciência esclarecida: a Kant, que declarava os direitos e os deveres dessa consciência – "a plena liberdade" e responsabilidade, a autonomia do saber, a possibilidade de um "avanço" que permita ao homem "sair de sua minoridade" (KANT, 1947) –, a resposta da análise freudiana reenvia o adulto à sua "minoridade" infantil, o saber aos mecanismos pulsionais que o determinam, a liberdade à lei do inconsciente e o progresso a acontecimentos originários.

No lugar recortado por uma ambição, a biografia psicanalítica opera uma reviravolta ou constata uma erosão de seus postulados. À semelhança da mística dos séculos XVI e XVII, no campo de uma tradição religiosa *recebida*, ela desfaz, a partir do interior, a figura histórica e social que é a unidade-padrão do sistema em que o freudismo se desenvolve. Mesmo que as condicionantes sociais reduzam a biografia à apologia do indivíduo, em princípio ela tem a forma de autocrítica, enquanto sua narratividade assume o valor de antimito, como ocorre com o *Don Quichotte* na Espanha dos *hidalgos*. Ainda fica por saber que diferença (que já não teria necessidade de ser "biográfica") é anunciada ou preparada por esse maquinismo.

3. Uma história da natureza

Ao reduzir o indivíduo ao que, por outro (ou pelo inconsciente), o determina à sua revelia, a psicanálise voltou às configurações simbólicas que articulavam as práticas sociais nas civilizações tradicionais. O sonho, a fábula e o mito: esses discursos excluídos pela razão esclarecida tornam-se o próprio espaço em que se elabora a crítica da sociedade burguesa e tributária da tecnologia. Sem dúvida, os teólogos do freudismo ter-se-iam apressado a modificar essas linguagens em positividades. Mas, não é isso o importante: ao retomar os mitos e os rituais recalcados pela razão como instância simbólica, uma crítica freudiana pode, atualmente, *ter o aspecto* de uma antropologia. De fato, ela abre algo que poderia ser designado por nova história da "natureza" e que introduz na historicidade:

a) a persistência e as remanências do *irracional*, violência em ação no próprio interior da cientificidade ou da teoria;

b) uma dinâmica da *natureza* (as pulsões, os afetos, o libidinal) articulada a partir da linguagem – o que contradiz as ideologias da história que privilegiam as relações do homem com o homem e reduzem a natureza a um terreno passivo, indefinidamente oferecido às conquistas científicas e sociais;

c) a pertinência da *fruição* (orgástica, festiva, etc.) reprimida por uma ética do progresso que é incrivelmente ascética e, portanto, a subversão insinuada pelo princípio de prazer no sistema de uma cultura.

Tais questões, disseminadas na historiografia, já produzem aí efeitos que, por não serem necessariamente marcados por uma filiação psicanalítica, nem por isso deixam de ser sinais de dívidas e tarefas freudianas.

CAPÍTULO III

O "romance" psicanalítico. História e literatura[26]

Qual é o impacto do freudismo sobre a configuração que, nos últimos três séculos, tem orientado as relações entre história e literatura? Essas "disciplinas" distribuem-se, atualmente, por diferentes instituições (associações profissionais, departamentos universitários) que as administram e garantem sua manutenção contra os acidentes. Certamente, o divórcio entre história e literatura resulta de um antiquíssimo processo, além de exigir demasiado tempo para ser relatado; tal ruptura – patente desde o século XVII,[27] legalizada no século XVIII como um efeito da divisão entre as "letras" e as "ciências" – foi institucionalizada no século XIX pela organização universitária. Ela finca seu fundamento na fronteira que as ciências positivas haviam estabelecido entre o "objetivo" e o imaginário, ou seja, entre o que elas controlavam e o "resto".

Essa distinção é objeto de uma revisão. Neste caso, à semelhança do que ocorre em um grande número de outras situações, a literatura desempenhou um papel de vanguarda – por exemplo, com o romance fantástico.[28] Aliás, ao apresentar aspectos de romance

---

[26] "Le 'roman' psychanalytique - Histoire et littérature". Luce Giard serviu-se de uma das versões francesas – parcialmente, inédita – do texto que havia sido apresentado, inicialmente, em um encontro internacional de psicanalistas, em Paris (fevereiro de 1981). Cf., neste livro, p. 39.

[27] A ruptura tem como indício, por exemplo, a separação entre "histórias" e "memórias" que divide, no século XVII, o campo da literatura histórica.

[28] Assim, no século XIX, o romance fantástico utiliza/confunde [joue/déjoue] a fronteira que a ciência positiva estabelece entre o real e o imaginário. Ver TODOROV, 1970.

fantástico, o freudismo participa dessa revisão, criando a possibilidade para novas relações ao definir diferentemente os termos do intercâmbio. Assim, eu gostaria de examinar, a partir de Freud, esse problema de fronteira que questiona a redistribuição do espaço epistemológico; afinal de contas, ele diz respeito à *escrita* e a suas relações com a *instituição*. Vou expor, imediatamente, minha tese: a literatura é o discurso teórico dos processos históricos. Ela cria o não lugar em que as operações efetivas de uma sociedade têm acesso a uma formalização. Bem longe de considerar a literatura como a "expressão" de um referencial, conviria reconhecê-la como algo de análogo ao que os matemáticos foram, durante muito tempo, para as ciências exatas: um discurso "lógico" da história, a "ficção" que a torna pensável.[29]

Pressupostos históricos

Duas condições prévias afetam qualquer exame das intervenções freudianas nas difíceis relações entre literatura e história: por um lado, Freud pressupõe que seu método, por uma prática diferente da linguagem, é capaz de transformar completamente o campo das ciências humanas, mas o controle da operatividade de suas teses verificou-se apenas em uma disciplina particular, a psiquiatria, sem ter conseguido estar à altura de proceder às mesmas verificações técnicas nos aspectos em que, de acordo com sua declaração, ele era "incompetente".[30] O futuro do freudismo vai depender deste distanciamento entre a generalidade de sua teoria e a localização de suas experimentações. Os "ensaios" freudianos sobre a literatura e a história limitam-se a apresentar um quadro de hipóteses, conceitos e regras que visam pesquisas a empreender fora do campo em que a psicanálise foi "cientificamente" elaborada.

Por outro lado, seria ilusório referir-se ao freudismo como a um singular. No momento em que se realizou, após a morte de Freud, em 1971, o "1º Congresso Internacional de Psicanálise",

---

[29] Este texto é a continuação de DE CERTEAU, *ECH*, 4ª Parte, "Écritures freudiennes", 1984a. Ver, anteriormente, cap. II.

[30] "*Inkompetent*", escreve ele, em *Der Mann Moses, in* FREUD, 1940-1952, t. XVI, p. 123.

em Viena, a unidade entre as escolas e as tendências representadas nada tinha para exprimir além do silêncio do apartamento vazio da *Berggasse* (um túmulo enfeitado de bibelôs) e do estrépito da ovação destinada à filha do defunto, Anna Freud (um nome apoiado pelo quiproquó genealógico). A esses dois sinais de ausência – um lugar vacante e um nome ocupado pelo outro –, acrescenta-se um terceiro: o monumento das *Gesammelte Werke* (1940-1952). Ao reivindicarem esses dezoito volumes, os discípulos evocam, de fato, a tese ou de *Totem und Tabu* [*Totem e tabu*] sobre a fragmentação do corpo pela "horda" dos herdeiros, após a morte do pai, ou de *Der Mann Moses* [*Moisés e o monoteísmo*] sobre a "tradição" que inverte o pensamento do fundador de quem ela carrega o nome.

Da Índia à Califórnia, da Geórgia à Argentina, o freudismo é tão "fragmentado", quanto o marxismo. Formadas para defendê-lo contra os avatares do tempo, as grandes instituições profissionais vão entregá-lo, de preferência, ao trabalho disseminador da história, ou seja, às divisões entre culturas, nações, classes, profissões e gerações; elas aceleram a decomposição do *corpus* de que se beneficiam. Negar esse fato seria ideologizar a teoria e/ou fetichizá-la. Desse modo, não haveria um "lugar adequado" que possa garantir uma interpretação exata de Freud. As reflexões seguintes situam-se somente em alguma parte nessa disseminação do freudismo, na linha e (desde que se impôs o luto pela École Freudienne de Paris) nas margens da instituição teórica lacaniana. Historiador de ofício, ou membro dessa École desde sua fundação, não me sinto mais "apto" para falar de Freud ou ser considerado como um de seus representantes. A instituição atribui uma localização, mas não uma autoridade.

Portanto, dupla condição prévia: por um lado, teses gerais defendidas somente por experiências particulares; por outro, uma leitura particular dessas teses gerais. Essa localização significa historicidade. Antes de ser um objeto de discurso, a história engloba e situa a análise. Ela é seu insuperável pressuposto. Qualquer teoria da história está confinada em um labirinto de conjunturas e de relações que ela não domina; trata-se de uma "literatura" sob o domínio do assunto abordado por ela.

Da "cientificidade" ao "romance"

Em seus *Studien über Hysterie* (1895) [*Estudos sobre a histeria*], Freud – "formado", diz ele, "nos diagnósticos locais e no eletro-diagnóstico" – surpreende-se a si mesmo, de forma bastante irônica, pelo fato de que suas "histórias de pacientes" (*Krankengeschichten*) se leiam como se fossem romances (*Novellen*) e sejam, por assim dizer, desprovidas do caráter sério da cientificidade (*Wissenschaftlichkeit*); eis o que lhe acontece, como se tratasse de uma doença. Sua maneira de abordar a histeria transforma sua maneira de escrever. Metamorfose do discurso: "O diagnóstico local e as reações elétricas não têm qualquer valor para o estudo da histeria, enquanto uma apresentação (*Darstellung*) aprofundada dos processos psíquicos, à maneira como ela nos é apresentada pelos poetas (*Dichter*), permite-me, pelo uso de algumas raras fórmulas psicológicas, obter certa compreensão no desenrolar de uma histeria" (FREUD, 1940-1952, t. I, p. 227).[31] Deslocamento em direção ao gênero poético ou romanesco: a conversão psicanalítica é uma conversão ao "literário". Esse movimento duplica-se de um apelo aos "poetas e romancistas" que "conhecem, neste mundo terrestre, um grande número de coisas que nossa sabedoria escolar ainda é incapaz de sonhar": "o romancista precedeu sempre o cientista" (FREUD, 1971, p. 126 e 175). A orientação é estável e não cessa de acentuar-se até a última obra, *Der Mann Moses* (1939), designada como um "romance" (FREUD; ZWEIG, 1973, p. 162 – 21 de fevereiro de 1936). Excetuando os tratados pedagógicos, o discurso analítico assume a forma do que se pode chamar, de acordo com uma expressão freudiana, a "ficção teórica".[32]

Curiosamente, enquanto Freud havia sido alimentado pela *Aufklärung* científica do século XIX e se tinha empenhado, com paixão, em fazer reconhecer a "seriedade" do modelo acadêmico vienense, ele dá a impressão de ter sido apanhado desprevenido por sua própria descoberta. Por esta, também, ele é conduzido para a "terra materna", a *Muttererde*: de acordo com o que escreve a Arnold

---

[31] Jacques Sédat elaborou uma nova tradução deste trecho para o francês, publicada in *Esprit*, março de 1980, p. 141.

[32] Essa é a definição de Freud para seu *psychischen apparat*, in *Traumdeutung*, cap. 7.

Zweig, diferentemente de todas as outras civilizações (egípcia, grega, etc.) criadoras de ciências, a antiga Palestina "limitara-se a formar religiões, extravagâncias sagradas", em suma, ficções (FREUD; ZWEIG, 1973, p. 75 – 8 de maio de 1932). De fato, o discurso freudiano é a ficção que retorna à seriedade científica, não só como objeto de análise, mas também como sua forma. A "maneira" do romance torna-se a escrita teórica. A forma bíblica, gesto literário pelo qual se articula o conflito da Aliança, ou seja, o processo histórico entre Jeová e seu povo, parece remodelar de longe o saber psiquiátrico para transformá-lo no discurso do progresso transferencial entre analista e analisando(a). Ao exumar as relações que assombram o intercâmbio do saber com seu objeto, Freud atraiçoa a norma científica; ele volta a encontrar o gênero literário que, outrora, na Bíblia, era o discurso "teórico" dessa relação. Deste modo, de acordo com a observação de Lacan, ele seria um dos únicos autores contemporâneos que haviam sido capazes de criar mitos (*Le Séminaire VII*, 1986), o que significa, no mínimo, romances com função teórica.

Independentemente do que se possa pensar a propósito da aparição possível desse enorme espectro bíblico na obra freudiana, ocorre que a importância atribuída a uma historicidade é precisamente o que leva a uma forma romanesca, até mesmo a uma arte poética. Dessa conexão, três aspectos têm importância para uma teoria da narrativa freudiana.

a) Para Freud, a própria definição do "romance" consiste em combinar no mesmo texto, por um lado, "os sintomas da doença" (*Krankheitssymptome*), ou seja, uma semiologia baseada na identificação de estruturas patológicas e, por outro, "a história do sofrimento" (*Leidensgeschichte*), ou seja, uma série de acontecimentos relacionais que surpreendem e alteram o modelo estrutural.[33] Adotar o estilo do romance é, portanto, abandonar a "apresentação de casos" tal como era praticada por Charcot em seus cursos da "terça-feira" e que consistia em "observações", ou seja, em "quadros" coerentes, compostos a partir da coleta de dados relativos ao modelo sincrônico de uma doença. Em Freud, a estrutura patológica torna-se o quadro em que

---

[33] Ver nota 31 na página anterior.

se produzem acontecimentos que ela não integra, sem deixarem de ser menos decisivos do ponto de vista do "desenrolar" da doença. Por esse fato, o "quadro" de Charcot transforma-se em "romance". O texto que, aparentemente, carece da "seriedade" da cientificidade deve-se, de preferência, ao fato de levar a sério o funcionamento dialogal próprio à cura. Em suma, sem romance, não há historicidade.

b) O próprio Freud está implicado na relação com seu interlocutor. Enquanto parte mais rigorosa de sua obra, suas análises de casos relatam as surpresas que o "sofrimento" dos pacientes traça em sua posição. A título de primeira aproximação, vamos admitir que a "posição" de Freud é representada em seu texto pelo modelo que lhe serve de quadro teórico para selecionar e interpretar os dados fornecidos pelo(a) paciente. Trata-se de uma configuração patológica, o sistema de uma doença. O romance resulta da alteração que o sofrimento do outro introduz nesse quadro; no texto, tais diferenças marcam, ao mesmo tempo, déficits e acontecimentos da narração. Esses dois valores – o primeiro, relacionado com o modelo, enquanto o outro se refere à narrativa – têm, aliás, a mesma significação: o déficit da teoria define o acontecimento da narração. Desse ponto de vista, o romance é a relação que a teoria estabelece com a aparição factual [*événementielle*] de seus limites.

De fato, o distúrbio que o "sofrimento" do outro insinua no sistema de sua "doença" atinge também algo que não é somente o saber do analista. Afetos e reminiscências de toda a espécie respondem aos clientes. Freud considera tais reações como "memoráveis" [*denkwürdig*]. Em seu discurso, elas marcam um distanciamento entre seu lugar histórico (um inconsciente) e sua posição científica (um saber). O diálogo faz surgir no próprio analista uma "inquietante familiaridade". A "confissão" dessa alteração interna define, de forma bastante exata, o que separa o "romance" psicanalítico do "quadro" psiquiátrico. Ao retirar, assim, o cunho de seriedade ao modelo científico, a narrativa freudiana grava aí uma historicidade oculta do analista e uma mudança recíproca dos interlocutores; trata-se de uma escultura de acontecimentos – até então não conhecidos – no quadro estrutural de um saber.

c) Reciprocamente, a concepção de Freud a respeito de sua escrita ensina a ler outros documentos. Ela permite vislumbrar qualquer narrativa como uma relação entre uma estrutura e acontecimentos, ou seja, entre um sistema (explícito ou não) e o vestígio nesse sistema de algo diferente. Nesse caso, a obra literária é irredutível à "seriedade" de um modelo estrutural imposto por uma cientificidade; seria impossível, também, pulverizá-la nos acontecimentos de leitura (afetos ou reminiscências), multiplicados indefinidamente pela fantasia ou pela erudição. Ela irá aparecer, de preferência, como o engaste de alterações históricas em um quadro formal. Aliás, em Freud, existe uma continuidade entre sua maneira de escutar um(a) paciente, sua maneira de interpretar um documento (literário ou não) e sua maneira de escrever. Entre as três operações, não há corte essencial. O "romance", no sentido que acaba de ser definido com precisão, pode caracterizar, ao mesmo tempo, as afirmações de um(a) paciente, uma obra literária e o próprio discurso psicanalítico.

Tragédia e retórica da história

Apesar de seu retorno ao gênero do romance, a interpretação freudiana não deixa de ser histórica. Vamos atribuir ao qualificativo "histórico" uma definição que sirva de ponto de partida: assim, a análise é "histórica" ao considerar seus materiais como os efeitos de sistemas (econômicos, sociais, políticos, ideológicos, etc.), além de ter o objetivo de elucidar as operações temporais (causalidade, cruzamento, inversão, coalescência, etc.) que poderiam ter dado lugar a esses efeitos. Um postulado de produção e uma identificação de seus processos cronológicos especificam uma problemática da história. Ela caracteriza o reemprego freudiano de modelos tomados de empréstimo, sobretudo, a duas regiões da literatura já bem definidas, desde Aristóteles[34]: a tragédia e a retórica. Intercâmbio sintomático do equívoco psicanalítico: os modelos provêm do campo literário e são transformados por sua introdução em um campo histórico, deixando de pertencer a qualquer um desses campos.

---

[34] Aristóteles, *Poétique*, II, B, 1449b-1458a (sobre a tragédia); *Réthorique*, II, 1450a-1453 (sobre retórica e paixões); a interpretação de Freud faz referência a esses dois textos.

1. *A tragédia em Freud.* Como sistema de explicação, a análise freudiana adota a estruturação do psiquismo por três instâncias: o Ego (*Ich*), o Id (*Es*) e o Superego (*Über-Ich*). Esse aparelho psíquico retoma um modelo teatral, constituindo-se à maneira da tragédia grega e do drama shakespeariano; ora, sabe-se que tanto a primeira quanto o segundo não cessaram de fornecer a Freud estruturas de pensamento, categorias de análise e citações autorizadoras. "Actantes" desumanos (aqui, "princípios"; e lá, deuses) formam uma configuração de "papéis" que se correspondem por sua oposição; desde o início da peça, eles desenham de forma sincrônica as etapas pelas quais vai passar o herói epônimo (o "eu" em Freud, o rei Lear ou Hamlet em Shakespeare) para se encontrar, finalmente, em uma posição que inverte a do início (MACK, 1970). No começo, uma disposição das instâncias apresenta, de acordo com um modelo topográfico, os "momentos" que vão desdobrar-se a partir de um modelo diacrônico em deslocamentos sucessivos do "herói". Cada peça ou história é a transformação progressiva de uma ordem espacial em série temporal. O aparelho e o desenrolar psíquico são construídos a partir desse modelo "literário" do teatro.

O aparelho freudiano distingue-se, no entanto, duplamente do modelo da tragédia que lhe serve de referência: em primeiro lugar, além das figuras de um espetáculo, ele entende identificar forças que articulem o desenrolar psíquico efetivo. Trata-se sim de uma representação, mas explicativa do que se passa: se o modelo é trágico, seu funcionamento é histórico.

Além disso, se for aceito o esquema de Georges Dumézil (1970) – para quem existe, do mito ao romance, uma reprodução das mesmas estruturas e das mesmas funções, apesar da descontinuidade marcada pela transformação do cenário cosmológico em cenário psicológico –, Freud adota um procedimento inverso: ele enceta um retorno ao mito a partir do romance, mantendo-se, em geral, no estágio intermediário, no entremeio [*entre-deux*] que é a tragédia (aliás, sabe-se que, entre os gregos, ela funcionou como uma historicização do mito). A despsicologização freudiana, que revira o romance em direção ao mito, interrompe-se no ponto em que a mitificação retiraria à narrativa sua historicidade. Situado entre o romance e o mito – pelo fato de que o primeiro relata um desenrolar, enquanto o segundo mostra estruturas –, o aparelho psicanalítico oferece, portanto, o modelo da tragédia à interpretação histórica dos documentos.

2. *A retórica freudiana.* A historicização de modelos literários aparece ainda mais claramente no setor dos processos de produção. Todos esses "mecanismos" têm a característica de "deslocar", "desfigurar", "disfarçar", em suma, de serem "deformações" (*Entstellungen*). Na análise praticada por Freud, desde a *Traumdeutung* (1900) [*A ciência dos sonhos*], as operações que organizam a representação, articulando-a a partir do sistema psíquico, são, de fato, do tipo retórico: metáforas, metonímias, sinédoques, paronomásias, etc. Ainda aqui, o modelo é extraído da literatura. No entanto, Freud retira essas "figuras de retórica" do gueto "literário" no qual haviam sido confinadas por uma concepção da cientificidade; ele confere-lhes uma pertinência histórica, ao reconhecer nesse campo um conjunto de operações produtoras de manifestações relativas ao outro (desde Édipo, ou a castração, até a transferência). Desde então, a retórica constitui o campo (indevidamente restrito ao que se tornou a "literatura") em que foram elaboradas as figuras formais de uma lógica diferente daquela que prevalece na "cientificidade" de praxe. Tais processos não dependem da racionalidade da *Aufklärung* que, por sua vez, privilegia a analogia, a coerência, a identidade e a reprodução; eles correspondem a todas as alterações, inversões, equívocos ou deformações que utilizam os jogos com o tempo (as ocasiões) e com o lugar identificatório (as máscaras) na relação de outro com o outro. Será necessário, também, reconhecer, nesse renascimento da retórica em Freud, um retorno da lógica familiar à tradição semítica e judaica das "histórias" formais, dos trocadilhos e dos deslocamentos "parabólicos"?

Para empregar uma expressão de Freud, a obra literária torna-se, assim, "uma mina" em que é possível compilar as táticas históricas relativas a circunstâncias e caracterizadas pelas "deformações" que elas operam em um sistema social e/ou linguístico. Como o jogo – com sua disposição, regras e "golpes" – é um espaço, de algum modo, teórico em que as formalidades das estratégias sociais podem explicitar-se em um terreno protegido contra as urgências da ação e contra as complexidades opacas das lutas cotidianas, o texto literário, que é também um jogo, constitui um espaço igualmente teórico e protegido à maneira de um laboratório em que se formulam, se distinguem, se combinam e se experimentam as práticas astuciosas da relação com outrem. É o campo em que se exerce uma lógica do outro, aliás, aquela que havia sido rejeitada pelas ciências na medida em que elas praticavam uma lógica do mesmo (IMBERT, 1980).[35]

Freud utilizou, em primeiro lugar, o sonho para rearticular esses procedimentos "literários" a partir da realidade psíquica e social; talvez, serviu-se dele como de um cavalo de Troia para historicizar a retórica e reintroduzi-la na cidadela da ciência. Deste modo, ele transforma o texto literário no desdobramento das operações formais que organizam uma efetividade histórica; ele confere-lhe, ou melhor, devolve-lhe, o estatuto de ser uma ficção teórica em que é possível reconhecer e produzir os modelos lógicos indispensáveis a qualquer "explicação" histórica.

A biografia anti-individualista

Após a forma literária da análise (o romance) e seu aparelho conceitual (um sistema trágico e os procedimentos retóricos), pode-se considerar seu mais importante conteúdo, a saber: a história de caso. Herdado da psiquiatria, esse objeto privilegiado acaba, inclusive, por definir a disciplina: a psicanálise, diz-se, é a biografia. O interesse pelo estudo biográfico remonta, de fato, aos primórdios do freudismo. Nas "sessões da quarta-feira" (teriam sido inspiradas nas "terças-feiras" de Charcot?), antes mesmo da fundação da "Associação Internacional", eram examinados "casos": Jean-Paul, H. Kleist, N. Lenau, Leonardo Da Vinci, K. F. Meyer, F. Wedekind, etc. Esse primeiro interesse não cessou de crescer entre os freudianos (embora, por exemplo, esteja praticamente ausente da obra de Lacan); aliás, na maior parte dos casos, trata-se de autores literários. Sob este aspecto, bastante clássico, a biografia introduz uma historicidade na literatura; mas a novidade do freudismo consiste no uso da biografia para destruir o

---

[35] Sobre essas táticas e sua relação com a narrativa romanesca, ver DE CERTEAU, *INQ1*, 1990.

individualismo postulado pela psicologia moderna e contemporânea. Com essa ferramenta, ele desmonta o postulado da sociedade liberal e burguesa, desfazendo-o; vai substituí-lo por outra história, ao voltar, como vimos, ao sistema da tragédia.

Elaborado no decorrer dos séculos XVI e XVII, o individualismo serviu de base social e de fundamento epistemológico para uma economia capitalista e para uma política democrática (MACPHERSON, 1962; MACFARLANE, 1978; etc.). Ele fornece seu postulado técnico e mítico para a gestão racional de uma sociedade supostamente constituída por átomos produtivos e autônomos; essa é a figura histórica da modernidade ocidental. A psicologia do autor é apenas uma variante; se *Robinson Crusoé* é o romance mítico desse postulado, o freudismo é o anti-Robinson Crusoé. Certamente, surgido na e da sociedade liberal, ele recebe, de seu local de nascimento, tal herança que se tornou um dado sociocultural. Mas deixa de aceitá-lo como postulado; pelo contrário, vai desmantelá-lo, destruindo sua verossimilhança.

Uma comparação exprime o essencial deste tópico. Em 1784, Kant enumera os direitos e os deveres da consciência esclarecida: "plena liberdade" e responsabilidade, autonomia do saber, um "avanço" que permita ao homem "sair de sua minoridade" (1947). Essa ética do progresso apoia-se no postulado individual. Um século mais tarde, Freud revira, uma por uma, todas as afirmações kantianas: em sua análise, o "adulto" aparece determinado por sua "minoridade"; o saber, por mecanismos pulsionais; a liberdade, pela lei do inconsciente; e o progresso, por acontecimentos originários.

Para a ética individualista e empreendedora da burguesia moderna, esses romances biográficos seriam, portanto, o que o *Dom Quixote* de Cervantes havia sido, no início do século XVII, para a *hidalguía* [nobreza] espanhola. A figura organizadora das práticas de uma sociedade torna-se o cenário em que se produz sua reviravolta crítica, definindo ainda o local em que ela desaparece. Ela limita-se a ser o lugar de seu outro – uma máscara. Esse procedimento crítico é tipicamente freudiano. Enquanto a "cientificidade" constrói para si um lugar próprio[36] ao eliminar desse próprio tudo o

---

[36] Ver, neste livro, nota 3, p. 47.

que não lhe é conforme, a análise freudiana identifica a alteridade que obceca a apropriação e a determina à sua revelia; ela mostra os jogos contraditórios que se desenrolam no mesmo lugar, entre o que se manifesta e o que se oculta aí; ela diagnostica o equívoco e a pluralidade do lugar. Desse ponto de vista, também, ela é do tipo romanesco. O paralelo com *Dom Quixote* não é uma coincidência, nem um caso único.

O mesmo tipo de crítica visa outra unidade "fundamental", cuja formação está, aliás, historicamente associada à do individualismo: a unidade nacional. Para Freud, assim como para Marx, a nação é apenas um embuste: a fusão (*Verschmelzung*) tardia de constituintes, cuja antinomia reaparece, em breve, sob outras formas (*Wiederherstellungen*) (FREUD, *Der Mann Moses*, 1940-1952, t. XVI, p. 137-138). Aqui, também, a análise freudiana retoma a unidade histórica herdada (por exemplo, a nação judaica) para detectar aí uma aderência superficial (uma *Verlötung*) entre forças opostas e os vestígios de sua ressurgência. À semelhança da crítica "biográfica" do individualismo, essa crítica "sociopolítica" da ideia nacional assume a forma literária de um "romance histórico", *Der Mann Moses*. Diferentemente de uma disciplina científica, ela não institui unidades próprias. Ela faz sobressair o caráter fictício de seu objeto ao mostrar as contradições que o determinam. Esse funcionamento evoca claramente a tentativa teórica e a forma literária praticadas por Karl Marx em *Der Achtzehnte Brumaire* [*O 18 Brumário*] para desmitificar a representação política, ao rejeitar a concepção hegeliana relativa à integração do social, em seu conjunto, pelo político. Em Freud, a nação e o indivíduo são, igualmente, as camuflagens de uma luta, até mesmo de um deslocamento (*Zerfall*), que volta sempre ao palco de onde ela havia sido suprimida; e o romance é o instrumento teórico dessa análise.

Uma estilística dos afetos

O afeto (*Affekt*) retorna, igualmente, ao discurso freudiano: é a forma elementar das energias pulsionais. Desde os *Studien über Hysterie* (1895), ele fornece uma base à análise "econômica" do psiquismo.

Na maior parte das vezes, autônomo em relação ao funcionamento das representações, ele está submetido a mecanismos geradores de figuras patológicas: suas "conversões" produzem a histeria; seus "deslocamentos", a obsessão; suas "transformações", a neurose, etc. Seu papel torna-se cada vez mais decisivo na prática analítica de Freud. No entanto, tais afinamentos da teoria seriam incapazes de levar ao esquecimento de um fenômeno maciço: os afetos constituem a forma assumida, em Freud, pelo retorno das paixões.

Estranho, de fato, é o destino das paixões: depois de terem sido consideradas, pelas antigas teorias na área da medicina ou da filosofia (até Spinoza, Locke ou Hume; ver HIRSCHMAN, 1977), como movimentos determinantes, cuja composição organizava a vida social, elas haviam sido "esquecidas" pela economia produtivista do século XIX, ou repelidas para o domínio do "literário"; aliás, nesse século, o estudo das paixões é uma especialidade literária, tendo deixado de depender da filosofia política ou da economia. Com Freud, esse eliminado da ciência volta a aparecer em um discurso de cunho econômico. Fato notável, em sua perspectiva própria, o freudismo devolve a pertinência, simultaneamente, às paixões, à retórica e à literatura: elas têm, efetivamente, um projeto comum, mas haviam sido excluídas, conjuntamente, da cientificidade positivista.

Esse retorno [*retour*] efetua-se, em Freud, pelo viés [*détour*] do inconsciente. Na realidade, esse *détour* é, em primeiro lugar, a constatação ou, se preferirmos, a observação clínica daquilo que a epistemologia do século XIX havia feito das paixões ao retirá-las dos discursos legítimos da "razão" social, ao transferi-las para a região do "não sério" que é "literário", ao reduzi-las a desvios psicológicos em relação à ordem e, por último, de qualquer modo, ao marginalizá-las. Essa rejeição epistemológica está associada, aliás, à excomunhão ética pronunciada por uma burguesia produtivista. Os afetos – recortados de acordo com a concepção freudiana do aparelho psíquico – são recuperados, portanto, por Freud exatamente onde as paixões haviam sido lançadas por uma história recente, entre os detritos da racionalidade e os refugos da moralidade; apesar disso, e tanto mais que eles são ainda mais recalcados, tais movimentos "cegos" e sem linguagem técnica determinam a economia das relações sociais.

Freud devolve-lhes a legitimidade no discurso científico, o que transfere evidentemente esse discurso para o lado do romance.

Sua análise dos afetos diz respeito, sob duas modalidades mais particulares, à literatura e à história.

a) A manifestação ou a revivescência do afeto é a condição para que, no(a) analisando(a), a evocação da lembrança tenha valor terapêutico, e para que, no(a) analista, a interpretação tenha valor teórico. Assim, a técnica da cura consistiria em despertar, no(a) analisando(a), o afeto que se camufla por trás das representações: ela fracassa se não alcança esse objetivo, a menos que esse fracasso seja a indicação de uma psicose. Do mesmo modo, na cura conduzida por ele ou no texto que ele redige, Freud, enquanto psicanalista, tem sempre a precaução de "confessar", como ele diz, qual é sua reação afetiva em relação à pessoa ou ao documento em análise: ele fica perturbado diante de Dora, assustado pelo *Moisés* de Michelangelo, irritado pelo Jeová bíblico, etc. Essa regra de ouro aplicável a qualquer tratamento psicanalítico contradiz, frontalmente, a norma primeira e constituinte do discurso científico segundo a qual a verdade do enunciado deve ser independente do sujeito locutor. O que é pressuposto por Freud, diferentemente dessa norma, é que o lugar do locutor, além de ser decisivo em uma rede conflitante de ab-reações, é especificado pelo afeto. Deste modo, reintroduz-se o que é dissimulado pelo enunciado objetivo: sua historicidade – aquela que estruturou relações e aquela que as modifica. Fazer com que essa historicidade volte a aparecer é a condição da elucidação analítica e de sua operatividade.

Esse método exerce e elucida a linguagem como prática intersubjetiva; desse modo, ele transforma o discurso da análise em uma ficção ou, dito por outras palavras, em um discurso em que fica marcada a particularidade de seu locutor, essencialmente, sua afetividade. Então, *diz-se*, deixou de ser científico, "trata-se de literatura". Do ponto de vista freudiano, essa *doxa* comum diz a verdade, mas tem valor positivo. A réplica de um campo é recuperada pelo outro, mas invertendo-a: se o positivismo rejeita, enquanto não científico, o discurso que é confissão da subjetividade, por sua vez a psicanálise considera como cego, até mesmo patogênico, aquele que a camufla. O que é condenado pelo primeiro acaba sendo promovido pela segunda, que nem por isso recusa a definição que foi dada à ficção: um saber "atingido" por seu outro (o afeto, etc.), um enunciado privado de sua seriedade pela enunciação do sujeito locutor. No campo analítico, esse discurso torna-se operatório porque ele é "tocado", ferido pelo afeto. A seriedade que lhe é retirada constitui a força motriz de sua operatividade. Esse é o estatuto teórico do romance.

b) Confessar o afeto é, também, reaprender uma língua "esquecida" pela racionalidade científica e reprimida pela normatividade social. Enraizada na diferença sexual e nos cenários infantis, essa língua continua circulando, disfarçada, nos sonhos, nas lendas e nos mitos. Ao mostrar a significação fundamental dos romancistas e poetas, ao mesmo tempo que a proximidade deles com seu próprio discurso, Freud sabe que, em sua companhia, ele "teve a ousadia de tomar partido em favor da antiguidade e da superstição popular contra o ostracismo da ciência positiva" (1971a, p. 126-127). Mas, finalmente, foi André Breton – admirador pouco sério – quem reconheceu melhor a unidade de todas essas análises e apropriou-se da possibilidade que elas ofereciam para fundar uma linguagem original e transgressiva ao recorrer à afetividade (ver ALQUIÉ, 1956). Ele já *tinha visto* o que restaria, talvez, de Freud: uma teoria que faz aparecer a própria literatura como uma lógica diferente. "O romancista precedeu sempre o cientista". Certamente, Freud não chegou a manifestar-lhe abertamente seu agradecimento por "descoberta" tão elucidativa. Ele era também professor. E, de qualquer modo, tinha empenho em ser sério. No entanto, a literatura é feita, igualmente, por obras que, ao perderem a atualidade científica, desvelam em sua queda, se é que se pode falar assim, e graças ao que o tempo retira à sua seriedade do ponto de vista técnico, a lógica diferente – desta vez, "literária" – que lhes servia de suporte. Nos textos freudianos, Breton tinha visto, de antemão, em que aspectos eles seriam modificados por sua "morte" científica.

Émile Benveniste sublinhou que, linguisticamente, os funcionamentos identificados por Freud, relativos ao que se passa no sonho, no mito ou na poesia surrealista, correspondem aos "procedimentos *estilísticos* do discurso" (BENVENISTE, "Sur la fonction du langage dans la découverte freudienne", 1966, p. 75-87, grifo do autor). Indicação decisiva. O estilo diz respeito à enunciação – ou a *elocutio* da antiga retórica: no texto, ele é o traçado do lugar de sua produção, remetendo a uma teoria dos afetos e de suas representações. Há, em Freud, uma estilística; ela não leva à classificação – no entanto, pioneira – que Charles Bally (1951) havia construído a partir de uma nomenclatura psicológica dos afetos. Ao acompanhar a dinâmica dos afetos entre seus disfarces e suas confissões, ela analisa, de fato, as modalizações do enunciado pelas situações de fala [*parole*]; ela cria uma "linguística da fala [*parole*]"[37] a partir de um equivalente – atualmente pensável – do que era a antiga teoria das paixões.

O poema e/ou a instituição

A linguagem do(a) analista e a do(a) analisado(a) fazem parte da mesma problemática; finalmente, ambas dependeriam do estudo – central, em Freud – da "construção e transformação das lendas" (*die Bildung und Umgestaltung von Sagen*), salvo que este autor atribui o qualificativo de "ficção" ou "romance" à sua própria narrativa e, pelo termo "lendas" (assim como "ficções"), designa as linguagens que denegam seu estatuto de ficções por pressuporem (ou levarem a crer) que elas falam do real. A comum determinação dessas linguagens pelos mesmos processos de "construção" é uma peça essencial de seu sistema de interpretação. O discurso freudiano não se exime dos mecanismos que ele desvela em seus "objetos": além de não dispensá--los, como se ocupasse a posição privilegiada de uma "observação", ele elucida um funcionamento ao qual, por sua vez, está submetido.

Eis o que seria verdadeiro, pelo menos em princípio. De fato, a obra de Freud comporta dois tipos de textos bem diferentes: os primeiros praticam a teoria, enquanto os outros a expõem, como um saber do mestre. À segunda categoria, pertencem as "Lições", "Contribuições", "Resumo", etc. Nos primeiros, o discurso psicanalítico está submetido à lei das transformações e deformações,

---

[37] BARTHES, 1970, em particular, p. 217-222, sobre a *elocutio*.

abordadas por ele; nos segundos, por sua vez, ele garante para si uma posição magisterial a pretexto da instituição psicanalítica e social que lhe serve de suporte. Existe aí um duplo jogo constatável desde as origens que, no freudismo, se desenvolveu ao ponto de ter provocado uma oscilação entre momentos que poderiam ser designados por "analíticos" e por "didáticos". A história da psicanálise é feita a partir dessa alternância entre as elucidações transferenciais e as injunções de cunho pedagógico. À semelhança do que ocorre com Freud, as experiências analíticas são entrecortadas por "imposições" dogmáticas.

No centro dessa oscilação, um ponto estratégico: a posição do analista como "sujeito suposto saber". A teoria insiste sobre o "suposto" que remete ao "nada" do saber e à reciprocidade desmistificadora de uma relação de outro com outro. No entanto, a prática apoia-se, muitas vezes, em um "saber" credenciado por uma agregação e pelo nome próprio de uma instituição. O inverso é, também, verdadeiro: a explanação pode reivindicar uma autoridade que a prática reduz a nada. Aliás, a posição de Freud tem a ver, igualmente, com essa ambivalência: em relação a seus discípulos, como é que ele se atribui (ou recebe) o estatuto de "sujeito suposto saber"? A referência a Freud funciona como relação ora com um analista, ora com um mestre; ela questiona a definição do discurso que é ora "escrita", ora "instituição".

É possível esclarecer a questão ao voltar àquilo que Freud designa como "a escrita da história" (*Geschichtsschreibung*),[38] ponto nodal das relações entre literatura e história. Para ele, "a escrita da história" produz-se a partir de acontecimentos dos quais "nada" subsiste: ela "toma o lugar" deles. Portanto, ela é, ao mesmo tempo, excluída do que aborda e, no entanto, "canibal". Ela "substitui" (ocupa o lugar) da história que lhe faz falta. Esse processo escriturário parece, em Freud, combinar a "ficção" bíblica – que coloca no Começo da escrita uma Separação ou um Exílio – com a "ficção" greco-romana que faz remontar a ordem pensável, o Logos, à violência

---

[38] Freud utiliza *Geschichtsschreibung* para abordar a historiografia hebraica em *Der Mann Moses* (FREUD, 1940-1952, t. XVI, p. 175, etc.) e alhures para designar outras historiografias, por exemplo, em seu livro *Leonardo Da Vinci* (FREUD, 1940-1952, t.VIII, p. 151ss).

original e devoradora de Cronos-Saturno. Tudo se passa, também, como se a escrita adotasse a dupla característica do Tempo: perder o lugar (trata-se de um exílio) e devorar a vida (trata-se de um canibalismo). Como se estivesse em questão o avanço (interminável) e a fome (insaciável) de um corpo da Letra. De qualquer modo, no processo da própria escrita, existe já essa dualidade que a faz funcionar (e, também, ao analista) ora como refúgio excluído do real, ilusão de saber e dejeção da ciência, ora como autoridade voraz e instituição dominadora. Essa ambivalência tem a ver com a essência da escrita: aliás, não é somente tributária da maneira como a escrita é utilizada, como se estivesse em questão uma "tara" causada por um funcionamento secundário, um "pecado" da história da qual a escrita estivesse, por sua vez, indene. Não existe inocência primordial, tampouco escriturária. A duplicidade orienta a produção, e não apenas sua exploração, embora a pedagogia privilegie e fortaleça o canibalismo do discurso.

A autoridade reivindicada pelo discurso tende a compensar o real do qual ele é banido. Se ele pretende falar em nome do que ele é privado, deve-se ao fato de se encontrar separado disso. Tal como ela aparece, em primeiro lugar a autoridade abrange a perda e permite servir-se dessa situação para exercer o poder. Ela é o substituto prestigioso que colabora com o que ele não tem e extrai sua eficácia em prometer o que não dará. Mas, de fato, é a instituição que, mediante essa autoridade, preenche o "nada" do saber. Ela é a articulação entre eles; a máquina institucional efetua e garante a operação, quase mágica, mediante a qual esse nada é substituído por algo de autoridade.

A essas generalidades, convém enfrentar a maneira como Freud escreve: comparar o que ele diz com o que faz; sua teoria da escrita com sua prática escriturária. Em sua tentativa, vou selecionar o momento decisivo em que, no livro *Der Mann Moses* (FREUD, 1940-1952, t. XVI, p. 175ss), ele designa o nada sobre o qual constrói-se "a escrita da história". Será um exemplo de sua maneira. Por um jeito que lhe é familiar nas reviravoltas importantes de sua análise, ele autoriza sua concepção, finalmente, não por meios de provas, mas pela citação que dá forma a seu pensamento. É um poema, ou seja, uma escrita cuja "verdade" carece de qualquer apoio a não ser sua relação a si mesma, sua beleza. Trata-se de um fragmento, de uma "sentença" de Schiller (Die Götter Griechenlands, 1800):

> O aspecto imortal no poema
> deve aniquilar-se nesta vida[39]

O texto freudiano aplica, na prática, essa teoria (poética) da escrita; ele constitui sua "demonstração" no sentido em que há demonstração de um carro ou de um fogão para fazê-los funcionar. Ele "exerce", portanto, o pensamento schilleriano que pressupõe que, para o surgimento do poema, é necessária a morte do vivo. Citar Schiller é apoiar-se em uma ficção privada de referencialidade experimental. Bem longe de respaldar o discurso com uma autoridade científica, com um "bom autor", esse retorno ao "literário" retira-lhe a seriedade: trata-se de uma perda de saber. E ainda mais do que isso porque, em Freud, perder é indissociável da vontade de perder; nesse caso, o gesto escriturário consiste, de fato, em lançar-se no "nada" do poema. O poema schilleriano *diz* o que *é* o poema (neste sentido, ele é metadiscursivo: a relação da morte dos deuses com o surgimento do imemorial diz a relação que o desaparecimento do referencial estabelece com a produção de qualquer poema). Sua citação pelo discurso freudiano consiste, para este, em *fazer*, ou em tornar-se, o que ele *diz* da escrita (neste sentido, ele é performático). A escrita freudiana *faz* o que *diz*. A perda de saber permite a Freud a produção de teoria, do mesmo modo que, para Schiller, o desaparecimento do ser permite a criação do poema.

No entanto, o poema de Schiller funciona, também, como instituição; em Freud, ele vem preencher uma lacuna do saber, ao substituir o que, de acordo com a confissão do próprio psicanalista, faz falta à informação histórica. Ele intervém nesse vácuo da argumentação enquanto parte integrante da cultura "clássica" e por ter uma situação estável (Freud não é assim tão original, nem temerário, em suas preferências literárias, já que se limita aos autores convencionais). O poema confere autoridade ao texto freudiano.

---

[39] Últimos versos do segundo poema: "*Was unsterblich im Gesang soll leben / Muss im Leben untergehen*".

Em suma, ele o torna confiável, leva a crer. Esse funcionamento freudiano da citação difere, portanto, do funcionamento próprio ao texto de Schiller. O poema torna-se confiável por apoiar-se apenas na força de sua forma e porque ele *é* diferente, na evidência de seu não saber. Por sua vez, o texto freudiano torna-se confiável por apoiar-se no outro – o recurso ao outro (à "testemunha") engendra sempre efeitos de crença. Bem longe de ser poético, ele tem uma posição analítica de "suposto saber": ele se torna confiável *em nome do* outro. Aqui, o outro é o poema; durante a cura, ele será o inconsciente. Assim, o analista poderia falar o seguinte: "Esse 'outro' que confere autoridade a meu discurso, ele está em vocês, clientes; presume-se que minha fala/intervenção se faça em nome desse *nada*, o inconsciente de vocês." Para Freud, aliás, existe continuidade do poema ao inconsciente, salvo que o poema é já o interlocutor do inconsciente e, neste aspecto, os psicanalistas seriam os mantenedores do poema, repetindo-o nas situações em que ele já havia falado e substituindo-o nas circunstâncias em que ele tinha guardado silêncio.

Desse ponto de vista, o discurso freudiano continua fazendo o gesto poético, mas institucionalizando-o: respalda sua autoridade nele quando, afinal, o poema é o texto ao qual nada confere autoridade. Essa diferença detém o romance psicanalítico no limiar do poema; ela o mantém em uma economia do crer/levar a crer que, ao reproduzir o gesto poético, serve-se dele de uma forma que já não é poética.

Crer na escrita

A partir do único mecanismo do crer, teríamos, portanto, dois funcionamentos diferentes: o primeiro, mais "exílico" (poético), enquanto o outro seria mais "devorador" (analítico). Talvez, ainda melhor que o *Griechenlands* de Schiller, um texto inacabado de Mallarmé – poema escrito sobre o tema "Esposar a noção" –, poderia especificar o primeiro funcionamento:

> *E convém que nada exista aí para que eu a examine com minudência*
> *e acredite nela totalmente*
> *Nada – nada*[40]

---

[40] Texto editado por RICHARD, 1964.

Mallarmé situa-se em um registro semelhante ao de Schiller. No entanto, ele sublinha com precisão o que enlaça a escrita ao "nada": um crer. Em 1870, ele fala de uma "Crença" (RICHARD, 1964, p. 644, nota 1). O poema é o traçado desse crer: convém que nada exista para crer nisso; é necessário que "nada subsista" da coisa para "ser levado na conversa" ou para escrever. Reciprocamente, o poema leva a crer por não ter nada. Ao evocar a "Beleza", nas cartas enviadas a Cazalis, Mallarmé designa algo semelhante ao que ele menciona ao falar de "Crença". Ele remete àquilo que nenhuma realidade dá respaldo; àquilo que já não depende do ser. A crença é, então, o movimento oriundo e criador de um vazio. É um começo. Uma partida. Se o poema não é "autorizado", ele confere autoridade a um espaço diferente, ele é o nada desse espaço. Daí, ele deduz a possibilidade no excesso do que se impõe. Gesto, igualmente, estético e ético (a diferença entre os dois não é assim tão notória porque o estético, no fundo, é apenas o aparecer ou a forma da ética no campo da linguagem). Ele rejeita a autoridade do fato, evitando se fundir nele. Ele transgride a convenção social segundo a qual o "real" é a lei, opondo-lhe somente seu próprio nada – atópico, revolucionário, "poético".

A historiografia exercita o inverso: ela consiste em fazer com que o discurso seja dotado de referencialidade, em levá-lo a funcionar como "expressivo", em autorizá-lo pelo viés do "real" e, enfim, em instituí-lo como suposto saber. Sua lei é ocultar o nada, preencher os vazios. O discurso não deve aparecer separado das coisas, nem deve ser revelada a ausência ou a perda a partir da qual ele se constrói. Trabalho da história literária, por exemplo: ela empenha-se em que o texto literário volte a ser costurado, meticulosamente, a estruturas "realistas" (econômicas, sociais, psicológicas, ideológicas, etc.) das quais ele seria o efeito; ela se atribui a função de restaurar, incansavelmente, a referencialidade; ela a produz e leva o texto a confessá-la. Assim, ela leva a crer que o texto articula algo do real; desse modo, ela o transforma em uma instituição, se a função da instituição consiste, fundamentalmente, em levar a crer em uma adequação entre discurso e real, apresentando seu discurso como a lei do real. Certamente, a história literária, por si só, não conseguiria produzir esse resultado; cada instituição particular apoia-se em outras, em uma rede que constitui "a teia de aranha do crer" (ver QUINE; ULLIAN, 1970).

Por esse viés, encontra-se a relação do discurso com a pedagogia e com a instituição, duas formas da mesma estrutura: qualquer instituição é pedagógica, enquanto o discurso pedagógico é sempre institucional. A historiografia é, de fato, pedagógica: vou ensinar-lhes, leitores, o que vocês ignoram e isso é uma lei, escrita pelas próprias coisas. O historiador ensina leis com um pressuposto real. Mas essa capacidade de institucionalizar os textos estudados por ele (selecionados como não literários ou considerados de maneira a evitar sua autonomização "literária" em relação com os fatos dos quais, supostamente, eles são a significação) resulta da agregação a uma profissão, da filiação a uma sociedade. O apoio que sua posição de professor ou de membro de uma sociedade erudita confere a seu discurso duplica-se, de qualquer modo, e representa-se no interior desse discurso pelo suposto vínculo dos enunciados com os fatos mencionados por eles. O "realismo", ou seja, a legitimação do discurso por suas "referências", inaugura-se no autor, autorizado por uma agregação social, e passa do autor para seu texto, autorizado pelos acontecimentos que, segundo se presume, ele exprime ou significa. Contrariamente a qualquer tradição científica que havia postulado uma autonomia do discurso em relação ao lugar de seu produtor, a posição exerce um efeito epistemológico sobre o texto: a filiação social intervém, de maneira decisiva, na definição do estatuto do discurso.

Aliás, esse aspecto é perfeitamente conhecido. O valor dos enunciados científicos é, atualmente, relativo à situação hierárquica dos laboratórios que os produzem. Sua seriedade é apreciada a partir da posição de seus autores. Em outro terreno, Philippe Lejeune (1975) mostrou que o gênero autobiográfico baseia-se, em última instância, não no próprio texto, mas na coincidência entre o autor nomeado pelo texto e sua posição social efetiva. Tese suscetível de generalização: o credenciamento do autor por seu lugar histórico engendra a autorização do texto por seu referente. Reciprocamente, a docilidade às normas de uma sociedade (erudita ou não) garante a possibilidade, para o texto, de ser "conforme" aos fatos. Aqui, em vez de crer na escrita, acredita-se na instituição que determina seu funcionamento. A relação do texto com um lugar confere sua forma e sua garantia ao suposto saber do texto. A realidade da posição permite fazer crer na aparência da referencialidade. Retirem o título de professor ao autor de um estudo histórico: ele limita-se a ser um romancista.

Freud tem um sentimento bem vivo dessa instabilidade. Ele é lúcido: sabe que, ao deixar o campo da profissão que lhe confere autoridade, ele cai no romance. Mas tal descoberta o afasta precisamente da "seriedade". Astucioso, ele tergiversa entre o "nada" da escrita e a "autoridade" que a instituição fornece ao texto: às vezes, ele confessa ser romancista, maneira de marcar também o que ele sabe da aparência que a instituição acrescenta ao texto; outras vezes, ele reivindica sua posição acadêmica de professor e empenha-se em permanecer o "Mestre" de "sua" Associação. Seu esforço, nesse sentido, é tanto mais intenso pelo fato de que, à semelhança do *Gato Félix*,[41] ele avança fora do chão validado pela profissão psiquiátrica; ele tem necessidade de garantir um suplemento de instituição exatamente onde ela está ausente de seus discursos para que estes, supostamente, detenham o saber. Em vez de renunciar (eis o que seria um "luto" mallarmeano) a uma posição que dê crédito à aparência da referencialidade, ele deseja essa posição por *saber* que, sem ela, seria apenas um romancista. Quanto mais evidente se torna sua descoberta de uma vizinhança perigosa e de uma inquietante semelhança entre seu discurso e as antigas lendas, tanto mais premente se torna a instauração, e a restauração de dia em dia, de uma posição institucional que confira autoridade a esse discurso diante dos discípulos e da posteridade.

Daí, a ambiguidade dos grandes mitos que ele cria, desde *Totem und Tabu* até *Der Mann Moses*, entre seu caráter de ficção (nada é, nessas criações, verdadeiramente histórico) e a afirmação de que eles dizem respeito à relação com o real (eles conferem a forma do movimento histórico). De fato, o segundo aspecto é apoiado pela

---

[41] N.T.: Personagem de desenho animado, criado na época dos filmes mudos, era um dos mais atraentes em todo o mundo pelo surrealismo das situações.

prática institucional ("isso funciona", logo é real), à semelhança do que ocorre – nos laboratórios das ciências exatas – com o formalismo dos enunciados (estes são, também, ficções): o poder político das instituições é seu contraponto e sua condição de possibilidade. No entanto, a essa articulação, Freud é incapaz de dar a nitidez que havia permitido, às instituições científicas, o crescimento de seu poder institucional. Ele exercita-se, ao mesmo tempo, nos dois terrenos, misturando-os. Assim, em seus mitos, ele procederia como se a ficção descrevesse o que "deveria" produzir-se.

Em suma, o "autoritarismo" de Freud é o efeito de uma lucidez que se identifica com a de Mallarmé. No entanto, em conformidade com o que ele próprio havia analisado no "fetichismo" (relativo a um referente faltante), ele não pode deter-se nesse "nada", ou seja, no que ele já "sabe". Sem ilusões a respeito do realismo da "ciência positiva", ele encontra uma solução na instituição que faz funcionar um "suposto saber", relativo à irredutibilidade da questão do outro.

Desse ponto de vista, é possível se questionar sobre o que sobraria do "realismo" do próprio inconsciente sem a instituição que respalda sua verossimilhança; justamente, de acordo com a afirmação de R. Castel (1973), a instituição era o inconsciente da psicanálise. Ele designava o que a psicanálise recalca ao denegar suas próprias instituições; mas é possível entendê-lo, também, no sentido em que a instituição psicanalítica leva a crer na realidade do inconsciente e em que, sem ela, o inconsciente limita-se a ser um espaço hipotético, o quadro que uma teoria adota para se escrever, à semelhança da ilha utópica de Thomas More. Sem a instituição (que representa o outro), desaparece o efeito de real, permanecendo apenas a rede formal organizada por uma escrita em que "nada" subsiste do conteúdo de seu discurso. Privado de sua institucionalização, o inconsciente é somente o novo paradigma que forneceu o espaço teórico para o romance, para a tragédia, para a retórica e para a estilística de Freud.

Assim, os psicanalistas teriam mostrado uma obstinação ainda maior que seu fundador para defender a instituição (ou para institucionalizar a obra fundadora) que garante uma credibilidade ao "suposto saber". Para se beneficiar desse resultado, eles pagam uma taxa bastante pesada à sua associação ou escola. No entanto, os professores de literatura, por exemplo, adotam um procedimento semelhante quando, por uma consequência "fatal" de sua posição acadêmica, pretendem levar a crer que a literatura "exprime" um tempo ou uma ideologia e que, deste modo, eles entendem "explicar" um texto por seu referencial. Além de historicizá-lo, eles o institucionalizam. E, na maior parte das vezes, eles carecem da lucidez de Freud em relação ao caráter temível da literatura: vão manipulá-la sem conhecerem seu perigo. De qualquer modo, a distinção não ocorre entre história e literatura, mas entre duas maneiras de entender o documento: como "autorizado" por uma instituição ou como relativo a um "nada".

É impossível optar entre essas duas perspectivas, como se houvesse a possibilidade de escolher uma em detrimento da outra. Existe, sem dúvida, em alguns "místicos" – inclusive em Mallarmé – experiências do "nada" que levam a um escrita exílica, forma literária (estética) do gesto "puramente" ético de crer. No entanto, essa "crença" sem objeto não depende de uma decisão; "acredita-se" deste modo quando é impossível proceder de outra maneira, quando faz falta o chão do real. Por sua vez, a vida social exige a crença, bem diferente, que se articula a partir dos supostos saberes garantidos pelas instituições; ela baseia-se nessas companhias de seguros que protegem contra a questão do outro, contra a loucura do "nada". No mínimo, deve-se proceder à distinção entre a delinquência da "não seriedade" literária e a normatividade baseada em credibilidades institucionais. Sem reduzir uma à outra. É permitido pensar que isso seja possível. Sem rejeitar ideologicamente a historicidade institucional que domina o funcionamento social da escrita e, aliás, se enraíza no "canibalismo" da própria escrita, é permitido, à semelhança do que ocorre com Mallarmé, "crer" na escrita precisamente porque ela própria – sem ter recebido qualquer autorização – apoia sua autoridade no outro e recomeça incessantemente.

CAPÍTULO IV

O riso de Michel Foucault[42]

Há alguns anos, em Belo Horizonte, no decorrer de uma estada no Brasil, Michel Foucault foi questionado, uma vez mais, a respeito de seu lugar: "Mas, finalmente, qual é sua qualificação para falar? Qual é sua especialidade? Em que lugar o Senhor se encontra?" Ele sentia-se tão atingido por essa petição de identidade, que procurava apreender seu segredo enquanto passador. Aliás, em seu livro – *A arqueologia do saber* –, ela havia provocado uma réplica irritada, de um tom quase único no seu gênero, em que brilha, de súbito, o ímpeto que tinha produzido a obra:

> Não estou, absolutamente, lá onde você está à minha espreita, mas aqui de onde o observo, sorrindo. Ou o quê? Você imagina que, ao escrever, eu sentiria tanta dificuldade e tanto prazer, você acredita que eu me teria obstinado em tal operação, inconsideradamente, se eu não preparasse – com a mão um tanto febril – o labirinto em que me aventurar, deslocar meu desígnio, abrir-lhe subterrâneos, soterrá-lo bem longe dele mesmo, encontrar-lhe saliências que resumam e deformem seu percurso no qual eu venha a perder-me e, finalmente, aparecer diante de quem nunca mais tivesse de reencontrar? Várias pessoas – e, sem dúvida, eu pessoalmente – escrevem por já não terem rosto. Não me pergunte quem eu sou, nem me diga para permanecer o mesmo:

---

[42] "Le rire de Michel Foucault" (1984b), in *Le Débat*, 1986. Cf., neste livro, história textual deste capítulo, p. 39.

N.T.: Nos caps. IV a VI, sem outra indicação, as referências bibliográficas referem-se a textos de Michel Foucault.

essa é uma moral de estado civil que serve de orientação para elaborar nossos documentos de identidade. Que ela nos deixe livres no momento em que se trata de escrever (1969, p. 28).

Essa voz plena de vida continua escapando ao jazigo do texto.

Ser catalogado, prisioneiro de um lugar e de uma competência, desfrutando da autoridade que proporciona a *agrégation*[43] dos fiéis a uma disciplina, circunscrito em uma hierarquia dos saberes e das posições, portanto, finalmente, usufruir de uma situação "estável", era para Foucault a própria figura da morte. "Isso não, absolutamente não". A identidade imobiliza o gesto de pensar, prestando homenagem a uma ordem. Pensar, pelo contrário, é passar; é questionar essa ordem, surpreender-se pelo fato de sua presença aí, indagar-se sobre o que tornou possível essa situação, procurar – ao percorrer suas paisagens – os vestígios dos movimentos que a formaram, além de descobrir nessas histórias, supostamente jacentes, "o modo como e até onde seria possível pensar diferentemente" (1984c, p. 15). Eis a resposta de Foucault aos interlocutores de Belo Horizonte, servindo-se de uma expressão mais ajustada às sutilezas do cenário brasileiro e que designava seu estilo filosófico: "Quem sou eu? Um leitor."

Uma prática intelectual

Desde Poitiers, cidade em que nasceu (1926), até o Hospital de la Salpêtrière onde, finalmente, veio a falecer (25 de junho de 1984), seus percursos percorreram sinuosamente vários saberes e países. Ele visitava os livros do mesmo modo que circulava, de bicicleta, nas ruas de Paris, San Francisco ou Tóquio, com uma atenção irretocável e vigilante, suscetível de apreender, no virar de uma página ou de uma esquina, o brilho de um estranhamento que se escondia aí, desapercebido. Todas essas marcas de alteridade, "contratempos minúsculos" (FOUCAULT, 1971, p. 14) ou enormes confissões, eram para ele as citações de um impensado; de acordo com suas

---

[43] N.T.: Além de significar, "agregação", "incorporação", este termo refere-se ao concurso que confere o título de "*agregé*", mediante o qual a pessoa é declarada apta para assumir um posto de professor no ensino médio ou de algumas faculdades.

palavras, elas estão aí bem legíveis, mas não lidas, por surpreenderem o previsto e o codificado. Por sua vez, ao descobri-las, ele desatava a rir; às vezes um riso incontrolável, à semelhança do que ele evoca a propósito de um texto de Jorge Luis Borges e que "sacode, por ocasião de sua leitura, todas as familiaridades do pensamento – do nosso, por ter nossa idade e nossa geografia –, desestabilizando todas as superfícies ordenadas e todos os planos que tornam sensata, para nós, a exuberância dos seres" (1966a, p. 7). É, afirma ele, o "lugar de nascimento" do livro *As palavras e as coisas*. Suas outras obras parecem ter a mesma origem: acessos de surpresa (como existem acessos de febre), formas jubilatórias repentinas, quase extáticas, "espanto" ou "encantamento" que é, de Aristóteles a Wittgenstein, o momento instaurador da atividade filosófica. Pelas frestas do discurso, engraçadas, incongruentes ou paradoxais, algo faz irrupção que transborda o pensável e abre uma possibilidade de "pensar diferentemente". Invadido pelo riso, tomado por uma ironia das coisas que é o equivalente de uma iluminação, o filósofo não é o autor, mas a testemunha desses lampejos que atravessam e transgridem o controle sistemático dos discursos por razões estabelecidas. Seus achados são os acontecimentos de um pensamento que ainda deve ser pensado. Essa inventividade surpreendente das palavras e das coisas, experiência intelectual de uma desapropriação instauradora de possibilidades, é marcada por Foucault com um riso: essa é sua assinatura de filósofo para a ironia da história.

No entanto, sua prática do espanto fornece constantemente novas partidas para a obstinação, alternadamente imperiosa e frágil, minuciosa, irritável, sempre tenaz, com a qual ele procura elucidar essa "outra dimensão do discurso" que lhe é revelada por acasos. Ela confere um tom de *western*, inclusive a seu trabalho arquivístico e analítico, para desdobrar os jogos de verdade assinalados, inicialmente, por mensagens paradoxais. Sua preocupação em controlar, classificar, distinguir e comparar seus achados de leitor não poderia extinguir a vibração do estado de vigília que, em seus textos, denuncia sua maneira de descobrir. Suas obras combinam, portanto, o dizer da invenção com a preocupação da exatidão, mesmo que as proporções variem e mesmo que, no decorrer dos anos, a exatidão venha a prevalecer, aos poucos, em relação ao riso, porque se desenvolvia sua paixão de cirurgião por uma lucidez que, nos seus últimos dois livros, se torna uma clareza ascética, despojada até mesmo de sua entusiasta virtuosidade. O que importa em seu trabalho, antes de mais nada, é o excepcional exercício do espanto, modificado em prática assídua dos "nascimentos" do pensamento e da história (FOUCAULT, 1963a; 1975 – subtítulo, "Naissance de la prison").[44]

Suas "narrativas", como ele afirmava, relatam a maneira como aparecem e se instituem novas problemáticas; muitas vezes, elas têm a forma de surpresas, à semelhança dos romances policiais. Assim, a progressiva liberalização e diversificação do direito penal, no decorrer do século XVIII, é interrompida, invertida e "canibalizada" pela proliferação de procedimentos pedagógicos e militares de vigilância que, por toda parte, impõem o sistema panóptico da prisão – um desenvolvimento inesperado (1975; cf. BENTHAM, 2008). Vocês supõem que o poder é identificável à apropriação de aparelhos isoláveis, hierárquicos e legais? Nada disso: é a expansão de mecanismos anônimos que "normalizam" o espaço social ao atravessar as instituições e a legalidade (1975). Vocês supõem que a moral burguesa transformou o sexo em segredo a ocultar? Puro engano: as técnicas da confissão é que transformaram o sexo em incansável produtor de discursos e verdades (1976)... Assim, de livro em livro, a análise indica essas reviravoltas que, ao frustrarem os saberes constituídos – inclusive os mais autorizados (até mesmo Marx e Freud) –, engendram novas maneiras de pensar; em vez de se basear em ideias pessoais de um autor, ela se apoia naquilo que a própria história dá a ver. Não é o Senhor Foucault que zomba dos saberes e das previsões, é a história que ri deles. Ela é que escarnece dos teleólogos que se julgam os mantenedores do sentido. O aspecto insensato da história, deus noturno e risonho, debocha dos magistérios e retira, do próprio Foucault, o papel – pedagógico ou moralista – de ser o "intelectual" que sabe do que isso se trata. A lucidez provém de uma atenção, sempre móvel e atônita, ao que nos é mostrado, à nossa revelia, pelos acontecimentos.

[44] Aliás, essas duas obras constituem, creio eu, as "intervenções" mais decisivas de M. Foucault.

A essa atenção deve-se associar um aspecto curioso e, no entanto, permanente da obra: seu caráter visual. Esses livros são balizados por quadros e gravuras. O texto é, igualmente, ritmado por cenários e figuras: na abertura de *História da loucura*, encontra-se a "Nave dos loucos" ("Stultifera navis", 1961, p. 3-53); no livro *As palavras e as coisas*, aparece a reprodução do quadro *As meninas* de Velásquez ("Les suivantes", 1966a, p. 19-31); o livro *Vigiar e punir* começa, por sua vez, com a narrativa do suplício de Damiens ("Le corps des condamnés", 1975, p. 9-11),[45] etc. Será um puro acaso? Não, uma vez que cada livro apresenta uma escansão de imagens a partir das quais se desenvolve o trabalho meticuloso de distinguir suas condições de possibilidade e suas implicações formais. Na realidade, essas imagens instituem o texto, fornecendo-lhe ritmo, à semelhança das captações sucessivas do próprio Foucault. Ele reconhece aí os cenários de uma diferença, os sóis negros[46] de "teorias" que emergem. Razões esquecidas põem-se em movimento nesses espelhos. No nível do parágrafo ou da frase, as citações funcionam da mesma forma; cada uma dessas citações está incrustada aí como um fragmento de espelho, cujo valor não é o de uma prova, mas de um deslumbramento – um brilho de outro. O discurso inteiro vai, assim, de visão em visão. O passo que escande sua tentativa, no qual ela se apoia e do qual recebe seu elã, é um momento visual. A imagem-surpresa desempenha um papel, alternadamente, heurístico e recapitulativo, análogo ao da figura geométrica para um especialista em matemática: à semelhança de um triângulo retangular, ela reúne, em um olhar de relance, as propriedades possíveis, ou já demonstradas, desenvolvidas por uma sequência de teoremas.

Esse estilo óptico pode parecer estranho. Na máquina "panóptica", M. Foucault não teria detectado o próprio sistema da vigilância que se estendeu da prisão a todas as disciplinas sociais por uma multiplicação das técnicas, permitindo "ver sem ser visto"

---

[45] N.T.: Acusado por tentativa de assassinato do rei, Damiens é condenado, a 2 de março de 1757, a pedir perdão publicamente diante da porta principal da Igreja de Paris.
[46] N.T.: No original "*noirs soleils*". A expressão "*noir soleil*" foi atribuída por André Breton a Raymond Roussel em decorrência das questões – sobre a relação entre linguagem, morte e loucura – suscitadas pela enigmática obra deste autor; cf., a seguir, cap. V.

(FOUCAULT, "Le panoptisme", 1975, p. 197-229)? Ele exumou e perseguiu, inclusive nas regiões mais aprazíveis do saber, todos os procedimentos baseados na confissão e produtores da verdade para fazer emergir aí a tecnologia por meio da qual a visibilidade transforma o espaço em operador de poder. De fato, para ele, o visível tornou-se o campo dos novos desafios do poder e do saber. O visível constitui, para Foucault, o teatro contemporâneo de nossas opções fundamentais; verifica-se, aí, o confronto entre o uso policial do espaço e a vigilância em relação ao que ocorre aí de diferente. Envolvido nesse terreno de nossas guerras epistemológicas, o trabalho filosófico estabelece a oposição entre os sistemas que subjugam o espaço à vigilância e os paradoxos que abrem aí acasos ao nivelamento panóptico, as descontinuidades reveladas por vicissitudes no pensamento. Duas práticas do espaço se chocam no campo da visibilidade: a primeira, direcionada para a disciplina, enquanto a outra é feita de espanto. Mediante esse combate que evoca o dos deuses gregos em seu céu, desenrola-se a "reviravolta" das tecnologias do "ver sem ser visto" em estéticas da existência ética.

Ao exumar as implicações de acontecimentos aleatórios, Foucault inventou os lugares de novas problemáticas. Com cada um de seus livros, ele oferece um mapa ainda inédito à possibilidade de "pensar diferentemente"; ele identifica-se com o "novo cartógrafo" esboçado, com tão amigável acuidade, por Gilles Deleuze (1975). Esses mapas apresentam ferramentas proporcionadas a questões diferentes; em vez de formarem entre si um sistema, eles formam uma sequência de "Ensaios", relativos, em cada situação, a essa "curiosidade" – a esse espanto – "que permite desligar-se de si mesmo" (1984c, p. 14). Portanto, eles compõem "uma pluralidade de posições e de funções possíveis" (1971, p. 60); trata-se de "práticas descontínuas" (p. 54), oriundas das invenções decorrentes de acasos. Em cada mapa, meticulosamente construído, um novo acontecimento provocado pela "exuberância dos seres" acrescenta outra possibilidade; nenhum desses mapas define um destino, uma verdade ou uma identidade do pensamento. Esses lugares sucessivos não são, portanto, associados pelo progresso de uma Ideia que, aos poucos, haveria de formular-se aí, mas pela mesma *maneira de pensar*, eles respondem aos riscos da história. Ao homogeneizar todos os discursos, Foucault não tenta ocultar suas resplandecentes descontinuidades; raramente o espanto filosófico chegou a ser tratado de uma forma tão cuidadosa em relação às suas possíveis evoluções e tão respeitosa em relação às suas surpresas.

A atividade política tem o mesmo estilo: ela não se apropria de um sentido da história, nem constitui uma estratégia, tampouco uma doutrina. Com uma fidelidade semelhante às surpresas textuais, ela responde aos acontecimentos políticos, vinculando-se a estes com a mesma rigorosa constância e precisão, tendo em vista identificar as implicações do impensado que perfura o controle sistemático da ordem estabelecida e das disciplinas convencionais. Os acasos da atualidade social e política, a situação dos condenados nas prisões francesas, a revolução iraniana, a repressão na Polônia e tantos outros encontros singulares provocam, em Foucault, o espanto que engendra uma ação. Do mesmo modo que seus mapas, suas intervenções não têm – nem se manifestam ideologicamente, em algum lugar, em recuo – a garantia do sucesso. Elas não se protegem do aleatório do qual são oriundas, mas partem, de preferência, de um movimento, cujo caráter ético, de acordo com a afirmação de Kant, não depende do que parece possível, nem da lei dos fatos. Por sua vez, o gesto político é, também, um "Ensaio" conduzido com o máximo de lucidez possível e relativo às descobertas permitidas pela "curiosidade" jornalística, atenta aos avatares do tempo e dos homens. Assim, no campo social, com a mesma incansável expectativa de uma história outra, continua esboçando-se a inventividade filosófica de Foucault.

Práticas do poder

Assim, com Foucault, abandonamos a história ocupada pela figura do "intelectual"; estamos em outro país ou, como ele afirmava, em outra configuração. Há cerca de cem anos, em 13 de janeiro de 1898, o artigo *"J'accuse"* de Émile Zola marcava, simultaneamente, uma virada do caso Dreyfus e o surgimento de uma espécie inédita de intervenientes no campo político. Nascida do encontro entre a questão judaica e uma politização (não é uma coincidência, no contexto político francês da "ideologia nacional"), essa figura social recebeu o qualificativo de "*intelectual*". Seria fascinante acompanhar a evolução, no passado, dessa espécie, desde Zola e, também (porque as novas figuras sociais suscitam sempre uma história regressiva em busca de origens), desde os "filósofos" [*philosophes*] esclarecidos envolvidos nos "assuntos" [*affaires*] sociais mais relevantes do século XVIII, até Merleau-Ponty ou Sartre.

A essa *inteligentsia* engajada associam-se, na Europa contemporânea, os grupos populistas russos *Zemlja i volia* ("Terra e liberdade") e *Narodnoj Voli* ("Vontade do povo"), no final do século XIX (VENTURI, 1952), ou a variante revolucionária elaborada por Antonio Gramsci, o "intelectual orgânico", vinculado ao povo pelo "Príncipe moderno" que é o Partido (MACCIOCHI, 1974). Ao intelectual de partido, opunha-se o intelectual de Estado (por exemplo, o professor francês) e, entre eles, todas as tensões testemunhadas pelo eminente e secreto trabalho de Lucien Herr, bibliotecário da École Normale Supérieure, que desejava – enquanto funcionário e socialista – permanecer fiel a essas duas leis de filiação política (LINDENBERG; MEYER, 1977). Em contraste, erguia-se a "autonomia do trabalhador intelectual" (*Selbständigkeit der geistigen Arbeiter*), tal como a definia Freud, hostil a qualquer "chefe" e, em primeiro lugar, ao pior de todos: a multidão, o grande número (*die Mengel*; cf. FREUD, 1991). Na trajetória brilhante, embora efêmera, do "intelectual", um papel decisivo, e provavelmente terminal, cabe a Sartre, cuja ética, protestativa e luterana em seu estilo, articula-se a partir da consciência, lúcida e culpada, da impotência das "palavras" em relação às "coisas": as palavras limitam-se a desafiar a história da qual elas estão separadas. Baseada no fracasso da ambição que modelou o "intelectual", a ética sartriana evoca, finalmente, aquela que, na Escola de Frankfurt, por caminhos muito diferentes, opunha ao progresso fatal do nacionalismo nazista uma coragem de pensar cuja necessidade não se mede por uma eficácia histórica.

Sem dúvida, a história dos "intelectuais" comportaria, também, um contraponto crítico: desde Zola, nunca se deixou de objetar – ao compromisso sociopolítico deles – sua incompetência técnica. Até mesmo Valéry lançou sua ironia, ao evocar a figura de palhaço, sobre o intelectual destituído da seriedade seja do cientista ou do político:"O ofício dos intelectuais consiste em agitar todas as coisas sob seus signos, denominações ou símbolos, sem o contrapeso dos atos reais. Daí, resulta que suas afirmações são surpreendentes, sua política perigosa e seus prazeres superficiais; trata-se de estimulantes sociais com as vantagens e perigos dos estimulantes, em geral" (VALÉRY, 1933, p. 125). No escalão mais baixo desse degradado, existe o ridículo dos tiques sociais: assine uma petição e você torna-se um intelectual.

Dessa epopeia com uma centena de anos, que havia atribuído ao intelectual o papel de herói diante do poder, Michel Foucault vai desprender-se ao marcar o começo de outra hipótese. Mais em conformidade com nosso intuito comum, atualmente há uma história sem heróis, tampouco nomes próprios, uma história difusa, anônima e fundamental. Ela diz respeito às *práticas intelectuais* enquanto estas se inscrevem na rede das inúmeras *maneiras de exercer o poder*. Portanto, verifica-se a mudança do objeto: ele já não visa diretamente atores, mas ações; também não visa personagens, cuja silhueta recorta-se no fundo de uma sociedade, mas "operações" que, em um movimento browniano, tecem e compõem o fundo do quadro. Por uma mudança na "afinação", fixamos esse segundo plano ao deixarmos a distorção das imagens-vedetes do primeiro plano. Então, aparece um labirinto de maneiras de fazer ou de usos (*uses*): práticas da linguagem e do espaço, usos do tempo, etc. Tais práticas são especificadas por protocolos; dotadas de "circuitos" próprios, elas caracterizam-se por formalidades ou "estilos", assim como há "maneiras" em pintura. Na linha de pesquisas já empreendidas a partir das "práticas cotidianas" (DE CERTEAU, *INQ1*, 1990, p. XXXVI-XLIV), eu gostaria de evocar – pelo menos de um modo necessariamente esquemático e programático – as "maneiras" de praticar o poder, tais como estas se apresentam no campo das atividades chamadas "intelectuais".

Na perspectiva delineada por Michel Foucault, entendo por práticas de poder "um modo de ação que não age, direta e imediatamente, sobre os outros, mas sobre a ação própria deles"; tais práticas compõem "um conjunto de ações sobre ações possíveis" (FOUCAULT, 1984). Trata-se, portanto, de operações (procedimentos) e não de concepções (ideias), embora elas possam situar-se nos dois registros que, em proporções variáveis, qualquer poder implica: por um lado, uma *autoridade* (relativa ao crer/fazer crer); e, por outro, uma *força* (relativa a uma pressão ou repressão física). Se é verdade que, em geral, o maior grau de autoridade de um poder implica em menos necessidade de utilizar a força, ou a diminuição da autoridade exige um uso maior da força, teremos também práticas diferentes de acordo com o registro acionado, de preferência, por elas: o da autoridade ou o da força. Essa distinção é fundamental quando se trata de práticas que se desenvolvem no campo constituído pela produção e pela circulação do saber e que, portanto, parecem utilizar, no poder, seu aspecto de autoridade.

Limito as observações seguintes ao teatro francês dessas operações de poder imbricadas nas práticas intelectuais – mas com uma experiência californiana de seis anos que me credencia, talvez, com uma pequena distância "etnológica" em relação à minha aldeia –; além disso, para concluir, eu gostaria apenas de esboçar alguns apanhados que dizem respeito, alternadamente, à organização da *paisagem* em que essas práticas se efetuam, à primeira classificação de suas diversas "maneiras" ou de seus *"estilos"* e, finalmente, ao exame de alguns funcionamentos que caracterizam a *racionalidade desses "governos"* (no sentido em que se fala de uma "razão de Estado"). Essas observações poderiam constituir os preâmbulos de uma geopolítica, de uma estilística e de uma economia das práticas intelectuais, enquanto práticas de poder.

A perspectiva "geográfica" refere-se à disposição das forças que se enfrentam, a uma geopolítica. Em uma projeção (como sempre, fictícia) do espaço em que se efetuam as práticas intelectuais, seria possível distinguir a interação de três elementos: a posição [*place*], a massa popular e a verdade. Esse mapa fantástico é apenas uma primeira aproximação. A *posição* [*place*] é, em primeiro lugar, o cargo, a situação institucional, a agregação, a identidade social, além da garantia fornecida por uma disciplina científica e por um reconhecimento hierárquico. Ela constitui um *lugar* [*lieu*]: sua ocupação exige o recrutamento por seleção, seus protocolos organizam um sistema de escolhas e pertinências e seu discurso é provido de uma legitimidade. O corte sociopolítico de uma "posição" ["position"] varia segundo as épocas, não cessando de ser objeto de lutas entre profissões (por exemplo, entre médicos e pastores, no campo psiquiátrico) ou entre círculos sociais. No entanto, em cada momento, a posição [*place*] circunscreve um terreno de apropriação, garantindo uma identidade contra a dupla ameaça: a da massa popular e a da verdade. A *massa popular* é a multidão urbana, ou rural, oceano silencioso ou tempestuoso que rebenta, de acordo com o relato de Diderot, contra as janelas dos laboratórios intelectuais. A força anônima de uma dor, de uma cólera ou de uma gargalhada da multidão acaba por cativar, inquietar, às vezes invadir e destruir o edifício do saber. Por sua vez, a *verdade* é um elemento de interrogação que questiona as configurações de uma ordem do sentido, ocorrendo como uma dúvida que transgride a verossimilhança, ou seja, a lei de determinado círculo. Ela tem a estranheza de uma irrupção e de um "nascimento" na coerência do que é "aceito" [*reçu*]; ela aparece como um *fato* singular que deve ser esquecido por provocar rachaduras nas generalidades da ideologia ou da teoria.

Curiosamente, a massa popular e a verdade têm em comum estas três características: *insustentáveis* (ao instaurarem um exagero, um transbordamento), *inapropriáveis* (elas apreendem o pensamento, sobrepujando-o) e *inomináveis* (não estão classificadas nas taxinomias estabelecidas). Talvez haja um ponto (mítico?) de convergência entre a massa popular e a verdade. Fico sonhando com a cena descrita por Nicolau de Cusa, no início de seu grande tratado, *De mente*: o "filósofo", emudecido de espanto ao atravessar uma ponte de Roma, observa a massa inumerável dos passantes (1983, p. 245). Uma verdade imperceptível, singular e múltipla, está aí em ação, perdida na multidão. Ela toma a posição do filósofo e acaba por "capturá-lo"; daí em diante, o *Idiotus*, o não especialista, o homem sem posição e sem qualidades, é que irá introduzir uma questão de verdade no discurso itinerante – deslocado e surpreso – do filósofo. Inversamente, as práticas definidas por uma posição lutam, sem tréguas, não só para educar, disciplinar, ordenar a massa popular, ao pretenderem *representá-la*, mas também para cativar, articular e sistematizar a verdade, ao pretenderem *produzi-la* como doutrina. A posição é um operador que transforma a massa popular e a verdade em objetos tratados em um lugar suportável, apropriável e nominável.

A segunda perspectiva visa as práticas intelectuais enquanto elas se definem como "maneiras de fazer"; além disso, é possível reconhecer aí "estilos". Ela pode referir-se ao livro, pouco reconhecido, de G. Granger (1968) que, na própria escrita matemática, detectava "estilos" diferentes: euclidiano, cartesiano ou "vetorial". O estilo é "a estruturação latente da própria atividade científica enquanto esta constitui um aspecto da prática"; assim, seria possível vislumbrar uma "estilística da prática científica". Para indicar com precisão as implicações de uma pesquisa sobre a formalidade de tais práticas – com a condição de que essa pesquisa se desligue da "individuação", problema ainda central em Granger –, seria possível evocar, também, os trabalhos recentes sobre as maneiras de utilizar a linguagem, em *"ethnography of speaking"* ou em uma *"sociology of communication"*, desde Hymes, etc. De qualquer modo, limitar-me-ei a apresentar três observações relativas aos procedimentos intelectuais.

a) As "maneiras de fazer" não obedecem a uma determinação individual, mas formam repertórios *coletivos*, identificáveis nas formas de utilizar a linguagem, de gerenciar o espaço, de cozinhar, etc. Alguns procedimentos de origens heterogêneas podem suceder-se e cruzar-se no campo das atividades individuais, à maneira de atores anônimos ao atravessarem o palco que tem o nome de um suposto autor.

b) Tais práticas, especificadas por estilos, são mais *estáveis* que seus campos de aplicação. Assim, as maneiras de falar ou de praticar um idioma podem estender-se a vocabulários importados ou a línguas estrangeiras; elas sobrevivem, até mesmo ao idioma que havia sido, inicialmente, falado. Portanto, elas não são identificáveis ao *lugar* em que se exerceram: existe a maneira basca de falar francês quando, afinal, já não se fala o basco. Assim, Pierre Legendre (1974) procedeu à analise do modo como as práticas jurídicas da Idade Média persistiram, através dos séculos, muito depois do desaparecimento das grandes instituições que haviam dado forma a essa tecnologia.

c) Por último, essas práticas não são totalizantes, fazendo parte de conjuntos coerentes. Um "estilo" operatório não orienta a região inteira das atividades, nem é o elemento de um sistema. Diferentes "maneiras" podem coabitar no mesmo campo ou no mesmo ator, assim como, em um mesmo apartamento, por parte do mesmo habitante, pode-se ter, simultaneamente, maneiras modernistas, tradicionalistas ou fetichistas de "tratar" o espaço.

Seria possível detectar estilos de operações intelectuais indissociáveis de modos de exercício do poder: o estilo tático do procedimento jurídico que transforma o episódico em cena da lei; o estilo estratégico da enunciação professoral ou clerical que transforma o particular em aplicação de uma ideologia geral; o estilo oral do "conselho do príncipe" que se serve, com virtuosidade, de uma opaca proximidade com o nome ambíguo da Vontade ou "complacência" de um poder; o estilo escrito da manipulação textual que converte a distância em um princípio de autoridade; o estilo "engenheiro" que pretende, pela reconciliação da teoria com a prática, instaurar uma neutralidade objetivamente imposta a qualquer decisão como sua condição de possibilidade; o estilo tecnológico e "clânico" da "pesquisa" nos laboratórios associados a um mercado internacional da competição, etc.

Nós próprios constituímos o campo de experimentação e de elucidação dessas práticas intelectuais que funcionam como práticas de poder. Parece-me que, ao explicitá-las e ao ficarmos espantados perante elas, podemos convertê-las em surpresas que se tornam maneiras de "se desprender de si mesmo", além de instaurarem o gesto, risonho e filosófico, de inventar maneiras de "pensar diferentemente".

CAPÍTULO V

O sol negro da linguagem:
Michel Foucault[47]

Um mês depois de sua publicação [abril de 1966], o livro de Michel Foucault, *Les Mots et les Choses*, estava – ou, na mitologia da publicidade, deveria estar – esgotado. A obra, bem extensa e difícil, exibe – ao lado dos livros de arte – os sinais externos de cultura que um olhar advertido deve ser capaz de fisgar na vitrine de uma biblioteca privada. Você já leu esse texto? Da resposta depende um *status* social e intelectual. No entanto, o sucesso e, até mesmo, a moda, não seriam apenas, neste caso – de acordo com a pretensão de alguns comentaristas – o indício de uma obra superficial ou ultrapassada?

Em primeiro lugar, bem longe de ser "enfadonho", Foucault é brilhante (um pouco demais): ele resplandece com fórmulas incisivas, suscita a diversão, serve de incentivo. Ele ofusca: sua erudição confunde; sua elegância provoca a adesão que, por sua vez, é seduzida por sua arte. No entanto, algo em nós oferece-lhe resistência. Ou, de preferência, a esse charme inicial, segue-se um assentimento no segundo plano, uma espécie de cumplicidade que assume certa distância em relação ao enfeitiçamento do começo sem que, no entanto, seja fácil encontrar as verdadeiras razões dessa atitude. Uma vez que tenha sido discutida a informação (que, aliás, é bastante tributária do livro de Jacques Roger, 1963) e a virtuosidade de uma dialética à qual, segundo parece, nada resistiria – além de ter sido reconhecido, no

---

[47] "Le noir soleil du langage: Michel Foucault", in DE CERTEAU, *L'absent de l'histoire* [ABH], 1973. Cf. história textual deste capítulo, p. 39-40.
N.T.: Sobre a expressão *"noir soleil"*, cf. neste livro, nota 46, p. 121.

historiador, seu lado prestidigitador –, emerge uma convicção de outra espécie. Uma questão é formulada e desvela uma interrogação, atualmente essencial a qualquer pensamento. Uma questão mais pressentida que explicitada. O brilho e, às vezes, a preciosidade do estilo, a minuciosa destreza da análise, abrem para uma obscuridade em que se perdem, conjuntamente, o autor e o leitor: a obra parece apresentar o contraste, sublinhado em inúmeras oportunidades por ele, entre "efeitos de superfície" e o "subsolo" latente que eles não cessam de significar, ao ocultá-lo. Essa relação entre o conteúdo e a forma do livro é o que suscita, no leitor, uma simpatia insegura de si mesma, levando-o a formular-se a seguinte questão paradoxal: o que se diz, aí, de essencial?

O sol negro

Mas, afinal, qual é seu conteúdo? Não é o primeiro livro de Foucault que, nesse texto, amplia o método já explorado e ilustrado em duas obras, em meu entender, muito mais relevantes: *Histoire de la folie à l'âge classique* (1961) e *Naissance de la clinique* (1963a). Ele retoma, também, os temas abordados em numerosos estudos – além do ensaio sobre *Raymond Roussel*, artigos sobre Blanchot, Jules Verne, etc. (1963b; 1966b; 1969). A imensa cultura do historiador, filósofo e crítico literário está a serviço de uma curiosidade insaciável, perscrutadora e imperiosa. Com um passo apressado, às vezes rápido demais, o viajante percorre as áreas culturais e os períodos do espírito em busca de uma razão que justifique a multiplicidade inorgânica do constatável. Ele descarta, com um gesto irônico, as ingênuas certezas do evolucionismo que acredita apreender, finalmente, uma realidade, desde sempre preparada sob as ilusões de outrora. Em relação ao postulado de um progresso contínuo, emocionante autojustificação de uma lucidez atual que toda história deveria profetizar, ele só manifesta menosprezo. E não sem razões.

Sob os pensamentos, ele discerne um "soclo[48] epistemológico" que os *torna possíveis*; entre as múltiplas instituições, experiências e

---

[48] N.T.: No original, "*socle*". Apesar de pouco corrente, o termo "soclo" (base que serve de suporte a uma estátua, etc.) foi adotado para uma melhor adequação à terminologia do autor (cf. penúltimo parágrafo deste capítulo).

doutrinas contemporâneas, ele desvenda uma coerência que, apesar de não ser explícita, constitui mesmo assim a condição e o princípio organizador de uma cultura. Há, portanto, ordem. No entanto, essa "razão" é um subsolo que escapa até mesmo àqueles que a utilizam como alicerce de suas ideias e de seus intercâmbios. O que confere, a cada um, o poder de falar, ninguém o exprime. *Há* ordem, mas sob a única forma do que não se sabe, a partir do modelo do que é "diferente" em relação à consciência. O Mesmo (a homogeneidade da ordem) assume a figura da alteridade (a heterogeneidade do inconsciente ou, de preferência, do implícito).

A essa primeira falha, convém acrescentar outra: a análise pode desvendar um começo e um fim nessa linguagem que, finalmente, fala à revelia das vozes que a enunciam. Depois de ter garantido a "positividade" de um período, seu "soclo" oscila bruscamente para deixar aparecer outro subsolo, um novo "sistema de possibilidade" que reorganiza o universo flutuante das palavras e dos conceitos, além de implicar, através de reminiscências ou invenções, um "campo epistemológico" (uma *episteme*) completamente diferente. Através da duração e na espessura de seu próprio tempo, cada *episteme* é feita do heterogêneo: o que ela não sabe a respeito de si mesma (seu próprio subsolo); o que ela já não pode saber dos outros (após o desaparecimento do "soclo" que eles implicam); o que há de perecer para sempre de seus objetos de conhecimento (constituídos por uma "estrutura de percepção"). Definidas por uma rede de palavras, as coisas desabam com ela. A ordem só emerge da desordem sob a forma do equívoco. A razão, *reencontrada* com essas coerências subjacentes, não cessa de ser *perdida* porque ela é sempre inseparável de um embuste. Nos livros de Foucault, ela morre ao mesmo tempo em que renasce.

Com um método, expõe-se nesse livro, portanto, uma filosofia: mesmo que seja útil distingui-los para apresentá-los, esses dois aspectos são inseparáveis. Certamente, ao empreender "um estudo estrutural que tenta decifrar, na espessura do histórico, as condições da própria história" (1963a, p. XV), Foucault inaugura uma nova crítica ("discurso estranho, concordo plenamente"; p. XI) que tende a discernir e a isolar as alianças sucessivamente estabelecidas entre as palavras e as coisas; as "estruturas" que recortam no tempo, alternadamente, os espaços de uma percepção e, portanto, subentendidas pelos processos do pensamento e da prática; as combinações tácitas (embora determinantes) do dizer e do ver, da linguagem e do real.

Semelhante crítica desdobra-se no campo e com o aparato técnico dessas ciências humanas que ela relativiza. No entanto, por mais nova, fundamental e, também, discutível que seja, ela não tem em si mesma – pelo menos, imediatamente – sua própria justificação. O método permanece o significante de um significado impossível de enunciar. No momento em que desmistifica o "positivismo" da ciência ou a "objetividade' das coisas pela demonstração do deslize cultural que as havia "criado", ela revela a face noturna da realidade, como se o tecido das palavras e das coisas detivesse, em sua rede, o segredo de sua imperceptível negação. A combinatória do dizer e do ver tem, como avesso – ou determinação fundamental – "um vazio essencial" (1966a, p. 31), inassimilável verdade dessas coerências estruturais. Por estar em movimento e, também, por escapar, o chão das seguranças científicas ou filosóficas expressa uma falha interna – nunca localizável, somente perceptível nesse embuste indefinidamente oculto e confessado pela organização temporária de linguagens anteriores a qualquer pensamento consciente.

O livro – *Histoire de la folie* (1961) – lembra que o sonho e a loucura tinham sido considerados, para o romantismo alemão, como o horizonte de um "essencial". A desrazão profetizava, então, esse "essencial" pelo *pathos* lírico ou em uma literatura do absurdo. Em Foucault, a desrazão, em vez de um limite para a razão, é sua verdade. Esse sol negro confinado na linguagem e que, à sua revelia, a queima: eis o que lhe é revelado, à semelhança do que ocorre com Roussel, "pelo incansável percurso do domínio comum à linguagem e ao ser, pelo inventário do jogo mediante o qual as coisas e as palavras se designam e se desencontram, se atraiçoam e se disfarçam" (1966b, p. 190). Mas falar de desrazão é ainda uma forma de atribuir um nome estranho à negatividade; é localizá-la em um "alhures". Desse ponto de vista, ainda acabamos por nos extraviar. Na realidade (etapa representada por *O nascimento da clínica* e *As palavras e as coisas*), esse *outro* é verdade *interna*: a morte. Assim, a obra inteira giraria em torno da frase que, à maneira de um indicativo, serve de abertura a *O nascimento da clínica*: "Neste livro, vamos abordar o espaço, a linguagem e a morte" (1963a, p.V). A linguagem e os espaços epistemológicos da percepção remetem constantemente à inscrição fixada na entrada: "Aqui, aborda-se a morte." Uma ausência – que é, talvez, o sentido – é acuada, descoberta, exatamente em uma situação inesperada, na própria racionalidade.

A seriedade desse pensamento deve-se à impossibilidade de dissociar nele a análise espectral da história cultural e a revelação do obscuro raio que se difrata aí. O discurso filosófico anuncia, no sentido mais físico e fundamental, uma "inquietação da linguagem", uma incerteza que remonta das mobilidades subterrâneas e se insinua na coesão de nossas evidências. A afirmação própria a uma cultura é-lhe remetida como uma indagação aberta; qualquer discurso tem sua lei na morte, "a bela terra inocente sob a grama das palavras" (1963a, p. 199).

Para situá-la, conviria indicar, em primeiro lugar, a intenção geral de uma obra que se apresenta como a história – e a renovação – das ideias, nos últimos quatro séculos, na Europa Ocidental. O pensamento é novo, embora esteja ainda à procura de si mesmo; imperialista, sem ter conseguido definir exatamente sua ambição e suas conquistas; e, na maior parte das vezes, impreciso exatamente no aspecto em que é o mais incisivo.[49] Aliás, é necessário constatar o seguinte: as críticas desenvolvem-se, de forma prudente, neste terreno ainda indeciso, quando, afinal, pretendem cobri-lo com elogios. Tal postura deve-se, sem dúvida, igualmente à gravidade das questões que nos são formuladas e à maneira como elas nos são explicadas. Em vez de proceder a análises históricas de Foucault, vou deter-me em algumas dessas questões de método e de fundo.

Do comentário à "análise estrutural"

A obra de Foucault parece ter surgido de uma irritação ou do tédio: a monotonia do comentário. O historiador das ideias dá

---

[49] O livro *L'archéologie du savoir* (1969) é, precisamente, dedicado aos problemas de método suscitados pela "arqueologia" das ciências humanas (1966a, p. 13, nota 1).

a impressão de ser incapaz de fazer algo diferente. O comentário "questiona o discurso a respeito do que ele diz e teve a pretensão de fazer" (1963a, p. XII). Ele supõe sempre que há "um resto necessariamente não formulado do pensamento que a linguagem deixou na sombra"; e, também, inversamente, que o formulado traz em seu bojo, como adormecido, um conteúdo que ainda não foi pensado (p. XII). Passando constantemente desse excesso do pensamento sobre sua linguagem ao da linguagem sobre o pensamento, o comentário "traduz" em novas formulações o "resto" do significado ou o "resíduo" latente no significante. Tarefa indefinida porque, em cada situação, ocorre já o que se pretende encontrar nessa reserva ilimitada de "intenções" soterradas sob as palavras e nesse inesgotável capital de palavras mais fecundas que os pensamentos que as reuniam. Não será o postulado de uma história das ciências, de uma filosofia da história ou de uma exegese teológica? Elas conhecem, de antemão, a realidade que "descobrem", oculta em uma linguagem mitológica ou ingênua do passado. Às expressões *ou* às ideias de outrora, presta-se uma riqueza que destrói sua articulação mútua e desata o nó entre significante e significado. A relação com o comentador é, aqui, o essencial: o tesouro oculto no passado avalia-se, finalmente, pelos pensamentos do intérprete; o implícito de um é definido pelo explícito do outro.

Em vez disso, Foucault propõe um trabalho de outro tipo: "uma análise estrutural do significado que viesse a escapar à fatalidade do comentário, deixando significado e significante em sua adequação de origem" (1963a, p. XIII). A inteligência de uma proposição não remeterá a uma exegese que reduza a relação entre o texto e o comentarista a uma tautologia. Em função de uma "adequação" histórica entre a linguagem e o pensamento (adequação que define o texto), a explicação valorizará as relações que articulam essa proposição "a partir dos outros enunciados reais e possíveis que lhe são contemporâneos" e estabelecem sua oposição a outros "na série linear do tempo" (p. XIII).

Em vez de identificar o pensamento com outros — anteriores (as "influências") ou posteriores (os nossos) —, em vez de supor um *continuum* mental sobre o qual viessem a desdobrar-se *semelhanças* e que autorizasse a explicitar o não formulado ou o não pensado, a interpretação transforma as *diferenças* no elemento de seu rigor e no princípio de suas distinções. De seu rigor: em termos de *relações* (e não mais como oculto-revelado) é que um sentido deve ser procurado; entre proposições, textos ou instituições, assim como entre as palavras de uma linguagem, as relações estabeleceram – e são as únicas que podem explicar – o valor atribuído a cada um de seus termos. Uma *organização do sentido* deve ser encontrada, tendo determinado significações e servindo de referência para cada elemento, ao remeter aos outros. Sob este viés, oferece-se uma "razão" que, na realidade, é um modo de ser significado pelo sistema das palavras. Uma ordem aparece: a das "estruturas".

O que abre à crítica a possibilidade de um rigor é, também, o princípio de distinções radicais. De fato, à medida que a análise das relações e das interferências permite constatar (por exemplo, no século XVIII, a propósito das instituições e das ideias sobre a loucura) que "esse sistema de contradições refere-se a uma coerência oculta" (1961, p. 624), à medida que converge, assim, para uma "estrutura histórica" (a "estrutura da experiência que uma cultura pode fazer da loucura"; p. 478, nota 1), ela constata também que essa coerência constitui, na história, um bloco homogêneo, embora limitado. Existem regiões de coerência e, de uma para a outra, passagens bruscas.

Clássica na área da história, a noção de *periodicidade* é, aqui, aprofundada na noção de uma *descontinuidade* entre blocos mentais. Tal deslocamento refere-se, aliás, a uma situação global da consciência; em cinquenta anos, ela inverteu-se. Outrora, a periodicidade elaborava-se na perspectiva de um progresso, cujas etapas sucessivas tendiam a confirmar a garantia de uma posição terminal; partia-se de uma certeza presente, a partir da qual se descortinava a vinda a si de uma verdade, daí em diante conhecida mas lentamente desvencilhada das ilusões e dos erros que a encobriam. Atualmente, Foucault estabelece seu pensamento no clima de uma coexistência entre culturas heterogêneas ou entre experiências irredutivelmente isoladas pelas simbolizações primitivas do sujeito (o papel da etnologia e da psicanálise é, aqui, fundamental; cf. 1966a, p. 385-398).

Portanto, ele é levado a desvendar, sob a continuidade da história, uma descontinuidade ainda mais radical que a heteronomia constatável sob a fictícia homogeneidade de nosso tempo. Sua lucidez sobre a ambiguidade de uma monocultura universal ou de uma comunicação completamente afetiva chama sua atenção sobre o equívoco da continuidade histórica. Desse modo, a novidade brutal do presente encontra-se não só reconhecida, mas também importunada: atrás de si, ela tem o vazio da diferença. As falhas do tempo já não autorizam o pensamento atual a alimentar a crença de que é a verdade do que precedeu; ele deixou de dispor desse repouso e desse recurso. Portanto, ele conhece um novo risco sem garantias. O heterogêneo é, para cada cultura, o sinal de sua fragilidade e, ao mesmo tempo, de sua coerência própria. Qualquer sistema cultural implica uma aposta que se impõe a todos os seus membros, embora nenhum deles seja responsável por isso. Com "um modo de ser da ordem", ele define uma forma de enfrentar a morte.[50]

"Um modo de ser da ordem": eis uma fórmula forjada por Foucault (1966a, p. 12-13). Que se deve entender por essa frase? Qual é o estatuto dessas "estruturas históricas"? Aqui, Foucault não chega a defini-las, mas empenha-se somente a fazer seu "relato" (p. 13), como teria sido tentado pelo etnólogo em relação a sociedades longínquas. No entanto, sua descrição já deve fornecer indicações sobre o objeto de sua análise. Ele oferece ao leitor, de fato, "um estudo que se esforça por saber *a partir de que aspecto* foi possível elaborar conhecimentos e teorias": "o que se pretende revelar é o campo epistemológico, a *episteme* em que os conhecimentos, considerados fora de qualquer critério que se refira a seu valor racional ou a suas formas objetivas, enraízam sua positividade e, assim, manifestam uma história que não é a de sua crescente perfeição, mas, de preferência, a de suas condições de possibilidade".

Para compreender o problema e seu objeto, deve-se voltar à sua percepção inicial. Trata-se de uma surpresa. No preâmbulo de

---

[50] Neste aspecto, a crítica sartriana não poderia ser aceita sem distinções (ver L'ARC, 1966, p. 87). "Recusa da história?": a resposta é afirmativa, se entendermos por essa expressão a recusa de explicar como se faz a história e como surgem os sistemas; e é negativa, porque cada sistema implica novas tarefas e novos riscos.

seu livro, um texto de Borges exprime o que foi para Foucault, e o que pode ser para outros, esse deslumbramento. Tal texto cita "certa enciclopédia chinesa" em que está escrito que

> [...] os animais dividem-se em: a) pertencentes ao Imperador, b) embalsamados, c) domesticados, d) leitões, e) sereias, f) fabulosos, g) cães em liberdade, h) incluídos na presente classificação, i) que se agitam como loucos, j) inumeráveis, k) desenhados com um pincel bastante fino de pêlos de camelo, l) *et cœtera*, m) que acabam de quebrar a moringa, n) que, de longe, parecem moscas (1966a, p. 7).

"No encantamento dessa taxinomia", acrescenta Foucault, "o que se identifica de repente, o que, graças ao apólogo, nos é indicado como o charme exótico de outro pensamento, é o limite do nosso: a pura impossibilidade de pensar *isso*".

Um indício, nada mais. No entanto, por seu intermédio, é a referência a outra ordem, a outro "mundo da ordem", que se oferece a nosso pensamento como aquilo que o desconcerta e lhe causa deslumbramento. O aberrante é o primeiro sinal de outro mundo; e se ele aguça a curiosidade ávida de escapar à sua própria problemática é ainda com a preocupação de apreender "os códigos fundamentais de uma cultura" *diferente* e de reencontrar, além da surpresa, um princípio de ordem. A heteronomia é, ao mesmo tempo, o estimulante e o inadmissível; é a ferida de um racionalismo. Há, portanto, um duplo estágio no procedimento: por um lado, a apreensão de um *sistema* que é *diferente*; e, por outro, a exigência de uma implantação recíproca de sistemas considerados como "modos de ser diferentes da ordem".

O marginal remete a uma estrutura essencial ou a um "quadro" sobre o qual se inscrevem e se coordenam analogias ou oposições, para nós, impensáveis. Como a parte emergente de um iceberg, a exceção rara, uma instituição, uma teoria implicam uma coerência não situada no nível das ideias e das palavras, mas "abaixo". Ela nos convida a nos questionar "em que tabela", "em que espaço de identidades, de similitudes e de analogias" se distribui, fora de nós, um tão grande número de coisas diferentes e semelhantes. Assim, eis o que ocorre com o confinamento dos loucos ou, ainda, com uma concepção da gramática no século XVII.

Ao aprendermos a discernir que, outrora, ciências foram constituídas, experiências foram objeto de reflexão e racionalidades formaram-se em função de um "*a priori* histórico" diferente do nosso; ao constatarmos que "a ordem a partir da qual pensamos tem um modo de ser diferente da ordem dos clássicos", nós mesmos somos modificados por essa descoberta. A relação com outrem, alterada pela percepção desse desnivelamento cultural, transforma nossa relação conosco mesmos. O chão de nossas seguranças movimenta-se à medida que se desvela o fato de deixar de ser possível *pensar* um pensamento de outrora.

A surpresa que questiona nosso *a priori* exprime-se, na "narrativa", pelo esforço no sentido de localizar as falhas a partir dos sistemas que se precipitam aí ou se inauguram nessas fronteiras. A datação de Foucault não é, de modo algum, original: passagem do século XVI para o século XVII, final do século XVIII, meados do século XX. No entanto, ela tem um caráter próprio devido à exigência que a surpresa desconcerta. A um pensamento preocupado em identificar uma *coerência*, a falha apresenta-se como um *acontecimento*, embora seja um "acontecimento de baixo" (1966a, p. 251): mais fundamental que a continuidade constatável no "movimento de superfície", ocorre uma "brusca" modificação (Foucault insiste sobre essa subitaneidade) que pode ser uma "defasagem ínfima, mas absolutamente essencial" e "faz oscilar o pensamento ocidental por inteiro". Assim, "às vezes, em alguns anos, uma cultura cessa de pensar como ela havia feito até então, começando a pensar outra coisa e de maneira diferente" (p. 64). Algo de fundamental produz-se de que existem, identificáveis, sinais precursores ou consequências, mas que permanece, finalmente, inexplicável,[51] "uma erosão oriunda de fora". Uma alteração marca o fim de um "sistema de simultaneidade" e o começo de outro. As mesmas palavras e ideias são, às vezes, reutilizadas, mas deixam de ter o mesmo sentido, de serem pensadas e organizadas da mesma maneira. Esse é um "fato" em que esbarra o projeto de uma interpretação englobante e unitária.

---

[51] Mas, talvez, trata-se simplesmente daquilo que o próprio Foucault é incapaz de explicar, ou não se preocupa em fazê-lo.

As descontinuidades da razão

As fendas que trincam e, finalmente, recortam as culturas situam-se no "nível" em que a análise reconheceu um "sistema de simultaneidade" que organiza a múltipla variedade dos signos culturais. Daí surge o problema: qual é a validade, a natureza desse "nível" caracterizado como o do "subsolo" ou do "soclo epistemológico"? Como único elemento de resposta, temos a maneira como as estruturas aparecem na narrativa de Foucault; deste modo, porém, encontra-se atenuado o fato de que esse "nível" é definido por um método ou de que a narrativa descreve, também, um processo de pesquisa. Há reciprocidade entre a técnica de análise e, por outro lado, uma ordem dos fatos necessariamente proporcionada aos instrumentos adotados por determinado sistema de interpretação. Assim, as cesuras da história estariam colocadas precisamente onde se detém a explicação estruturalista do historiador.

Que a interferência entre seu método e seus resultados não seja elucidada por Foucault – ou, de preferência, que esse problema seja transferido para o alhures de um "próximo livro" –, eis o que explica o incômodo do leitor. No entanto, sem deixar de lamentar semelhante discrição sobre um ponto central que, sem dúvida, teria levado Foucault a situar-se na história pelo fato de ler aí, à sua maneira, os avatares da razão, convém reconhecer que a questão é formulada por toda parte – aliás, como já havíamos constatado. Ela ressurge aqui. Um problema de *datação*, durante muito tempo classificado entre os dados da investigação histórica, torna-se um problema epistemológico que se apresenta sob duas formas equivalentes: qual a razão dessas alterações da ordem constitutiva de uma cultura? Qual a razão dessas interrupções no desenvolvimento da explicação? Certamente, no momento em que a cronologia assume a significação de um discurso filosófico, pode-se questionar se Foucault não teria adotado simplesmente, mas para transformá-lo no corpo da história, o figurino já talhado, segundo critérios diferentes dos seus, pelos próprios historiadores, cujo método é criticado, com toda a razão, por ele. Mas, deste ponto de vista, as análises elaboradas em *História da loucura* e *O nascimento da clínica* são aptas a responder acerca de seu desígnio por mostrarem, com uma notável precisão, o modo como o revestimento da datação engaja toda a espessura da realidade.

A razão é, portanto, questionada por sua história. Uma heterogeneidade destrói sua identidade com ela mesma e é manifestada pela sucessão dos "modos de ser" da ordem, figuras não progressivas, mas descontínuas. Se Foucault tivesse definido o que *são* os "subsolos", ele poderia referir-se a um continente e superar a heteronomia das "razões" históricas, fazendo apelo a uma razão que as inclui a todas;[52] ora, eis o que, precisamente, segundo sua afirmação, é impossível. Assim, resta-lhe recorrer a um "relato" em que se apresentam, de maneira idêntica, dois problemas: o da ordem e o do método. Nos termos de um rigor *técnico* (vamos designá-lo, a despeito de Foucault, como a história das ideias), ele formula *filosoficamente* uma questão, hoje em dia, "fundamental" (termo apreciado por ele): a possibilidade da verdade. Qualquer filosofia – e, *a fortiori*, qualquer fé – depara-se com tal problemática e, talvez (esse é o aspecto a debater), consegue contorná-la.

Os equívocos da continuidade: a "arqueologia"

A análise de Foucault é demasiado perspicaz para deixar de apreender uma continuidade através das metamorfoses e reestruturações que caracterizam cada período epistemológico. *As palavras e as coisas* traz como subtítulo "uma arqueologia das ciências humanas", anunciando já o movimento que, de acordo com o livro, conduziu o pensamento ocidental da época clássica à formação das ciências humanas, por intermédio dos três modelos (próprios ao século XIX) da biologia, da economia e da filologia – raízes da psicologia, da sociologia e da linguística –, e que conduz atualmente, a contestação dessas ciências pela história, pela etnologia e pela psicanálise. No sentido analítico do termo, cenas primitivas habitam e determinam o desenvolvimento; sob os deslocamentos culturais, sobrevivem feridas originais e disposições organizadoras discerníveis nos pensamentos que as haviam esquecido.

---

[52] Essa referência unitária aparece, no entanto, com a noção, precariamente definida, de "positividade".

A evolução constitui, portanto, certamente uma "sequência". À maneira de Pascal, Foucault faz ver a continuidade precisamente onde era afirmada a ruptura, do mesmo modo que ele designava, há pouco, uma descontinuidade que destruía a homogeneidade de um devir da ciência. No entanto, tal continuidade é indissociável do equívoco; ela é o que persiste à revelia da consciência e sob a forma de impostura. As reminiscências de tipos diversos, detectados pela análise, traduzem-se por um embuste.

Em um primeiro nível, verifica-se uma permanência de superfície: aquela que, apesar dos deslizes do subsolo, mantém uma relação de identidade entre as palavras, os conceitos ou os temas simbólicos. Um exemplo simples: nos séculos XVII, XVIII e XIX, fala-se de "louco", mas, na realidade, nessas diferentes épocas, "não se trata da *mesma* doença" (1961, p. 259). Na exegese e na teologia ocorre algo semelhante ao que se passa na medicina: as mesmas palavras não designam as mesmas coisas. Ideias, temáticas e classificações subsistem, passando de um universo mental para outro; no entanto, em cada situação, elas são afetadas pelas estruturas que as organizam e lhes atribuem uma significação diferente. Os mesmos objetos mentais "funcionam" de maneira diferente.

Há uma persistência, cuja forma é inversa. Na história das ideias, aparecem novas noções que parecem assinalar uma estrutura de outro tipo. Na realidade, trata-se aí de categorias pouco consistentes que, em vez de determinarem o conteúdo de tais noções, limitam-se a encobri-lo: noções aptas a englobar as contradições, significantes flutuantes nos quais sobrevivem medos ou ópticas precedentes. Assim, o medo que, no século XVI, mantinha isolado o louco por receio de um contágio diabólico, adota, no século XVIII, uma linguagem utilizada na área da medicina e ressurge nas precauções tomadas contra o ar contaminado dos hospitais (1961, p. 431).

De maneira mais global, cada região histórica da *episteme* é o lugar de uma reestruturação dirigida (embora não mais organizada) pelas estruturas elaboradas na época anterior. Foucault procede a tal demonstração, por exemplo, a propósito da psicanálise: a família – cujo prestígio, no final do século XVIII, assume ascendência em relação aos indivíduos de minoridade e fornece uma antítese mítica ao "meio" social (corruptor da natureza) – prepara a execução desse atentado contra o pai em que Freud reconhece o destino da cultura ocidental inteira (e, talvez, de toda a civilização) quando, afinal, ele limita-se a extrair da linguagem uma sedimentação depositada na consciência, no decorrer do século precedente, assim como detecta e desenterra nas palavras o que acaba de ser incluído nelas "pelo mito de uma desalienação na pureza patriarcal e por uma situação realmente alienante em um asilo constituído de acordo com o modelo familiar" (1961, p. 588-589). O sentimento de culpa ressurge, igualmente, na linguagem freudiana, mas pelo fato de ele ter sido introduzido nela com a substituição da coação por uma técnica de *confissão* nos asilos filantrópicos do final do século XVIII (p. 596-597). Do mesmo modo, a valorização (datável, também, no século XVIII) do par médico-paciente e a concentração da terapêutica na personagem do médico inauguram, à revelia dos inventores, a desmistificação por Freud de todas as outras estruturas asilares e o fortalecimento (esquecido de suas origens) da posição atribuída ao analista que, tendo-se esquivado por trás do paciente, vai julgá-lo, gratificá-lo, frustrá-lo, e torna-se, simultaneamente, segundo Foucault, a "chave" e a "figura alienante" da relação terapêutica (p. 608-612).

Contrariamente às intenções que haviam orientado a elaboração de uma fórmula, esquecida por aqueles que a retomam de forma diferente, a continuidade é dirigida pelo equívoco; apesar de real, ela é vivenciada segundo o modelo dos contrassensos, entre a época da hermenêutica (século XVI), a da "representação" (séculos XVII-XVIII), a do positivismo ou de uma objetivação do "interior" (século XIX) e o tempo presente. Aqui, em vez de uma relação da ilusão com a verdade (como pretendia fazer acreditar a mitologia do progresso), porque a impostura é recíproca, trata-se de uma relação de outro com outro. A incerteza própria ao intercâmbio entre culturas, ou à sua sucessão, não anula a realidade de uma relação, mas ela designa sua natureza. A ambiguidade da comunicação remete a uma "inquietação" que estabelece a continuidade da história e a descontinuidade de seus sistemas: a diferença.

De fato, a *diferença* é que talha na homogeneidade da linguagem as cesuras do isolamento e que, inversamente, abre em cada sistema as vias de um outro. A instabilidade interna dos ciclos e a ambiguidade de suas relações não são dois problemas. Sob essas duas formas, como relação ao outro e como relação a si, um incessante confronto trabalha a história, legível nas rupturas que fazem oscilar os sistemas, assim como nas coerências que tendem a recalcar uma alteração interna. Há continuidade *e* descontinuidade, ambas ilusórias: de fato, a partir do "modo de ser da ordem" que lhe é próprio, cada tempo epistemológico traz *em seu bojo* uma alteridade que toda representação procura reabsorver, objetivando-a, mas sempre incapaz de sufocar seu obscuro trabalho e de se prevenir contra seu veneno mortal.

O pensamento do exterior

Quem se limita à continuidade julga escapar à morte, apoiando-se na ficção de uma permanência real. Quem fica confinado na solidez de sistemas descontínuos acredita ser possível situar a morte como um problema externo, localizável no absurdo acontecimento que põe termo a uma ordem; ele evita a questão formulada já por essa mesma ordem e que, em primeiro lugar, surge sob a figura de um "limite" interno – no século XVI, o de um modo diferente, divino ou demoníaco; no século XVII, o do "não ser" bestial ou imaginário; e, no século XIX, o de uma dimensão "interior" (o passado, a força ou o sonho).

Uma finitude interna contesta as estruturações que tentam superá-la e em que se desenvolve a defesa do Mesmo, ou seja, da identidade consigo mesmo. A alteridade reaparece sempre e, fundamentalmente, na própria natureza da linguagem. Uma verdade é dita pela organização de uma cultura que escapa àqueles que são seus colaboradores. Certas relações predeterminam os sujeitos, levando-os a significar algo diferente do que eles julgam exprimir ou conter. Ser falado à sua revelia é estar morto sem saber disso; é anunciar a morte ao acreditar que se triunfa sobre ela, é confessar o contrário do que se afirma. Tal é a lei descoberta pelo historiador desde o momento em que deve estabelecer a distinção entre a linguagem e as intenções conscientes. "A presença da lei", diz ele a propósito de Blanchot, "é sua dissimulação" (1966b, p. 534). Em vez de ser apenas um fato terminal, ao termo de uma cultura a alienação é sua norma interna e a relativização de qualquer consciência individual. A evidência do "eu sou" é, portanto, colocada em perigo por sua própria linguagem, ou seja, por "esse exterior em que desaparece o sujeito que fala" (p. 525). Qualquer pensamento tem sua verdade em um "pensamento do exterior".

Em relação a esse "pensamento do exterior", "pode-se perfeitamente supor que ele seja oriundo do pensamento místico que, desde os textos do Pseudo-Dionísio, perambulou nos confins do cristianismo; talvez ele se tenha mantido, durante um milênio ou quase, sob as formas de uma teologia negativa" (1966b, p. 526). Ocasional, a referência sugere o tipo de problema do qual Foucault se faz o intérprete. Ele o vê atualizado no momento em que "Sade deixa falar, como lei sem lei do mundo, apenas a nudez do desejo" (p. 526): o sadismo, "fato cultural maciço que apareceu, precisamente, no final do século XVIII", está associado à época "em que a desrazão, confinada há mais de um século e reduzida ao silêncio, reaparece, não mais como figura do mundo, nem como imagem, mas como discurso e desejo" (1961, p. 437).

A morte só aparece mediante a rede coerente da razão, a posição do homem na linguagem ou a mutação das linguagens. Ela não é um fenômeno da história nem um fato particular e, portanto, localizável. Nem tampouco, aqui, a afirmação intempestiva de um autor que, subitamente, tivesse feito irrupção na filosofia reflexiva para destruir o sossegado aparato da consciência e plantar aí seu estandarte negro. Foucault anuncia o fim não do homem, mas de uma concepção do homem que, pelo positivismo das "ciências humanas" (a "recusa de um pensamento negativo"; p. 233), pensava ter resolvido o problema sempre remanescente da morte. Pelo fato de que cada sistema encontra sua ruína na ilusão de ter superado a diferença, a questão formula-se, atualmente, a partir dessa alienação na linguagem, assim como (mas é a mesma coisa) a partir dos desmoronamentos sucessivos. "O fato de que somos, antes de pronunciar a mais insignificante de nossas falas, já dominados e assombrados pela linguagem" (1966a, p. 311), eis o que orienta a busca do sentido para "essa região em que perambula a morte"

(p. 395), para a literatura em que se verifica a coincidência entre a lei do discurso e "a absoluta dispersão do homem" (p. 397).

Assim, a propósito de obras literárias é que Foucault desvela mais claramente a ausência radical que "se escava no signo que ela faz para que se avance em sua direção como se fosse possível alcançá-la" (1966b, p. 531). Ela fala no "eu". Não só, como pensava Mallarmé e como volta a ser dito pela nova literatura, "a palavra é a inexistência manifesta do que ela designa", mas o ser da linguagem é o visível apagamento de quem fala. Uma expectativa nunca objetivável é dirigida para o nada que a habita; além disso, "o objeto que viesse a preenchê-la seria capaz tão somente de apagá-la" (p. 544). Bem antes de seus locutores, a linguagem está à espera de Godot.

Questões abertas

Outrora, sob a comicidade de suas memoráveis aventuras, *O Gato Félix* era mostrado em uma situação análoga àquela que nos é descrita aqui. Ele avança com rapidez. De repente, apercebe-se – e o espectador também – que lhe falta o chão: durante um instante, ele deixou a borda da falésia que seguia. *Somente, então,* ele cai no vácuo. Talvez haja aí motivo para evocar o problema e a percepção de que o livro de Foucault é a testemunha.

A queda é apenas o aspecto secundário de uma constatação: o sumiço do chão em que, de acordo com nossa crença, servia de suporte à nossa caminhada e ao nosso pensamento. Tal situação conduz a reflexão à necessidade de "deixar falar" o que se exprime como homem, sem poder confiar-se, daí em diante, no crédito que se atribuía à consciência, nem aos objetos que haviam sido criados por uma organização do conhecimento. Apresenta-se um novo universo do pensamento; ele pode ter o caráter de uma catástrofe, mas só para quem se limita a andar sobre o antigo "soclo epistemológico". Enquanto o "eu" ["*je*"] ocupava, outrora, "a posição do rei" na rede das representações, é a linguagem que diz agora, tomando-lhe a dianteira, sua verdade; enquanto o ego [*moi*] estava posicionado como o centro invisível do mundo conhecido, a linguagem foi reintroduzida nas relações da percepção e inscreve-se somente como um dos termos definidos por uma combinatória subjacente e fundamental; enquanto a continuidade era a garantia, assim como o *a priori* de um sistema, é a partir da descontinuidade que se formulam, atualmente, um novo risco e um novo problema.

Para indicar essa mutação, Foucault tem a acuidade premente do *Doutor Fantástico*[53]: ele anuncia a nova era com análises que hão de perdurar, mas seu discurso deixa pendentes as questões abertas por ele. O profeta dessa *episteme* será seu filósofo? Com efeito, quem é ele para saber o que ninguém sabe, o que inúmeras reflexões haviam, outrora, "esquecido" ou, atualmente, ignoram a respeito de si mesmas? Ele se apresenta como o onipresente (já que todas as heteronomias da história formam o único relato de seu pensamento), mas é também o ausente (já que ele não se situa em parte alguma). Sua obra pretende dizer a verdade das linguagens, mas esta verdade não se estabelece em relação a qualquer limite e, portanto, a qualquer compromisso do autor. Dessas linguagens, as rupturas são finalmente superadas pela lucidez de seu olhar universal. Ou, dito por outras palavras, falar da morte que serve de fundamento a qualquer linguagem ainda não é enfrentar, mas talvez evitar, a morte que atinge esse mesmo discurso.

A seu respeito, pode-se, portanto, formular uma dupla questão. Em primeiro lugar, que tipo de história é objeto da análise de Foucault? Deste ponto de vista, os historiadores tomam a palavra e podem contestar uma leitura que procede à escolha do real, fixa ela própria o significativo e retira-se nas espessuras da história quando a superfície lhe oferece resistência.[54] Por outro lado, a determinação filosófica do estatuto do discurso, a elucidação da relação entre sua particularidade e seu projeto (na obra de Foucault, quem fala e de que lugar?), a elaboração das noções que ele utiliza (soclo, subsolo,

---

[53] N.T.: Personagem do filme de Stanley Kubrick – *Dr. Strangelove or: How I Learned to Stop Worrying and Love the Bomb* (1964) – considerado como uma obra-prima do humor negro; em Portugal, foi lançado com o título de *Doutor Estranhoamor*.

[54] Nessa história das mentalidades, convém observar, igualmente, a quase ausência das ciências religiosas que, apesar disso, não deixaram de desempenhar um papel considerável, em particular, na elaboração da *episteme* própria à época "clássica".

positividade, etc.) definem o terreno em que a prestigiosa "narrativa" deve metamorfosear-se em filosofia.[55]

Uma obra aberta está aí, fundamental e problemática, desmistificadora e ainda mítica. Mefistófeles acabará por tornar-se Fausto? Por enquanto, ele fascina uns, inquieta outros, suscitando interpretações contraditórias por ter evocado,

> por debaixo da representação, uma imensa extensão de sombra que tentamos, agora, retomar em conformidade com nossas possibilidades, em nosso discurso, em nossa liberdade e em nossa reflexão. No entanto, nossa reflexão é de tal modo tacanha, nossa liberdade tão submissa e nosso discurso tão monótono que temos de levar em consideração que, no fundo, essa sombra de baixo é um óbice de todo o tamanho (FOUCAULT, 1966a, p. 524).

---

[55] Por exemplo, não conviria questionar-se sobre a natureza do postulado metodológico (que é o *a priori* de Foucault) segundo o qual a *episteme* é sistema e condição anistórica da história?

CAPÍTULO VI

Microtécnicas e discurso panóptico: um quiproquó[56]

Em seu livro *Surveiller et punir* (1975),[57] Michel Foucault examina como se organiza a "vigilância" penal, escolar e médica no início do século XIX. Ele multiplica sinônimos e evocações em seu esforço para nomear os agentes silenciosos de sua história (como se eles escapassem a qualquer identidade verbal): "aparelhos", "instrumentos", "técnicas", "mecanismos", "máquinas", etc. Tal incerteza, tal instabilidade da terminologia é, por si só, sugestiva. No entanto, a história de base que constitui o tema do livro – enorme quiproquó, escambo sócio-histórico – postula uma dicotomia fundamental entre ideologias e procedimentos técnicos, além de preparar o mapa de suas evoluções e interseções respectivas. De fato, Foucault procede à análise de um quiasma: de que modo o lugar ocupado, no final do século XVIII, pelos projetos humanitários e reformistas é, em seguida, colonizado, "vampirizado" por esses procedimentos disciplinares que, posteriormente, empreenderam a organização, cada vez mais meticulosa, do próprio espaço social. Esse romance policial relata uma história de substituição de cadáveres, um tipo de intercâmbio que teria sido apreciado por Freud.

Como ocorre sempre com Foucault, o drama representa-se entre duas forças, cujas relações, por uma astúcia da história, vão

---

[56] Original em inglês: *Micro-Techniques and Panoptic Discourse: A Quid Prod Quo*, 1982. A versão francesa – *Microtechniques et discours panoptique: un quiproquo* – foi elaborada por Luce Giard; cf., neste livro, p. 40.
[57] Para uma análise dos trabalhos precedentes de Foucault, ver o cap. V.

inverter-se. Por um lado, há a ideologia do Século das Luzes com seu tratamento revolucionário dos problemas de justiça penal. Os projetos reformistas do século XVIII pretendem, essencialmente, acabar com a ordália do Antigo Regime, com sua ritualização sangrenta de um corpo a corpo que visava dramatizar o triunfo do rei em relação aos criminosos, cujo crime era sobrecarregado com um valor simbólico particular. Esses projetos implicavam um sistema igualitário de penas, com gradação proporcional ao crime cometido, e valor educativo tanto para o criminoso como para a própria sociedade.

Mas, na realidade, os procedimentos disciplinares em uso nas forças armadas e na escola acabam, rapidamente, por prevalecer em relação ao aparelho judicial, amplo e complexo, elaborado pelo Iluminismo; as novas técnicas são refinadas e aplicadas sem recurso a uma ideologia manifesta. O desenvolvimento do quadriculamento em células [*quadrillage cellulaire*] (para o aluno, soldado, operário, criminoso ou paciente) transforma o próprio espaço em instrumento utilizável para impor a disciplina, programar e manter sob vigilância qualquer grupo social. Em tais procedimentos, o refinamento da tecnologia e a atenção prestada a detalhes minúsculos prevalecem em relação à teoria e conduzem a universalizar uma maneira uniforme e única de punir, a própria prisão, que solapa do interior as instituições revolucionárias do Século das Luzes e, por toda parte, introduz a penitenciária em lugar da justiça penal.

Foucault estabelece a distinção, assim, entre dois sistemas heterogêneos. Ao descrever o triunfo de uma tecnologia política dos corpos sobre um sistema elaborado de doutrinas, ele não se limita a esse aspecto: em sua descrição da instituição e da proliferação dessa particular "instrumentalidade menor" – ou seja, o quadriculamento penal [*quadrillage penal*] –, ele tenta também elucidar os funcionamentos desse tipo de poder opaco que não é a propriedade de algum sujeito individual, não ocupa um lugar privilegiado, não possui superiores nem inferiores, nem tampouco é repressivo ou dogmático em sua ação, e que possui uma eficácia quase autônoma, além de funcionar graças à sua capacidade de distribuir, classificar, analisar e individualizar, no espaço, qualquer objeto dado. Uma máquina perfeita. Através de uma verdadeira série de quadros clínicos, magnificamente "panópticos", Foucault empenha-se em designar e classificar as "regras de método", as "condições de funcionamento", as "técnicas" e os "procedimentos", os diferentes "mecanismos", "operações", "princípios" e "elementos" que constituiriam algo como uma "microfísica do poder". Seu texto apresenta os segredos de toda essa parafernália em uma exposição cuja função é dupla: 1. estabelecer o esquema de um estrato particular de práticas não verbais; 2. assentar os alicerces de um discurso relacionado com semelhantes práticas.

Natureza e análise das microtécnicas

Como descrever tais práticas? Por uma estratégia bem característica, Foucault isola *o gesto que organiza o espaço discursivo*: não, como ocorre em sua *História da loucura*, o gesto epistemológico e social de confinar um louco a fim de criar o espaço da razão, mas um gesto minúsculo, reproduzido por toda parte, que recorta o espaço visível a fim de que os habitantes sejam submetidos à vigilância. Os processos que repetem, amplificam e aperfeiçoam tal gesto, organizam, por sua vez, o discurso batizado, em seguida, com o nome de "ciências humanas" (*Geisteswissenschaften*). Assim, na ideia de Foucault, os processos do século XVIII – que constituem um *gesto não verbal* – foram privilegiados (por razões históricas e sociais) e, em seguida, articulados pelo discurso das ciências sociais contemporâneas.

As novas perspectivas (ver, em particular, DELEUZE, 1975; MORALES, 1975; WHITE, 1979), abertas por essa análise, poderiam ser, também, prolongadas por uma verdadeira estilística, um método de análise do gesto não verbal que organiza o texto do pensamento; mas, aqui, esse não é o meu intuito. De preferência, eu gostaria de formular diferentes questões relativas a tais práticas.

1. Em sua "arqueologia das ciências humanas" (seu projeto explícito desde a publicação do livro *As palavras e as coisas*) e em sua busca da "matriz" comum (a "tecnologia do poder") que organizaria, simultaneamente, o código penal (como punir os homens) e as ciências humanas (como conhecê-los), Foucault é levado a fazer uma escolha entre o conjunto dos processos que, nos séculos XVIII e

XIX, formam o tecido da atividade social. Ele começa por examinar um sistema prolífero em seu estado presente (essencialmente, nossa atual tecnologia das ciências ou da justiça) e, em seguida, remonta ao passado. Trata-se de uma operação cirúrgica que consiste em *isolar* o tumor cancerígeno do corpo social inteiro e em *explicar* sua dinâmica contemporânea por meio de sua *gênese* nos dois séculos precedentes. Apoiada em um enorme acervo de materiais históricos (em matéria penal, militar, escolar e da área da medicina), esse método faz sobressair os processos ópticos e panópticos em crescente proliferação na nossa sociedade; assim, ele acabaria por identificar os sinais ocultos de um aparelho cuja estrutura torna-se gradualmente mais precisa, mais complexa e mais bem definida na espessura do tecido ou do corpo social inteiro.

Essa notável "operação" historiográfica suscita, ao mesmo tempo, duas questões distintas: uma sobre o papel decisivo dos *processos tecnológicos* e dos aparelhos para organizar uma sociedade; e a outra sobre o desenvolvimento excepcional ou o estatuto privilegiado de uma categoria *particular* (o panóptico) entre tais aparelhos. Assim, desde então, convirá formular as seguintes questões:

a) Como explicar o *desenvolvimento privilegiado* da série particular constituída pelos aparelhos panópticos de Foucault? Talvez não seja assim tão surpreendente se nos lembrarmos que, desde o século XVI, o sentido da visão desempenhou um papel fundamental na elaboração moderna das ciências, artes e filosofia. Nesse caso, a máquina panóptica seria apenas um efeito histórico dessa onipresença da tradição óptica. Ela representaria a vitória não de uma novidade, mas de um passado: o *triunfo de um sistema antigo* em relação a uma utopia nova, liberal e revolucionária. Um modelo passado de organização retorna e "coloniza" os projetos revolucionários de uma nova época; esse retorno do passado faz sonhar com uma história freudiana.

b) Que teria ocorrido com todas as outras séries de procedimentos que, em seus itinerários mantidos fora de nossa abordagem, não deram origem a uma configuração discursiva específica, nem a uma sistematização tecnológica? Ao lado dos panópticos, existe um grande número de outros procedimentos; seria possível considerá-los como um *imenso reservatório* de sementes ou de vestígios concernentes a desenvolvimentos de reserva.

De qualquer modo, é impossível reduzir o funcionamento de uma sociedade inteira a um tipo dominante e único de procedimento. Trabalhos recentes – Serge Moscovici (1968) sobre a organização urbana; Pierre Legendre (1974) sobre o aparelho jurídico medieval – revelaram a existência de outras espécies de aparelhos tecnológicos que interagem, de maneira análoga, com a ideologia e, durante um período, acabam por ser predominantes, antes de mergulhar no grande armazém dos procedimentos sociais; por sua vez, outros aparelhos acabam por substituí-los na função de dar forma [*"informer"*] a um verdadeiro sistema.

Desse ponto de vista, ao lado de inumeráveis modos de agir, uma sociedade seria, portanto, composta por certo número de práticas que, desenvolvidas de maneira seletiva e exteriorizadas, organizam suas instituições normativas. Tendo permanecido "menores", as outras práticas não organizam o próprio discurso, mas limitam-se a perdurar, conservando as primícias ou os restos de hipóteses institucionais ou científicas que são diferentes em cada sociedade. Além disso, para todos esses procedimentos, elas dispõem da dupla característica, sublinhada por Foucault: serem capazes de organizar o espaço e a linguagem a partir de modelos dominantes ou subordinados.

2. A formação final ou forma "plena" (neste exemplo, trata-se de toda a tecnologia contemporânea de vigilância e disciplina) serve de ponto de partida para a arqueologia de Foucault: assim, explica-se a coerência impressionante das práticas escolhidas por ele. Mas podemos verdadeiramente supor que todos os procedimentos tiveram em si mesmos essa coerência? *A priori*, não. O desenvolvimento excepcional e, até mesmo, canceroso, dos procedimentos panópticos pareceria inseparável de seu *papel histórico* como arma contra práticas heterogêneas e como meio de controlá-las. Assim, a coerência entre elas é o efeito de um sucesso histórico particular, sem ser uma característica de todas as práticas tecnológicas. Semelhantemente, por trás do "monoteísmo" dos procedimentos panópticos dominantes, poderíamos suspeitar da existência e da

sobrevivência de um "politeísmo" de *práticas disseminadas* ou ocultas, dominadas, mas não suprimidas pelo triunfo histórico de uma delas.

3. Qual é o estatuto de um aparelho particular, uma vez que ele se tornou o princípio organizador de uma tecnologia do poder? Que efeito exerce sobre ele o procedimento pelo qual havia sido isolado do resto, privilegiado e transformado em aparelho dominante? Que nova espécie de relação é estabelecida por ele com o conjunto disperso dos outros procedimentos depois que, finalmente, ele foi institucionalizado em sistema penitenciário e científico? Talvez um aparelho assim privilegiado acabe perdendo a eficácia em decorrência, segundo Foucault, de seus próprios avanços técnicos, silenciosos e minúsculos. Emergindo desse estrato obscuro em que nosso autor situa os mecanismos determinantes da sociedade, tal aparelho poderia perfeitamente encontrar-se na posição de uma instituição, por sua vez, colonizada, de maneira imperceptível, por outros procedimentos ainda mais silenciosos. Na realidade, esse sistema de disciplina e vigilância, constituído no século XIX com base em processos anteriores, está, atualmente, em via de se fazer "vampirizar" por outros procedimentos que nos incumbe desvelar.

4. Será que se pode avançar mais longe? No decorrer de sua evolução, os próprios aparelhos de vigilância tornaram-se um objeto de elucidação e uma parte da linguagem mesma de nossa racionalidade. Não será o sinal de que eles deixaram de determinar instituições discursivas? No presente, eles estão sob a alçada de nossa ideologia. Os aparelhos organizadores, cuja explicação pode ser dada pelo discurso, já não preencheriam o papel silencioso de acordo com a definição preconizada por Foucault. Tendo chegado a este ponto (a menos que haja o pressuposto de que, ao analisar as práticas que lhe deram origem, *Vigiar e punir* supera sua própria distinção de base entre "ideologias" e "procedimentos"), devemos procurar o aparelho que, por sua vez, determina o discurso de Foucault, ou seja, um aparelho subterrâneo que, por definição, escapa à elucidação ideológica.

Ao mostrar, a partir de um caso singular, as relações heterogêneas e equívocas entre os aparelhos e as ideologias, Foucault constituiu um novo objeto de estudo histórico: essa região em que procedimentos tecnológicos têm efeitos específicos de poder, obedecem a dinamismos lógicos que lhes são próprios e produzem mudanças fundamentais nas instituições jurídicas e científicas. No entanto, ainda não sabemos como utilizar os outros procedimentos, igualmente infinitesimais, que a história não privilegiou e, apesar disso, continuam a prosperar nos interstícios das tecnologias institucionais. Esse é exatamente o caso dos procedimentos que, de acordo com Foucault, carecem da condição prévia essencial, ou seja, a posse de um lugar ou de um espaço específico próprio em que a máquina panóptica possa funcionar. Tais técnicas – que, apesar de estarem privadas de lugar, não deixam de ser operatórias – são "táticas" retóricas. Creio que, em segredo, elas reorganizam o discurso de Foucault, colonizam seu texto "panóptico" e o transformam em *"trompe-l'œil"* [pintura que, por artifício de perspectiva, visa criar ilusão de objetos reais em relevo].

Microtécnicas de produção de uma ficção panóptica

Alguns problemas acabam por surgir quando a teoria, em vez de ser um discurso sobre outros discursos que a haviam precedido, arrisca-se em domínios não verbais ou pré-verbais em que se encontram apenas práticas sem discurso de acompanhamento. Verifica-se uma brusca mudança; assim, o alicerce – habitualmente tão seguro – disponibilizado pela linguagem faz, então, falta. A operação teórica encontra-se, de repente, na extremidade de seu terreno normal, à semelhança de um veículo que tivesse chegado à beira de uma falésia e, à sua frente, existisse apenas o mar. Foucault trabalha à beira da falésia, tentando inventar um discurso para abordar práticas não discursivas.

Mas podemos considerar as microtécnicas como o que edifica a teoria em vez de serem seu objeto. A questão diz respeito não mais aos procedimentos que organizam vigilância e punição sociais, mas àqueles que produzem o próprio texto de Foucault. De fato, as microtécnicas fornecem não só o conteúdo do discurso, mas também o processo de sua construção.

A. *Receitas para produzir uma teoria.* À semelhança do que ocorre com a culinária, encontramos, aqui, sutis "receitas" para extrair teorias a partir do aspecto mais profundo das práticas. No entanto, do mesmo modo que uma receita é pontuada por imperativos de ação (misture, acrescente o molho, coloque no forno, etc.), assim também a operação teórica pode resumir-se em duas etapas: uma extração e, em seguida, uma reviravolta. Em primeiro lugar, o gesto "etnológico" de isolar algumas práticas para obter um "objeto" científico; em seguida, a transformação lógica desse objeto obscuro em centro luminoso da teoria.

A primeira etapa é um corte: em um tecido sem costura, ele isola um motivo composto por algumas práticas, para constituí-las em um *corpus separado* e distinto, um todo *coerente*, todavia *alheio* ao lugar em que é produzida a teoria. Esse é o caso dos procedimentos panópticos de Foucault, isolados de uma infinidade de outras práticas; eles recebem aí uma forma etnológica. No intervalo, o gênero particular assim isolado é considerado como a metonímia da espécie inteira: uma parte, observável por estar circunscrita, é utilizada para representar a indefinida totalidade das práticas em geral. Evidentemente, essa separação serve para conferir sentido à dinâmica específica de determinada tecnologia. No entanto, trata-se de um "corte" etnológico e metonímico.

Na segunda etapa, a unidade – isolada, deste modo – é invertida: o que era obscuro, não dito e culturalmente alheio torna-se o próprio elemento que ilumina a teoria e serve de suporte para o discurso. Em Foucault, os procedimentos considerados nos sistemas de vigilância na escola, nas forças armadas, nos hospitais, os micro-aparelhos sem técnica discursiva de legitimação, completamente alheios à *Aufklärung*, tudo isso se torna o próprio princípio de ordem que confere sentido à nossa própria sociedade e, ao mesmo tempo, fornece a razão de ser às nossas "ciências humanas". Mediante esses procedimentos – que funcionam à semelhança de um espelho –, Foucault observa todas as coisas e torna-se capaz de elucidá-las; eles permitem que seu discurso se torne, por sua vez, teoricamente panóptico. Essa estranha operação consiste em transformar determinadas práticas afásicas e secretas em eixo central de um discurso teórico e, desse *corpus* noturno, fazer um espelho em que brilha, com todo o esplendor, a razão que decide de nossa história presente.

Em Foucault, essa tática marca a filiação de sua história a uma espécie semelhante à das práticas que ele analisa. Evidentemente, Foucault já havia estudado a determinação do discurso pelos procedimentos no caso das "ciências humanas"; no entanto, sua própria análise denuncia a presença de um aparelho análogo àqueles, cujo funcionamento já havia sido revelado por ela. Em relação à teoria dessas microtécnicas, porém, seria interessante considerar as diferenças entre os processos panópticos, mencionados por Foucault, e o gesto semelhante realizado por sua própria narrativa, isolando um corpo estranho de procedimentos e invertendo seu conteúdo obscuro em fonte luminosa.

B. *Uma arte de elaborar ficções panópticas*. Nesse sentido, a teoria de Foucault faz parte, também, da arte de "fazer pontos": ela não escapa a seu objeto, os microprocedimentos; ela é seu efeito e sua instalação em processos panópticos. Não existe ruptura epistemológica, nem hierárquica, entre o texto teórico e as microtécnicas. Tal continuidade constitui a novidade filosófica do trabalho de Foucault.

É fácil reconhecer, em ação, essa espécie de "arte". Trata-se de uma arte de se exprimir: suspense, citações extraordinárias, elipses de séries quantitativas, amostras metonímicas, etc. Um verdadeiro aparelho retórico é utilizado para seduzir e convencer o público. É também uma arte de aproveitar as oportunidades e de produzir efeito ao cruzar textos de outrora com conjunturas da atualidade. O próprio Foucault qualificou-se como "leitor". Sua leitura é uma caça não autorizada: caçando pelas florestas da história e nas planícies de nossos dias, Foucault arma ciladas às coisas estranhas que ele descobre em uma literatura do passado e da qual se serve para tumultuar nossas frágeis seguranças presentes. Ele tem uma capacidade quase mágica de desvendar confissões surpreendentes, tanto em documentos históricos quanto em textos atuais; de sistematizar tais curiosidades de outrora e da atualidade; além de transformar essas revelações de práticas não verbais – que determinam nossas instituições políticas e epistemológicas – em provas convincentes. Sua arte retórica, criadora de uma evidência que derruba nossas convicções mais evidentes, é o gesto literário de uma maneira de fazer. Sua imensa erudição não é a razão principal de sua eficácia, mas, de preferência, sua arte de se exprimir, que é também uma arte de pensar.

Sua maneira de utilizar um discurso panóptico como uma máscara para intervenções táticas no interior de nossos campos epistemológicos é, particularmente, notável. Ele põe em prática a arte de tomar a dianteira [*"marquer des points"*] com ficções históricas. Seu livro, *Vigiar e punir*, apoia-se em sutis procedimentos para "manipular" apresentações eruditas. Trata-se de um recurso alternado e calculado com três variantes de figuras ópticas: quadros descritivos (narrativas exemplares),[58] analíticos (listas de "regras" ou de "princípios" ideológicos relativos a um único fenômeno)[59] e, por último, figurativos (gravuras e fotografias que datam dos séculos XVII-XIX).[60] Esse sistema combina três espécies de vitrines: narrativas de estudos de caso, distinções teóricas e imagens do passado. Sua única pretensão consiste em mostrar, em vez de explicar, como funciona a máquina: encenado por ele em três cenários panópticos diferentes, esse procedimento opaco torna-se visível e transparente. Organizando uma retórica, uma escrita da clarividência, ele produz um efeito de autoevidência sobre o público; no entanto, esse teatro da clarividência é uma astúcia, na medida em que se verifica o deslocamento sistemático dos campos em que Foucault intervém sucessivamente. Trata-se de uma operação subversiva, dissimulada

---

[58] FOUCAULT, 1975: p. 9-13, a condenação de Damiens; p. 197-201, a cidade assolada pela peste; p. 261-267, a "ferração" dos condenados; p. 267-269, a "prisão rolante"; p. 288, Vidocq (representante da acoplagem direta e institucional entre polícia e delinquência, na primeira metade do século XIX); p. 296-298, Béasse (criança de 13 anos, sem domicílio nem família, acusada de vadiagem; tendo sido condenada a dois anos de correção, em 1840, acabou por conhecer, sem dúvida, os circuitos da delinquência); etc.

[59] FOUCAULT, 1975: p. 28, as quatro regras gerais; p. 96-102, as seis regras principais de semiotécnica punitiva; p. 106-116, as seis condições de funcionamento da arte de punir; p. 143-151, as quatro técnicas de disciplina; p. 159-161, os quatro procedimentos para capitalizar o tempo dos indivíduos; p. 189-194, os três mecanismos de exame; p. 211-217, os três procedimentos do panoptismo; p. 238-251, os três princípios do sistema penitenciário; p. 274-275, as sete máximas universais da boa "condição penitenciária"; p. 276, os quatro tempos do "sistema carcerário"; etc.

[60] FOUCAULT, 1975: no início da obra, existe um caderno com trinta ilustrações (gravuras e fotografias).

por e em um discurso límpido, um cavalo de Troia, uma ficção panóptica, que utiliza a clarividência para introduzir uma alteridade na nossa *episteme*. Considerado como algo de óbvio, o espaço panóptico de nossa linguagem científica contemporânea é, consciente e habilmente, reorganizado por microtécnicas heterogêneas; ele é colonizado e vampirizado, mas voluntariamente colonizado por procedimentos que obedecem a regras opostas.

Essa maneira de pensar não pode ter discurso próprio porque equivale, no essencial, a uma prática de não-lugar. O espaço óptico é a moldura de uma transformação interna em decorrência de sua reutilização retórica; ele torna-se uma fachada, a astúcia teórica de uma narrativa. Enquanto o livro procede à análise da transformação das ideologias do Século das Luzes por uma máquina panóptica, sua escrita subverte nossas concepções contemporâneas com as técnicas retóricas de uma narrativa.

Em um primeiro nível, o texto teórico de Foucault está organizado, ainda, por procedimentos panópticos que ele elucida; no entanto, em um segundo plano, esse discurso panóptico não passa de um palco em que uma máquina narrativa inverte nossa epistemologia panóptica triunfante. Assim, no livro de Foucault, haveria uma tensão interna entre sua tese histórica (o triunfo de um sistema panóptico) e sua própria maneira de escrever (a subversão de um discurso panóptico). Em sua pretensão de desaparecer por trás da erudição e de um conjunto de taxinomias que ela manipula ativamente, a análise faz sonhar com um dançarino disfarçado em bibliotecário. Assim, através do texto do historiador, perpassa um riso nietzschiano.

À guisa de conclusão, vou defender duas breves proposições para introduzir a discussão:

1. Os procedimentos não se limitam a ser objetos para uma teoria, mas organizam sua própria construção. Longe de serem exteriores à teoria ou permanecerem no limiar, em Foucault os procedimentos fornecem um *campo de operações para produzir a própria teoria*; com este autor, encontra-se outra maneira de construir uma teoria que é o gesto literário desses mesmos procedimentos.

2. Para clarear a relação da teoria, por um lado, com esses processos que a produzem e, por outro, com aqueles que lhe servem de objeto de estudo, o meio mais adaptado seria um *discurso que relata uma história*. Foucault escreve que nada faz além de narrativas; aos poucos, estas aparecem como um trabalho de deslocamento, relacionado com uma lógica metonímica. Já não seria o momento de reconhecer a legitimidade teórica da narrativa, considerando-a, neste caso, não como um resto cuja supressão seria impossível (ou, ainda, a realizar), mas, de preferência, como uma forma necessária de teoria das práticas? Nesta hipótese, *uma teoria da narrativa seria indissociável de qualquer teoria das práticas* por ser, simultaneamente, sua condição prévia e sua produção.

CAPÍTULO VII

História e estrutura[61]

Uma reflexão sobre a história é pertinente quando a prática histórica torna-se o lugar de um questionamento; caso contrário, teríamos uma problemática do tipo ideológico, uma forma de sonho desvinculado das questões que, efetivamente, se formulam no decorrer de um procedimento científico na área da história.

Uma surpresa histórica: a diferença do século XVII religioso

Vou apresentar o objeto da minha prática: a história religiosa do século XVII, deixando de lado algumas questões abordadas em outro texto (De Certeau, *ECH*, "L'inversion du pensable. L'histoire religieuse du XVIIe siècle", 1984a).

No decorrer desse trabalho, os cristãos do século XVII desvelaram-se como se se tratasse de uma ilha que emerge do mar: inesperadamente, para mim, aparecia um território diferente. Uma verdadeira surpresa porque o destino do trabalho está, necessariamente, associado aos lugares de sua partida, assim como à personalidade do pesquisador. Tal partida é determinada – vamos dizê-lo com toda a franqueza – por uma busca de identidade. Eu procurava no século XVII algo que, segundo minha presunção, seria idêntico ao que eu era, ou seja, cristão do século XX.

---

[61] "Histoire et structure", in *Recherches et débats*, 1970. Cf., neste livro, história textual deste capítulo, p. 40.

A questão formulava-se, entretanto, no decorrer da operação: o que eu iria perscrutar nas latas de lixo da história, no meio de um tão grande número de restos, fragmentos ou manuscritos desconexos? Durante a primeira etapa, a pesquisa científica assemelha-se à do catador [*crocheteur*] quando, ao exumar da lata de lixo os restos de mantimentos ou roupas, ele transforma essas coisas, dependuradas na ponta de seu gancho [*crochet*], no sonho da casa em que ele nunca chegará a entrar; ou no sonho de refeições e de intimidades que ele nunca chegará a conhecer. Etnólogo em potência, o morador de rua [*clochard*] inventa mundos que nunca chegará a frequentar; ele se limita a fazer ressuscitar seu sonho. Originalmente, o historiador serve-se do mesmo procedimento ao abordar os resquícios coletados nos arquivos ou documentos: ele reconstrói um mundo que nunca chegará a conhecer. Ele permanece o mesmo: só consegue encontrar o outro (um passado) através de sua imaginação; é um erudito e ainda não um historiador. Eu passava, assim, entre os mortos, surrupiando-lhes palavras perdidas que eu era incapaz de pronunciar; finalmente, eu me repetia nos fragmentos da linguagem desses mortos que, sem meu conhecimento, me diziam sua ausência.

À força de examinar essas folhas de papel enegrecidas por uma poeira multicentenária; à força de fichar um vocabulário desarticulado; à força de ser um erudito-improvisador [*bricoleur*] nas regiões silenciosas de Arquivos Municipais ou Departamentais; à força de habitar nas salas de consulta das Bibliotecas, grotas em que se "conserva" e veicula os cadáveres de outrora; à força de ler, sem nunca ser capaz de entendê-las, palavras que se referem a experiências, doutrinas ou situações estranhas – eu assistia ao afastamento progressivo do mundo, cujos vestígios eram inventariados por mim. Ele me escapava ou, de preferência, eu começava a aperceber-me de que ele me escapava. Desse momento, escalonado incessantemente no tempo, é que data o nascimento do historiador; essa ausência é que constitui o discurso histórico. A *morte* do outro coloca-o fora de alcance e, por isso mesmo, define o estatuto da historiografia, ou seja, do *texto* histórico.

Não pelo fato de que esse mundo antigo e passado tenha esboçado qualquer movimento! Tal mundo deixou de se mover;

ele é movido. Ele altera-se, como é evidente, porque modifico minha maneira de olhar. Deixo de ter a mesma expectativa e o mesmo olhar a seu respeito. Com meu desejo, modifica-se o que eu sabia a seu respeito. Então, sou atingido por um mal-estar: eu havia acreditado que os cristãos de outrora – os "espirituais" do século XVII, os teólogos da época clássica, os membros da *Compagnie du Saint-Sacrement*,[62] os missionários que circulavam nas zonas rurais da França – todos eles eram *idênticos* simplesmente porque eu procurava desvendar, e obter pela força, uma identidade sob a diversidade dos tempos e lugares. Existia aí uma apologética inconsciente e pessoal; eu visava reencontrar-me ou reencontrar-nos, tal como somos atualmente, nesse passado. Eis o que se designa, de forma edificante, reconstruir a história. A "ressurreição" do passado consiste em elaborá-lo de acordo com nosso desejo. Ora, tal operação revelava-se impossível. De fato, esses cristãos do século XVII *tornavam-se*, para mim, estrangeiros: não graças ao que eu conhecia a seu respeito, mas ao que eu me apercebia de minha própria ignorância e da sua resistência.

Sumidos nas prateleiras dos sebos, classificados nas florestas metálicas das Bibliotecas e dos Arquivos, esses espirituais tornavam-se, para mim, "selvagens" no sentido em que Lévi-Strauss (1955, p. 225-277) fala de seus Bororos[63] ou de outras populações. Os "entes queridos já falecidos",[64] maquilados, inicialmente, de acordo com meus desejos ou que domesticamos em nossas vitrinas e por nossas leituras, acabavam por me escapar. Tal operação me ensinava, e nos ensina – a nós, historiadores – que existe, *oculto* em *tal* passado, certa estruturação que nos oferece resistência; e, por outro lado, *oculto* em *meus* preconceitos ou nas nossas intenções presentes, um tipo

---

[62] N.T.: Tendo sido fundada, em 1627, com a missão de *"fazer todo o bem possível e afastar todo o mal possível"*, a "Companhia do Santo Sacramento" – cujo brasão é uma "hóstia sagrada dentro de um sol" – inscreve-se no movimento da Reforma Católica que emergiu da vontade reformadora do Concílio de Trento (1545-1563); sua prática do *"segredo"* levou o poder régio a considerá-la como instigadora da subversão da ordem política, tendo como consequência sua dissolução por Luís XIV, em 1666.

[63] A propósito de uma das aldeias que foram objeto de seu estudo em Mato Grosso.

[64] N.T.: No original, *"chers disparus"*; cf. mais adiante, nota 72, p. 183.

de estruturação que determinava o primeiro olhar da curiosidade focalizada neles. Nessas duas formas do "oculto", emerge a verdadeira história; ela vai articulá-los em um discurso, em um tecido de Penélope, em um texto jamais encerrado. Tal investigação de um tipo particular desenvolve a surpresa de uma diferença recíproca em que está fora de questão a supremacia de um dos termos porque o passado depende do presente que se apresenta como distinto e ele o relativiza enquanto uma resistência (dos documentos) que obriga o discurso a ser apenas *um outro* discurso. Esse passado que aparece, progressivamente, organizado em função de uma coerência oculta (de uma vida morta, irredutivelmente ausente e diferente), desvela à historiografia a situação panorâmica atual e particular que é, simultaneamente, pressuposta e dissimulada por cada trabalho.

A estrutura do passado histórico

Na experiência histórica ocorre algo de fascinante e, também, de inquietador: homens do passado saem de sua noite, sem que seja verdadeiramente possível designá-los. Com eles, esboça-se um mundo. No entanto, trata-se de homens perigosos já que, entre eles e nós, historiadores, produz-se uma falha que torna problemática a evidência (postulada à partida) de uma homogeneidade necessária à compreensão e, se me situo de um ponto de vista religioso, a de uma catolicidade possível. Esses homens opacos escondem-se à medida que vou à sua procura; eles desestabilizam a convicção interna e primeira que criava uma espécie de reflexo imediato, consistindo em acreditar que o passado é descontinuidade de superfície, respaldada em uma continuidade de fundo.

Ou, dito por outras palavras, em vez de corresponder ao objetivo fixado no começo de minha pesquisa, o passado é bem mais diferente do que eu havia julgado, ao empreender a busca de estrangeiros semelhantes a mim. Fico refém de palavras e documentos que um procedimento "histórico" constituía como "passados" e que – ao referir-se, aos poucos, a umas e aos outros – conduzem-me a enfrentar *o que não é mais*. "Faço história" no sentido em que não só produzo textos historiográficos, mas tenho acesso, por meu trabalho, à consciência de que algo *se passou*, atualmente morto, inacessível como vivo. A estrutura defende e exprime esta aquisição da experiência histórica; ela diz que *houve* algo diferente. No começo, uma escolha procede à triagem, enquanto "documentos" (nas Bibliotecas e nos Museus), de alguns dos elementos que estão envolvidos na textura de um presente. O historiador parte de certo número de peças que fazem parte de sua atualidade; e seu trabalho constitui um "passado" na medida em que há passado exatamente no lugar em que se encontra, sob diferentes formas, a resistência do que já não existe. A "estrutura" é um conceito-ferramenta que exprime, à semelhança de uma resistência, a diferença que o trabalho histórico faz aparecer entre um presente e "seu" passado.

O trabalho histórico, se é que ele tem uma significação, corresponde a "fazer aparecer" ["*sortir*"] a alteridade – como uma fábrica "faz aparecer" ["*sort*"] veículos – e a produzir (no duplo sentido: fabricar e mostrar) essa diferença constitutiva da história e constituída pela historiografia; por conseguinte, corresponde a relativizar o presente em relação a um passado, por sua vez pensável na medida em que ele organiza uma ausência. No entanto, o essencial é, aqui, a articulação entre estes dois pontos: a ausência é, para o discurso histórico, a condição de possibilidade que ele desvela ao desdobrar-se; e a "estrutura" é a ferramenta conceitual que permite "compreender" e manifestar essa ausência.

A estrutura do presente historiográfico

Qualquer historiador é, no começo, delegado por uma sociedade para reabsorver essa diferença do passado. À semelhança do etnólogo, ele recebe a incumbência de uma sociedade para diminuir ou obliterar a ameaça representada por algo diferente, seja próximo ou passado. Entretanto, como vimos, precisamente por uma reviravolta que se deve ao rigor científico e, também, ao desejo investido em sua pesquisa, ele mantém e, inclusive, agrava o questionamento imposto por esse passado ao presente; nesse aspecto, ele suscita a inquietação, fixa limites e contesta as certezas de uma sociedade.

No entanto, ele não deixa de exercer uma função social, um papel próprio na edificação (a retomar sem tréguas) de uma linguagem social.

Paradoxalmente, ao desvelar uma descontinuidade, ele tem, ao mesmo tempo, o objetivo de dizê-la, relatá-la, analisá-la, explicá-la e, portanto, introduzi-la no texto homogêneo de uma cultura presente, no interior de uma literatura, com os instrumentos intelectuais da época em que se situa a narrativa historiográfica. Trabalho curioso: ele parece negar, pela obra realizada, a ruptura que ele faz aparecer. O mesmo ocorre com o etnólogo porque ele recupera, na rede científica de uma sociedade, o que ela via surgir como o estranho ou o outro: ao tornar-se "pensamento" organizado segundo uma ordem que se coordena aos sistemas próprios ao grupo no seio do qual o etnólogo se havia formado, o "selvagem" é compreendido e retomado, nem que seja na qualidade de outro modelo cultural, na rede da cultura à qual, inicialmente, havia escapado.

Voltemos ao problema: o que é compreender o passado? Vimos que o passado era o produto de um método, além de estar associado à descoberta progressiva de uma diferença; ocorre que ele tem de ser pensado e que existem, também nesse aspecto, condições de possibilidade. Somos capazes de nos representar a alteridade apenas com referência ao que constitui nosso presente. Ora, o fascínio ou a resistência provocada por um alhures ou um passado suscita a consciência social de existir como um lugar próprio, enquanto uma coerência. A partir do século XVI, a circulação e as comunicações aceleraram bastante, creio eu, o procedimento que define, como um "todo", a unidade (nacional, política, cultural), ameaçada ou comprometida por outros; e essa definição do presente ou do grupo por fronteiras, ou seja, como uma *totalidade* interior e diferente das outras, tornou-se, precisamente, o meio de *pensar* os outros. O que começava a caracterizar o grupo confrontado com outros fornece, daí em diante, o modelo a partir do qual se compreende os outros. Neste aspecto, a ideia de estruturações particulares em cada cultura ou em cada tempo é, simultaneamente, o *efeito* do encontro e o *instrumento* graças ao qual cada grupo situa os outros em relação a si.

Por outras palavras, a ideia de totalidade e as combinatórias estruturalistas que a exprimem, do ponto de vista científico, são oriundas – contrariamente ao que poderíamos julgar – de encontros que impediam a qualquer sociedade de se considerar como o todo.

Ela surgiu com o fim do isolacionismo que defendia, enquanto evidência tácita, a certeza, para cada civilização, de ser o todo ou, o que é equivalente, de ser o centro. Ela está associada à experiência dos limites; e é, certamente, relevante que sua elaboração inicial tenha ocorrido no terreno da análise das línguas, com Saussure, ou da etnologia, com Lévi-Strauss. Aqui, portanto, uma nova estruturação do presente determina a compreensão do passado.

A história e suas condições de possibilidade (Da cronologia à "estrutura")

Desse problema que se traduz, atualmente, em termos de estruturações sincrônicas, é possível desvendar outras formas, anteriores, como ocorre no final do século XVI e no início do século XVII. Desse modo, a irrupção do Novo Mundo suscitou um problema fundamental para o Ocidente porque ela quebrava uma segurança e a homogeneidade com um passado. Sob a forma de civilizações que não se referiam absolutamente ao cristianismo, de costumes sem qualquer equivalente na tradição europeia, de topografias de regiões inteiras e de mares sem qualquer correspondência nas geografias recebidas da Antiguidade, ou sob a forma de seres estranhos encontrados na América do Norte ou do Sul e tão pouco conformes aos critérios herdados da Antiguidade que havia a hesitação de qualificá-los como homens ou macacos, o problema enfrentado podia traduzir-se desta maneira: como compreender essa realidade surpreendente que fazia irrupção já não (como na nossa experiência de historiadores) sob a modalidade de um passado outro, mas sob o modo de um presente outro? De fato, a alteração produzida no presente pela emergência de um novo mundo tumultuava, também, a tradição, além de rejeitar uma parcela dessa tradição que se tornara um passado. A aparição do estrangeiro americano produzia uma clivagem na tradição e transformava regiões inteiras do "conhecido" [*reçu*] naquilo "que deixou de ser", em regiões estrangeiras.

Um trabalho que tendia a restaurar o homogêneo, graças ao discurso de uma compreensão, organizou-se (estruturou-se) em função dessa ameaça de dissuasão interna; aliás, ele se operou segundo diversas modalidades. Por exemplo, para salvaguardar a unidade de sentido e a continuidade cristãs, houve o empenho de mostrar que a verdade revelada estava oculta nessas civilizações alheias ao cristianismo: a ideia de um *implícito* cristão, subjacente ao explícito pagão, fornece uma ferramenta bem apropriada para manter a continuidade ameaçada pelas diferenças. Mas a historiografia desempenhou, também, um papel decisivo nesta "reconquista"[65] intelectual. Vou mencionar apenas um caso que se situa, também, no setor religioso: *a cronologia*. Para superar a distância que se criava entre o universo americano ou chinês e o mundo ocidental, foram recuadas, a períodos mais antigos, as datas dos livros ou fatos do Antigo Testamento suscetíveis de oferecerem pontos iniciais comuns a filiações diferentes; deste modo, as religiões pagãs ou a sabedoria chinesa podiam ser "compreendidas", no século XVII, como associadas a Moisés ou ao Livro de Jó. Além de reconstruir uma apologética religiosa, pretendia-se, sobretudo, também nesse aspecto, fornecer referências unitárias a uma compreensão particular (a de pensadores franceses cristãos do século XVII). Tratava-se de garantir as condições de possibilidade a um discurso, de estabelecer uma escala comum em função da qual situar, uns em relação aos outros, os fatos do Novo Mundo e os da antiguidade medieval. No entanto, quaisquer que tenham sido os procedimentos sutis e as mágicas equilibristas adotadas por essa remissão a uma origem comum, a cronologia constituía um dos recursos disponíveis nessa época para assegurar o que Foucault designa por uma "mesa[66] comum" (1966a, p. 10-15) – um lugar homogêneo que permite, simultaneamente (afinal de contas, é a mesma coisa), uma compreensão dos "selvagens" ou um discurso a seu respeito. Não será surpreendente que ela tenha ocupado um espaço tão grande na organização da história ou da filosofia do século XVII; de acordo com o modelo de um ancoradouro inicial, estava em questão, para esses franceses do século mencionado, a possibilidade de pensar o heterogêneo, ou seja, a possibilidade de pensar.

---

[65] N.T.: No original.
[66] N.T.: No original, "*table*" que significa, também, "tábua", "tabela".

Atualmente, deixamos de dispor desse recurso cronológico, assim como de qualquer outra forma de referência *a partir do* passado; pelo contrário, a história faz-nos chegar ao estranho. O "selvagem" habita nossas origens.

A verdadeira historiografia não é, aliás, a única a indicar essa presença ameaçadora; esse é também o modo de fazer da psicanálise, embora adote outros procedimentos (DE CERTEAU, *ECH*, "Ce que Freud fait de l'histoire. Une névrose démoniaque au XVIIe siècle", 1984). Assim, teríamos uma "mesa comum" de um tipo completamente diferente. Creio que, por razões impossíveis de desenvolver aqui, o conceito operatório de "estrutura" desempenha, atualmente, esse papel indispensável, abrindo e autorizando uma explicação, como "modelo" científico: aquilo em função do qual, hoje em dia, torna-se possível uma ciência das diferenças históricas ou etnológicas. Ou, dito por outras palavras, a descontinuidade – bem longe de ser o impensável – converte-se no meio de instaurar unidades (épocas, níveis, etc.) em que se *encontra* uma ou outra forma de estruturação: eis o que será dito da linguagem tanto do inconsciente quanto da época clássica.

Desse ponto de vista, os métodos "estruturalistas" prestam-nos o serviço de conferir um estatuto científico e um rigor ao que *veio a ser*, para nós, uma condição de possibilidade para o pensamento ou para o discurso; eles não resolvem o problema aberto por essa "condição de possibilidade", por essa necessidade de estabelecer o marco zero para inaugurar uma série e por essa articulação de qualquer discurso com um desfecho que o torne possível. As investigações "estruturalistas" explicitam esse problema ao exumarem das práticas científicas o que lhes permite funcionar e, portanto, ao "isolarem" aquilo graças ao qual, entre outros aspectos, a historiografia pode ser um discurso sobre um passado heterogêneo.

Talvez, no futuro, essa forma presente, estrutural, oferecida à possibilidade de pensar, venha a aparecer tão frágil quanto havia sido o recurso da historiografia "clássica" a um ponto de partida original e a uma cronologia que tinham permitido constituir, em uma série, as relações do Ocidente cristão com outras civilizações.

De qualquer maneira, subsiste o problema suscitado, aqui e lá, em termos diferentes; além disso, seria um erro fundamental (sem dúvida, também, um álibi) considerar – como uma *coisa* a mais, uma realidade *da* história – o que é, na perspectiva "estruturalista", a tablatura das coisas e a condição da narrativa historiográfica.

Conviria, também, ser dito que a relação – história e estrutura – interveio ainda em outros níveis e que a historiografia, em particular, foi o modo a partir do qual uma identidade cultural se constituiu tanto ao reutilizar o material de documentário, acumulado por outros, sobre seu próprio passado, quanto ao estruturar diferentemente os fragmentos extraídos de narrativas produzidas pelo estrangeiro (como se constata, atualmente, na historiografia negra, cubana ou argelina). Para terminar, voltarei, de preferência, aos "espirituais" da época clássica, selvagens do século XVII, limitando-me a dizer que sua *ausência*, talvez, me ensinou a tornar-me um *historiador*, que o estudo desse tema obriga a avaliar, no desenvolvimento de uma prática científica, a aventura e os riscos implicados pela ingênua ambição de "compreender" e que, por último, a modalidade "estruturalista" dessa compreensão abre, sob uma forma particular (presente), o problema constante da relação entre uma inteligibilidade e o que a torna possível. "História e estrutura": este título questiona a relação de qualquer discurso historiográfico com seus condições de possibilidade ou, de forma mais ampla, a relação de qualquer ciência com seus postulados epistemológicos.

[Esclarecimentos complementares após as palestras dos outros dois historiadores]

Atualmente, qualquer história é social. Compreender as condições de vida no século XVII (por exemplo, uma associação de homens da *Compagnie du Saint-Sacrement*) é estabelecer sua relação com a organização global da sociedade. Finalmente, é pensável apenas o que se refere a essa "razão" que é a organização de uma sociedade. Somos incapazes de fazer história sem explicar um fenômeno qualquer de um período em função do todo (aliás, devo reconhecer, enigmático) que é a sociedade de determinada época. Os fenômenos religiosos têm uma inteligibilidade na medida em que se referem a essa organização global. A maneira como os homens do século XVII pensavam as relações entre a religião e a sociedade era, exatamente, inversa. O recurso à providência, a Deus, pelo menos quando se tratava de crentes, permitia-lhes compreender o que se passava. Tal explicação da sociedade por referências religiosas tornou-se, para nós, impensável; independentemente das opções pessoais, ela deixou de ser "científica". O que explica e o que deve ser explicado ocupam posições inversas.

Ainda resta saber o que, atualmente, nos permite compreender. Vejamos o exemplo da feitiçaria: Lucien Febvre diz-nos que, finalmente, as feiticeiras e os feiticeiros manifestam-nos, também, algo do homem do século XVII, mas – acrescenta ele – "no homem, acredito apenas no que é humano". Esta fórmula, inspirada em Cyrano de Bergerac, supõe que Lucien Febvre sabe, por sua vez, o que do homem é crível ou o que é humano; ou, dito por outras palavras, ele dispõe de uma grade filosófica, de uma concepção do homem que lhe permite escolher, nas narrativas do século XVII, o que é "humano" ou não, o que é crível ou não. Pessoalmente, creio que esse tipo de divisão é problemático: nos é proibido, sem deixar de ser inevitável. Trata-se de um postulado que adotamos, uma posição que assumimos em relação a todo esse passado, para sermos capazes de pensá-lo.

[...]

Não se pode fazer referência a uma "simpatia" como àquilo que fosse a garantia de apreendermos um objeto do passado. Subsiste a questão de saber o que significa "compreender o passado". E ela formula-se, atualmente, sob outro tipo de racionalidade, ou de discursividade, que consiste em transformar espaços que separam e constituem discursos diferentes em um modo presente de inteligibilidade.

Minha segunda observação diz respeito ao uso da psicanálise ou do "intemporal" que, segundo se presume, seria sob a história um inconsciente restaurador de continuidade. Em primeiro lugar, o inconsciente teria existido desde sempre? Estará alhures, em vez de no lugar onde foi depositado em uma invenção do final do século XIX? Um problema fundamental, atualmente, até mesmo no âmago da psicanálise, consiste em saber se é possível transferir, para períodos anteriores ao freudismo, certo número de conceitos que Freud havia exumado da linguagem dos clientes, assim como da relação destes (e de Freud) com o meio burguês de Viena, em suma, com o tipo de sociedade em que ele vivia e em que ainda vivemos. Esse "inconsciente" será generalizável? Pode-se, por conseguinte, postular que o inconsciente existiu desde sempre? Tal afirmação equivale a aventar uma hipótese que deve ser verificada e que não se pode absolutamente considerar como uma explicação, como uma espécie de verdade aplicável a todos os tempos.

Aliás, certo número de trabalhos, na área tanto da etnologia quanto da história, mostra que o uso dos conceitos psicanalíticos torna-se uma espécie de retórica: é "uma maneira de falar". O recurso à morte do pai ou ao inconsciente acomoda-se bem a todas as situações. [...] Esses conceitos freudianos eram, supostamente, utilizáveis para todos os fins; e não é difícil, nesse caso, injetá-los nas regiões obscuras da história. Infelizmente, trata-se de conceitos vazios pelo fato de que, precisamente, seu único objeto consiste em designar ou cobrir pudicamente as regiões da história ainda incompreensíveis; eles circunscrevem o inexplicado, sem conseguirem explicá-lo; confessam sua ignorância. Eles têm sido evocados no momento em que uma explicação de cunho econômico ou sociológico deixa uma lacuna; no entanto, é impossível considerar tal uso como uma explicação ou acreditar que tal procedimento tenha algo a ver com a psicanálise.

A concepção de Freud a respeito da história não consiste, de modo algum, em dizer: "Existe *algo* de permanente." Ele afirma que um tipo irredutível de tensão organiza a formação de qualquer discurso. O permanente, para Freud, é a *relação* entre uma genética das tensões e os discursos que as "atraiçoam', ao ocultá-las. Não se trata, absolutamente, de "coisas" que estariam aí, por baixo, como se fossem dados constantes e subterrâneos. O que está oculto (o que se esconde e o que é recalcado) é a tensão em função da qual se organiza qualquer discurso ou qualquer sociedade.

É evidente que a psicanálise é *utilizada* para reconstituir uma continuidade "intemporal" sob a variabilidade dos sistemas temporais; no entanto, tal utilização é ilegítima. Ela perverte a psicanálise. Posso apresentar como um bom exemplo dessa postura o que é, aliás, um importante livro, o de W. E. Mühlmann sobre os *Messianismes révolutionnaires du tiers monde* (1968): em uma "região superior", ele agrupa as camadas sociais superiores, a atitude racional e a história recente, ao passo que uma "região inferior" seria constituída pela conjunção do proletariado, do psiquismo profundo e da história anterior [DE CERTEAU, 1969c]. Excelente caso de "colagem" entre categorias sociológicas, psicológicas e históricas! Eis o que permite classificar o messianismo do lado, a um só tempo, dos párias, do afetivo profundo e do arcaico. No entanto, consequência dessa estranha aliança, o "messianismo" torna-se um rótulo geral, atribuível a qualquer fenômeno; válido para tudo, esse instrumento intelectual perde sua utilidade. Temo que, atualmente, essa utilização retórica da psicanálise venha a disseminar-se.

A psicanálise é, em primeiro lugar, heurística: trata-se de uma interpretação que faz emergir novos problemas em *todo* o campo da linguagem, segundo um modo que lhe é próprio e, aliás, começa por negar tanto a distinção entre normal e anormal quanto a divisão entre individual e coletivo. Não se pode, portanto, destinar-lhe como tarefa e como lugar o que, por incapacidade, não é explicado por outros tipos de interpretação – a saber: o econômico e o sociológico –, como se esse resto das outras explicações fixasse à psicanálise sua posição na historiografia. Ao ser utilizada dessa maneira, a psicanálise é transformada simplesmente em um tapa-buraco; ora, ela tem algo a dizer a respeito da história. No entanto, ela procede como os outros tipos de discurso, na medida em que ela tem sua particularidade, constitui objetos próprios por um tipo de recorte que a especifica e deixa, também, um resto. Impossível, portanto, recorrermos à sua interpretação simplesmente quando nos deparamos com a demonologia do século XVII ou a loucura do nazismo!

[Um ouvinte pergunta se sua concepção de história não é demasiado eurocêntrica]

De fato, estarei de acordo com você para reconhecer como problemática nossa definição da história e, também, para afirmar que ela se encontra na origem do que tem sido designado pela expressão "os povos sem história", como se, sem *nosso* tipo de história, um povo fosse destituído de história. Limitar-me-ei a apresentar duas observações relativas ao lugar dessa definição e ao papel da história.

Antes de mais nada, a história tem sido associada, por nós, à civilização ocidental como uma de suas formas essenciais – o que é normal. No entanto, de acordo com esse modelo, julgou-se que outros povos eram, ou não, dotados de história; temos, portanto, a obrigação de retomar tal proposição. Por exemplo, a etnologia mostra-nos que, entre os índios, o tipo de relação com o passado é completamente diferente do nosso; o mesmo pode ser dito a respeito da relação que a China estabelece com seu passado. Devemos, portanto, localizar, relativizar, finalmente, "historicizar" nossa concepção da história, pelo fato de que se constituem ou aparecem, atualmente, outras concepções culturais sobre a relação com o tempo.

Mas qual será a relação da história com uma sociedade? Parece-me que a história desempenha o papel de ser uma das maneiras de definir um novo presente. Por um lado, ela permite que um presente se manifeste como *diferente* do que, até então, lhe era imanente sob a forma da tradição; ela executa tal procedimento *na* própria linguagem da tradição, mas "tratando-a" (no sentido industrial do termo) como *passado*. Digamos que distribuir um *"continuum"* cultural entre um presente e um passado é um *ato* que constitui, simultaneamente, um presente e sua história. Trata-se de um ato de dissuasão; ele opera uma escolha no presente em que certo número de elementos são considerados, daí em diante, como "passados". Por outro lado, esse ato consiste em situar-se em relação a origens "históricas" e, portanto, em adotar um passado *próprio* e uma *identidade* cultural organizada em função de uma decisão atual, seja política ou social. Ele efetua um novo recorte. Ele *cria uma singularidade*: nacional (a história de Cuba, dos Camarões, etc.) ou social (a história do movimento operário, etc.).

A historiografia enuncia e desenvolve uma decisão. Ela dá sua linguagem a um "nós" que a torna possível; ela se refere a um ato criador de história (no duplo sentido do termo). É possível analisar esse processo sob duas formas: na história de nossa historiografia ocidental; nas historiografias que vão surgindo, tais como a magrebina, a cubana, etc. No segundo caso, o fenômeno é mais visível; no entanto, com a nossa ocorre um procedimento semelhante. Assim, como foi mostrado por Pierre Goubert, no início de seu livro (1969, t. I), a unidade histórica *"ancien régime"* apareceu com a Revolução Francesa; considerar o século XVIII como um *"Ancien Régime"* exprime a decisão de começar um novo período. O surgimento das histórias do *Ancien Régime* e o corte efetuado entre "a história contemporânea" e a "a história moderna" estão associados a um *ato* revolucionário; eles o supõem e explicitam. No entanto, para ser enunciável, esse novo presente deveria *identificar-se* em relação ao que o precedia; tal é o objeto do discurso histórico.

Atualmente, a mesma coisa produz-se com a aparição do discurso histórico cubano, na medida em que certo número de elementos – por exemplo, a escravidão dos negros, durante a época de dominação espanhola – *torna-se*, simultaneamente, o passado e o explicitado: por um lado, *o que deixa de ser admissível*, mesmo que ainda existam testemunhas dessa época; e, por outro, *o conteúdo do que deve ser falado* na qualidade de um passado por fazer parte, mesmo assim, daquilo que é testemunhado pelo presente. A história situa-se nessa articulação: por um lado, ela ocupa-se de um presente que pretende ser diferente; ela confirma uma inovação fundadora, um novo começo. Por outro, em um discurso, ela exprime a necessidade de situar-se em relação ao que, no presente, ainda dá testemunho de algo mais antigo, rebelde e resistente ao presente. De qualquer maneira, nunca é possível desvencilhar-se de uma arqueologia, mas reservar-lhe um lugar nesse discurso histórico é permitir ao presente compreender-se a si mesmo como diferente e, no entanto, como situado em uma continuidade.

Esse procedimento explica, penso eu, os deslocamentos da historiografia segundo o ritmo das revoluções ou mudanças da sociedade. Eis o que nos leva, também, a considerar atualmente que o discurso histórico é, talvez, mais importante na medida em que suas organizações sucessivas nos fornecem *a efetividade* (sob o modo da linguagem) das "coisas" que se passam.

[Ao mencionar o exemplo de Maio de 1968, que suscitou uma releitura da história da Revolução Francesa, um ouvinte pergunta como a experiência presente afeta a maneira como o historiador faz a história.]

A Revolução Francesa modificou a maneira de compreender a história, ou seja, penso que a historiografia não é, de modo algum, o que vem do passado até nós, mas o que parte de nós e tende a fornecer certo tipo de inteligibilidade do que recebemos ou estabelecemos como passado. Nesta perspectiva, o acontecimento é justamente o que modifica a história. Pode-se dizer, também, inversamente, que um fato torna-se um acontecimento, e só pode ser qualificado como tal, por causa das modificações que ele introduz na historiografia. Não sabemos o que *é* um acontecimento. No entanto, para formar um julgamento a seu respeito, um dos critérios tem a ver com as mudanças epistemológicas que ele provoca; ou, dito por outras palavras, somente o uso que se faz do acontecimento é que permite qualificá-lo como acontecimento. Deste ponto de vista, Maio de 1968 *torna-se* um acontecimento na medida em que essa primavera desloca nossa inteligência do que a tinha precedido e, por exemplo, das revoluções francesas.[67]

Eis, igualmente, uma forma de dizer que, se deixamos de ser capazes de "pensar" verdadeiramente em termos de causalidade, não conseguimos também evitar o problema suscitado, outrora, no sistema intelectual ontologista, cuja referência era a noção de "causalidade". A relação das historiografias entre si, sua relação com o que as desloca, a relação dos discursos ou das narrativas com seu conteúdo, culminam igualmente no enigma do *real*.

Outrora, o conceito de causalidade podia fornecer um respaldo ontológico ao discurso historiográfico; atualmente, através do que afirmamos até aqui a respeito da história, talvez seja possível aprofundar a via aberta por Dilthey: ele situava o real do lado de uma *resistência* encontrada pela investigação. A questão aparecia, para alguns, sob a forma da facticidade: a razão, os discursos, as coerências sociais, etc. continuam sendo um fato. Talvez, também, deveria proceder-se a uma pesquisa, ainda mais aprofundada, das "condições de possibilidade" de qualquer história, considerando que o real é o irracionalizável que permite cada racionalização, em suma, o ausente que torna possível a história e lhe escapa. Como a história não cessa de falar da morte, ao combatê-la em nome de novas ressurgências sociais, ela não deixaria de falar do real que, por definição, lhe faz falta. Mas, não será esse o estatuto de qualquer linguagem?

---

[67] [Sobre sua análise de Maio de 1968, ver DE CERTEAU, *PPP*, 1994, p. 29-129.]

CAPÍTULO VIII

O ausente da história[68]

Uma vez que estes textos dispersos estão isolados do "resto" e reunidos sob o celofane de um livro-objeto, é mais fácil, para mim, explicitar e distinguir os questionamentos de que eles haviam sido o instrumento no campo de uma atividade particular, a história. Em sua qualidade de ferramenta é que uma [reflexão] pode ser retomada.

A resenha crítica,[69] prática da separação

[Alguns dos] estudos precedentes situam-se em um entremeio [*entre-deux*]. Essa região do *metaxu*, ou do intervalo, é preenchida por miragens que lhe são próprias: à semelhança da fronteira em que se passava a representação de Carlitos em *The Pilgrim*,[70] ela pode ser somente o meio de evitar os guardiães de cada "disciplina", assim como qualquer confronto mais grave. Neste caso, no máximo, poderia ocorrer uma subversão fugitiva e atópica; entretanto, na realidade, trata-se de algo diferente. O entremeio é o espaço criado por uma

---

[68] "L'absent de l'histoire". Conclusão redigida, com título diferente, para a coletânea de artigos, em que havia sido publicado o cap.V (*ABH*, 1973). Cf., neste livro, história textual deste capítulo, p. 40-41.

[69] N.T.: No original, *compte rendu*, literalmente: prestação de contas. Nesta tradução, o termo "resenha crítica" corresponde sempre a essa expressão francesa.

[70] N.T.: Lançado no Brasil com o título *Pastor de almas* – e, em Portugal, *O peregrino* –, este filme mudo de 1923, do gênero comédia, foi escrito, produzido, dirigido e protagonizado por Charles Chaplin: um foragido livra-se do uniforme de preso e se disfarça de padre; refugiado em uma pequena cidade, chegou a convencer os habitantes, durante algum tempo, de sua função.

prática da separação; ele corresponde a um trânsito, passagem de um lugar para um "alhures" ainda não identificável.

O comentário deixou de ter a função de exumar o texto, ou a coisa de que ele fala, uma verdade que seria seu "fundo". Ele deixou de envolver com véus respeitosos, ou com anotações dogmáticas, o mármore de uma "obra" nobre ou de uma realidade significada. Combinadas em uma série de operações, escrita e leitura engendram-se mutuamente. Por uma relação do escrito ao que ele permite ler, e dessa leitura ao que ela permite escrever, uma prática desenvolve possibilidades de produção. Ela visa fazer algo diferente com o texto que a torna possível. Uma atividade tecnicista introduz o livro em uma rede de operações controláveis das quais ele é, simultaneamente, a origem e o objeto. Ela modifica, igualmente, a posição do leitor: em vez dos conhecimentos ou das ideias se empilharem em um lugar de onde o saber, supostamente, viesse a exprimir-se sempre, a própria enunciação deixa-se alterar de maneira a modificar o saber e o lugar em que ele se manifesta.

Tendo a história como objeto, tais operações participam, assim, da história. Na historiografia, elas inscrevem um trabalho da história. Certamente, elas continuam sendo literárias; mas já tumultuam a imutabilidade de um lugar em que o conhecimento tivesse a pretensão de se acumular sem trocar de locutor, nem de gestor. Ainda discretamente, elas questionam o critério da competência – a do "bom" autor, ou a do leitor, seu juiz – para substituí-lo pelo fato de *uma alteração mútua* efetuada, objetivamente, por uma operação.

No único nível do que se designa por "resenha crítica" (uma palavra sob a qual está subentendida a ideologia de uma atividade justiceira e justificadora, baseada no preconceito de uma realidade atribuída à competência), essa alteração recíproca será, sem dúvida, a marca mais discutida, além de ser a mais pertinente de um *deslocamento operatório*. Ela indica um trabalho indefinido dos textos, uns sobre os outros, trabalho mediatizado pelos sucessivos deslocamentos dessa operação. Ela deixou de visar o desvelamento de "ideias" ou "fatos" de que os livros e os documentos seriam os sinais. Por essas operações infindáveis e sem teleologia (nunca suscetíveis de serem julgadas na qualidade de um momento particular), um trabalho da história faz retorno na historiografia.

Os estudos precedentes são [às vezes] "resenhas críticas". Uma dependência é inscrita, portanto, em cada um deles, nem que seja pelo respaldo da citação e das referências. No entanto, ela tem como sentido (como direção) permitir um "trabalho sobre os limites".[71] Um distanciamento efetua-se em relação a essas obras, transformando-as em *pré-textos*. A escrita que se engendra sobre seus lados acaba por deslocá-los, e me leva em direção de algo que, por seus próprios limites, eles designavam ao se recusarem a dizê-lo: um *paratexto* [*hors-texte*]. O que havia sido circunscrito pelo livro inicial encontra-se, assim, duplamente transbordado: em primeiro lugar, pelo próprio fato dessa escrita secundária (a resenha crítica), agregada à primeira, sinal da relação que o texto inicial estabelece com uma leitura, ou seja, com sua aparência social e científica. Em seguida, pelo efeito do movimento que, em cada um desses livros, articula-se a partir do que ele não diz: suas condições de possibilidade, as exclusões postuladas pelo rigor, a própria realidade da qual ele toma o lugar ao levá-la a representar como seu referente, em suma, *o outro* do texto.

Uma heterologia?

Além dessa prática textual, emerge outra questão relativa, especialmente, ao discurso historiográfico.

A partir de modos – cuja enumeração não tem lugar, nem interesse, aqui –, a história implica uma relação com o *outro* enquanto ele está *ausente*, embora um ausente particular, aquele que "*já era*" ["*a passé*"], como diz a linguagem popular. Qual é, portanto, o estatuto desse discurso que se constitui ao falar de seu outro? Como funciona essa *heterologia* que é a história, *logos* do outro?

Em vez de tratar, aqui, de uma questão que será desenvolvida em outro livro (cf. DE CERTEAU, *EH*, 1984), meu intuito consiste

---

[71] Sobre essa forma do trabalho historiográfico, ver DE CERTEAU, *EH*, 1984 (cap. I: "Faire de l'histoire").

em deixá-la aparecer e mostrar como ela emerge na narrativa, sempre didática, da história.

Considerado como termo de comparação, o discurso filosófico postulou, durante muito tempo, uma exclusão: ele baseava seu rigor ao adotar algo de insuperável. Um pensamento tem acesso à discursividade ao estabelecer sua própria contradição como uma aparência: uma extraterritorialidade é sua condição de possibilidade. Segundo os casos, é o gênio malvado, Deus, a loucura, a violência. O discurso henológico (do grego *henos*, "um") organiza-se a partir de um limite que constitui – como paratexto [*hors-texte*] – uma irredutível alteridade.

O discurso histórico moderno, assim como o discurso etnológico, parece partir de um postulado inverso: ele transforma a própria diferença em seu objeto. À partida, existe – recebido como um dado – o corte pelo qual uma sociedade define-se ao distinguir-se de seu outro, o passado. E a historiografia é incumbida da tarefa de investigar regiões exteriores à circunscrição de um presente; ao tomar o encargo desses "hóspedes estrangeiros (*fremden Gäste*), ela pretende colocá-los em ordem e homenageá-los" (NIETZSCHE, 1964, p. 252-254). Entretanto, nesse avanço em direção ao "outro país" – ou na fabricação da escrita que ela consagra, à semelhança de um cemitério, aos defuntos – como será o procedimento efetivo da historiografia? De fato, a missão social que lhe é confiada pelo além (pelo aquém) do presente tem, precisamente, o objetivo de levar o outro para o campo de uma compreensão presente e, por conseguinte, de eliminar a alteridade que parecia ser o postulado do empreendimento. O outro não seria a condição de possibilidade, mantida externa, do discurso filosófico, mas seria, modificado em objeto, o elemento que o discurso histórico transforma em significantes e reduz a algo de inteligível para suprimir seu perigo.

História hipócrita? O passado ser-lhe-ia fornecido para que, no lugar de seu ressurgimento, ela o absorva indefinidamente por novas "compreensões"? As coisas não são assim tão simples porque a alteridade fica marcada, inclusive no trabalho que a reabsorve. A título de exemplo, tal paradoxo pode ser apreendido em dois níveis.

1. A característica dos *procedimentos* é constituída pelos deslocamentos e reclassificações do material. O trabalho sobre as "fontes" recebe elementos depositados no chão de um presente e já rotulados por uma sociedade como "relíquias" (nos arquivos, museus, bibliotecas, etc.); ele homologa uma geografia do passado como um dado cultural, encontrando aí uma base que lhe é já fixada e que, salvo leves alterações, não é modificada por ele. Em vez de elaborar mapas, o trabalho consiste em criar a interação, começando pelas manipulações das quais eles são o objeto. O historiador procede a uma triagem, corta, reclassifica e desloca os documentos de acordo com regras adequadas a operações e a códigos de leitura; ou, dito por outras palavras, com elementos que lhe são fornecidos como "passados" – mas de forma desconexa –, ele efetua uma "preparação" (no sentido químico do termo). Os significantes dispersos na cultura e qualificados por ela como "antigos" são recortados segundo pertinências, dispostos de acordo com uma ordem, transformados em objetos abordáveis. Nesse aspecto, a alteridade recebida como um *fato* é, por uma série de operações, conduzida a uma *razão* que a torna assimilável, "compreensível".

Fato curioso: esse passado que se tornou conveniente – tais como os "entes queridos"[72] do britânico Evelyn Waugh – é, no entanto, restituído à sua definição primeira pelas narrativas historiográficas. Não é necessário que a ciência histórica abandone o campo em que ela havia sido posicionada inicialmente: ela deve permanecer na região cultural do passado. Não é necessário que ela torne inteligível *demais* o que lhe foi confiado como estranho. Assim, a escrita historiográfica estaria elaborando, continuamente, no termo de procedimentos redutores, um teatro da diferença: por um lado, ela mantém certa distância pela encenação de *variantes* (históricas) em relação à economia de produção que organiza nossos bens e nossas representações. Variantes, e não diferenças; mantidas marginais, com a condição de serem assimiláveis. E, por outro lado, o discurso histórico multiplica as marcas da alteridade

---

[72] N.T.: No original, "*chers disparus*", referência ao título da tradução francesa – *Le cher disparu* – do livro *The Loved One* (1948) de E. Waugh (1903-1966). No Brasil, *O ente querido*. Rio de Janeiro: Editora Globo, 2003.

pelo uso sistemático da datação, nomes próprios, citações, detalhes secundários, "reproduções", gráficos, etc. Observa-se em ação, por toda parte, *um verossímil do outro*; ele tende a satisfazer um contrato firmado com o leitor. Ao pedido de um público que deseja algo exótico, mas confirmado e garantido por competências, responde essa retórica que mantém *literariamente* uma diferença depois de ter conseguido, de um ponto de vista prático e *racional*, neutralizá-la, tornando-a conforme ao pensável.

2. Não seria possível tirar daí a conclusão de que a historiografia esteja ocupada a criar *Clubs Mediterranée* para essa parcela do público que compra livros. No plano de *seu estatuto social*, o historiador permanece ambivalente: por um lado, ele exerce a função de "explicar" a estranheza, sem suprimi-la completamente. Nesse espaço, ele deve restaurar a similitude exatamente no lugar em que foi posicionada a dessemelhança: ele instala-se aí como pedagogo. Desse lugar, aos que não sabem (salvo o perigo de uma diferença), ele fala como homem que sabe. Não que ele pretenda fornecer, sob a forma de "lições", a conduta presente dos negócios;[73] de preferência, ele exerce as práticas da inteligibilidade contemporânea – neste aspecto, ele é "mestre" na ordem do saber *presente* –, mas vai exercê-las na zona indecisa que constitui o ponto de fuga de uma sociedade, ou seja, o passado. Ele serve-se das máquinas de sua competência exatamente no lugar em que se erige a relação dos contemporâneos com os limites, com o irreal, com a morte e com o outro. Desse modo, ele é também estabelecido no romanesco, se é verdade que o romance é a extenuação do mito (LÉVY-STRAUSS, 1968, p. 106).

Em suma, ele tem a tarefa de tornar pensável uma sociedade em sua dimensão de heterogeneidade, de restituí-la a si mesma nas beiradas em que ela se origina e se perde em sua própria ausência, além de participar tecnicamente do trabalho comum de metamorfosear essa alteridade em lendas. O texto historiográfico combina, portanto, a racionalidade da explicação com a narrativa literária que

---

[73] Apesar da permanência desse *slogan*, será impossível levar alguém a crer que, a partir do passado, o historiador venha a extrair lições úteis para o presente; pelo contrário, sua função consiste em conformar o "passado" à inteligibilidade que organiza determinado presente.

fala do outro, ao denegá-lo; ele serve-se do silogismo com esse uso fictício, "entimemático", no qual Barthes (1967, p. 71-72) reconhecia um de seus traços característicos. O que significa, também, que ele conduz incessantemente a narrativa ao desdobramento de uma legalidade: a história deve aparentar ser o desenvolvimento de uma razão – uma razão que todo historiador se empenha em fazer crer que é "a nossa".

Lugar de intercâmbio entre o mesmo e o outro, lugar de trânsito, esse discurso apresenta alternâncias, além de obedecer a polarizações contrárias exatamente, e sobretudo, onde ele é "sério": às vezes, transforma o passado no modo a partir do qual se expõe uma dogmática, sem ter a obrigação de apresentar provas. Há muito tempo a serviço dos príncipes, a historiografia torna-se, então, a narrativa de um poder; melhor ainda, trata-se de uma narração dotada de poder quando, de acordo com uma ordem estabelecida, ela empreende a articulação das zonas marginais que escapam às normas explícitas de uma sociedade (FAYE, 1972). Com todas as garantias do verossímil, ela serve-se de uma "doutrina" para guarnecer o espaço deixado vacante pelos mortos, assim como o desejo dos vivos em saber tal vazio preenchido.

No entanto, ela insinua, também, a falha de uma crítica no mundo repleto de uma sociedade; a partir do modo do pensável, ela reintroduz a hipótese de uma diferença, a heresia de outras coerências. Nas organizações atuais, ela marca a rachadura de um *irreal* diferente (no exato momento em que – e, talvez, porque – ela apresenta essa possibilidade como o *real* de outrora). A escrita historiográfica cria "a-topias"; ela abre "não-lugares" (ausências) no presente; às vezes, ela organiza sistematicamente pontos de fuga na ordem dos pensamentos e das práticas contemporâneas. Ela coloca-se, então, do lado do sonho. Eis o que já havia sido afirmado por J. Bentham[74] e que a análise freudiana, de maneira mais aprofundada, nos ensinou: a alteridade do real ressurge na *ficção*, retorna no irreal

---

[74] Bentham estabeleceu a oposição entre *real* e *fictitious*. Para ele, este último termo não significava ilusório, nem enganador, mas "fictício" no sentido em que toda verdade tem uma estrutura de ficção. Ao comentar esse texto de Bentham no Seminário de 1959-1960, Jacques Lacan (1986) sublinhava que, "em vez de ser, por essência, ilusório, o fictício é, propriamente falando, o simbólico".

do fantástico. Ela reaparece sob a figura literária do *fictitious*, depois de ter sido eliminada pelas práticas produtoras de "fatos objetivos". Por causa do que ela viesse a conservar de onírico, a narrativa histórica continuaria a encenar "a inquietante familiaridade" do outro.[75] O que há de "literário" na história haveria de manter a ambivalência do real: outro e o mesmo.

Os vestígios do outro

Atrever-me-ei, portanto, a retomar o problema da história a partir de um dos últimos mitos ocidentais, antes de *Totem e tabu*: *Robinson Crusoé*. Que Daniel Defoe enquadre seu romance no estuário do Orenoco quando, afinal, o historiador usa a cronologia para ordenar sua narrativa, não passa de uma transformação de código. Pode-se traduzir em termos de datação o que o romance projeta sobre o espaço geográfico, a saber: o longínquo é o lugar em que uma razão estabelece e encontra seu outro.

Em Defoe, Robinson torna-se chefe quando impõe uma razão classificatória e tecnicista à desordem da ilha: ele arruma os objetos e cultiva os elementos. Sua atividade, dotada de traços cartesianos (DEFOE, 1959, p. 69), assimila a alteridade selvagem como produtos fabricados a partir de um "método" e de regras. Ela transforma, também, o produtor em sujeito da história: "meu trabalho, minha aplicação, minha indústria". No entanto, essa colonização voluntarista e moralizadora é destruída, subitamente, embora temporariamente, pela série dos medos, pesadelos, agressões violentas ou mobilizações defensivas que entram no romance com a descoberta do "vestígio humano de um pé descalço perfeitamente decalcado na areia" (p. 153). Seguem-se, então, cinquenta páginas que relatam as desordens do "método", as irrupções do sonho, a ambivalência de uma antropofagia que, alternadamente, exerce fascínio e provoca horror (p. 153-196). A ética tecnicista altera-se

---

[75] No texto que Freud dedicou a esse tema (1940-1952, t. XII, p. 229-268; 1933, p. 163-211), a *Unheimliche* traduziria "inquietante familiaridade", em vez de "inquietante estranheza". De qualquer modo, nesse famoso texto sobre o intercâmbio interminável entre fantástico e real, privilegia-se a ficção literária; segundo parece, esta "compreende recursos suplementares de *Unheimlichkeit*" (DERRIDA, 1972, p. 300, nota 56).

em um poema erótico e alucinatório do outro. Esse parêntesis de desrazão encerra-se com a chegada do estrangeiro salvo da morte, tornando-se "escravo": Sexta-Feira, "meu Sexta-Feira". O domínio sobre as coisas pode ser retomado, duplicado pelo poder exercido sobre o servidor.

Essa estranha divisão da técnica e do pesadelo parece desenhar já os lugares que, no século XIX, serão ocupados, respectivamente, pela ciência econômica e pela interpretação dos sonhos. Ela mostra, sobretudo, como se extrovertem dois modos da relação com o outro: a racionalidade (econômica) e a ficção (do sonho). Nos últimos dois séculos, a história parece ter a tarefa de reconciliá-los, mantendo simultaneamente práticas de produção e a narrativa romanesca, para não dizer o sonho alucinatório. A partir de métodos de fabricação, ela articula o desejo ambivalente do outro; inclusive, ela adotou Michelet como seu poeta. Este havia pretendido falar a linguagem do povo, língua "inacessível" do outro (citado por BARTHES, 1973, p. 26); e ele "tinha afeição pela morte" (citado por FAVRET; PETER, 1973, p. 68, nota 1), essa estrangeira indissociável do desejo. É verdade que, ao adotar Michelet como referência, a historiografia contemporânea procura enterrar, o mais rapidamente possível, aquele a quem ela presta homenagem; no entanto, deste modo, ela denega o que resta de história em sua escrita científica.

De fato, a história é erótica, sem que por isso tenha de deixar de ser uma produção técnica; eis o que, relido, Michelet volta a nos ensinar quando ele transforma tal postura na narrativa do *corpo* que não fala e na alucinação (no retorno, na "ressurreição" literária) do *morto*. O corpo é corpo social, evidentemente, mas funciona na história como o corpo procurado pela carícia, alheio ao espírito, "diferente do pensamento", "constituindo" o que a representação estabelece como "constituído", "permanente contestação do privilégio que é atribuído à consciência" de produzir o sentido (LEVINAS, 1971, p. 102-103). Em suma, o corpo é *o outro* de que se fala, mas que se é incapaz de fazer falar. É necessário remontar a este corpo – nação, povo, ambiente –, cuja caminhada deixou os vestígios com os quais o historiador fabrica uma metáfora do ausente. O mesmo é dizer que há história quando o discurso começa a exprimir o desdém do "sentido" que ele organiza e a perda irremediável que é sua causa. Uma morte é o fantasma que o historiador não pode esquecer, nem suportar.

O lugar em que *Robinson Crusoé* fazia começar o fantástico é pertinente: na praia, na divisa do império insular criado por uma atividade metódica. O historiador encontra-se, também, neste lugar, diante do mar de onde vem o homem que deixou vestígios. No entanto, diferentemente de Robinson, ele sabe que o outro não voltará. A narrativa da história deveria, portanto, interromper-se aí: o estrangeiro não voltará a surgir do mar; ele já *se foi* [*a passé*].

De fato, por ter visitado as bordas de sua terra e por ter ficado, à semelhança de Robinson, "perturbado" pelos vestígios da ausência marcados nessas margens de uma sociedade, o historiador retorna *alterado*, mas não *silencioso*. A narrativa começa a falar entre contemporâneos. Parece-me que ela *pode* falar do sentido que se tornou possível pela ausência quando não existe outro lugar além do discurso. Ela diz, então, algo relacionado com qualquer comunicação, mas elabora tal relato sob a forma de lenda – a bom entendedor, meia palavra basta –, em um discurso que organiza uma presença faltante (DE CERTEAU, 1972) e conserva, do sonho ou do lapso, a possibilidade de ser a marca de uma alteridade alterante.

Deste modo, a escrita encena o "vestígio" de um pé descalço na areia; ou, de preferência, ela refere-se a isso como a seu outro. Em sua escultura *Personnage* (esculpida em 1968; ver RABANT-LACÔTE, 1973, p. 3-5), Miró combinava a representação gráfica de um rosto com duas marcas de pé: por um lado, uma escrita significante (a silhueta desenhada pelo escultor); e, por outro, a impressão silenciosa (a marca deixada pelos pés). Elas se remetem uma à outra, evocam-se e alteram-se em uma relação que associa a produção de um discurso sobre o ausente (o ícone) à silenciosa garantia abandonada pelo ausente (a marca). Essa "maneira de memória" articula, sem confiná-los, os vestígios do outro.

CAPÍTULO IX

A instituição da podridão: *Luder* [76]

> *Durante a noite [...], uma noite única, o deus inferior (Arimã) apareceu... Diante das janelas de meu quarto de dormir, sua fala repercutia com uma pujante voz grave... O que era dito soava de um modo que não era absolutamente amigável. Tudo parecia calculado para me inspirar temor e estremecimento; além disso, a palavra podridão (Luder) fez-se ouvir várias vezes – aliás, vocábulo bastante frequente na língua fundamental (Grundsprache) quando se trata de fazer sentir o poder e a cólera de Deus em relação ao homem que ele deseja aniquilar. Mas o conteúdo de todas as afirmações era autêntico (echt), nenhuma frase apreendida de cor... Assim, a impressão verdadeiramente dominante em mim não era o temor, mas a admiração diante do grandioso e do sublime. Deste modo, apesar dos insultos contidos nas palavras, o efeito produzido em meus nervos foi benfazejo...*
>
> Daniel Paul Schreber (1903, p. 136-137; 1975, p. 121)

> *Não escrevam nas latrinas*
> *Caguem na escritura.*[77]
> Pichação no banheiro de uma sala de cinema, Paris, 1977

---

[76] "L'institution de la pourriture: *Luder*", in *Action poétique*, 1977. Cf., neste livro, história textual deste capítulo, p. 41.
N.T.: O vocábulo "podridão" traduz o original *pourriture*; em decorrência dos diferentes contextos, esse termo foi traduzido, também, por "lixo", "imundo", "perversão".

[77] N.T.: No original: "*N'écrivez pas dans les chiottes, / chiez sur l'écriture.*"

Entremeio [*entre-deux*]. Psicanálise e mística

Não estou falando como analista, nem como místico; não sou credenciado por nenhuma dessas duas experiências que, alternadamente, constituíram uma inacessível autorização do discurso. Resta-me – musa a ser evocada para começar – o Sexta-Feira de Saint-John Perse no poema *Images à Crusoé*: o selvagem, introduzido nas cozinhas londrinas, cujos salões são frequentados pelo patrão, Robinson, aí brinca de mau-cozinheiro[78] ou de bate-coxas (1972, p. 9-20). A mística, em particular, só pode ser abordada à distância, como algo de selvagem e de burlesco. Seu discurso produz-se em outro palco; é impossível tanto pensá-lo quanto dispensá-lo. Como a "língua fundamental" de Schreber, ele tem "algo de arcaico", embora não sem "vigor" (SCHREBER, 1903, p. 13; 1975, p. 28); assemelha-se ao fantasma que retorna à cena.

Desse "fundamental" que retorna sob a forma de mística, como alucinação de ausência, a distância marca a idade ou uma primeira morte (a separação entre seu tempo e o nosso), além de um pudor a conservar (o afastamento do lugar em que essa coisa foi escrita). A distância é, para mim, igualmente interior: estou dividido por uma incerteza em falar *disso*, dessa relação de significantes com um não conhecido, desse discurso alheio e próximo que, talvez, obceca um indeterminado materno. Eis o que me liga sem que eu possa crer que eu esteja aí ou, o que é pior, servir-me disso como credenciamento. Mas, afinal de contas, é bastante semelhante ao que a psicanálise relata sobre suas bordas e seus limiares a quem faz questão de não *fazer parte* (de sua instituição) e de não falar *desse lugar*, exatamente por causa do que vem daí. À partida, portanto, há clivagem entre o fato de estar investido aí (feito cativo?) e o fato de não estar nesse lugar, nem ser desse lugar.

Para esboçar uma articulação entre essas duas experiências e a relação estabelecida por elas com a instituição, parece-me que encontrei um acesso pela revelação schreberiana, semelhante à mística em tão grande número de aspectos. Durante essa "noite

---

[78] N.T.: No original, "*gâte-sauce*", literalmente: estraga molho e, daí, mau-cozinheiro.

única" no ano de 1894, soava, "de modo algum, amigável" e, no entanto, "benfazeja" e "apaziguante", uma "pujante voz grave", dizendo ao presidente: *Luder*, ou seja, "megera", "devassa", "safada" ou, de preferência – porque existe algo de familiar na injúria – "lixo!". Proponho que esta palavra seja *meditada*, o que significa – de acordo com a contemplativa francesa, Madame Guyon (1720; 1997) – engolida. Ela impôs-se, introduzindo-se no entremeio [*entre-deux*] da mística e da psicanálise, sem qualquer justificativa além do que ela pode produzir aqui e lá: uma "fórmula" escutada, um "pedacinho de verdade" – um *estilhaço* de quê?

Que analogias globais seriam fornecidas por uma moldura – é verdade, frágil – à encenação schreberiana dessa *palavra* que é o arquivo do sujeito (seu documento corrompido) e o dizer de sua não-identidade? Vou limitar-me a sublinhar três encontros entre psicanálise e mística. Por um lado, a distinção entre enunciado e enunciação, entre um *corpus* e um ato do sujeito: por ser central em Lacan, esse corte não deixou de ser instaurado, precisamente, pelo discurso místico dos séculos XVI e XVII (DE CERTEAU, *FM*, 1982, em particular, os caps. V e VI).

Por outro lado, a teoria lacaniana mantém com os místicos – Mestre Eckhart, Hadewijch de Antuérpia, Teresa de Ávila, Angelus Silesius, etc. – relações de "separação" e de "dívida" ou, o que vem a dar no mesmo, ela rejeita seus bens, verdades cadavéricas, e reconhece-se na carência da qual eles receberam o próprio nome: do retorno desses fantasmas cristãos em pontos estratégicos do discurso analítico, movimento homólogo à relação de "contestação" (*absprechen*) e de "filiação" (*angehören*) que articula o texto freudiano a partir da tradição judaica (DE CERTEAU, *EH*, "La fiction de l'histoire. L'écriture de Moïse et le monothéisme", 1984, p. 312-358), algo deveria escrever-se, zebrura e trabalho de ausências, na expectativa de ser capaz de se exprimir como representações desses estrangeiros que, por sua vez, haviam tornado possível essa teoria.

Finalmente, o último traço: na mística dos séculos XVI e XVII existe um desejo análogo àquele que Philippe Lévy (1996) havia desvelado em Freud, ou seja, a vontade de chegar ao fim, uma pulsão de morte. Nos místicos, o anseio de perder visa a linguagem religiosa em que se traça sua caminhada e, simultaneamente, o próprio traçado de seu itinerário. À medida que os criam, as viagens destroem os caminhos; ou, mais exatamente, ao caminhar deseja-se perder a paisagem e a estrada. A mística apresenta-se como um processo que evanesce o sentido dos objetos, a começar pelo próprio Deus, como se ela tivesse a função tanto de encerrar uma *episteme* religiosa, suprimindo-se aí a si mesma, quanto de produzir, assim, a noite do sujeito ao marcar o fim de um dia da cultura. Parece-me que, em relação com o nosso tempo, as tentativas analíticas exercem uma função histórica semelhante; elas empenham-se em manifestar a defecção de uma cultura em seus representantes ("burgueses") e, por esse depericimento de uma economia significante, elas escavam o lugar de uma *outra* que seria o além do que ainda serve de suporte à crítica analítica. Nesse aspecto, a mística e a psicanálise pressupõem – outrora, relativa a Igrejas "corrompidas"; atualmente, através do "mal-estar na civilização" – a experiência, tão "clara" e intolerável para Schreber, "que há – retomando a fala de Hamlet – algo de podre (*faul*) no reino da Dinamarca" (SCHREBER, 1903, p. 203; 1975, p. 170).

Esse horizonte de questões encontra-se fora de meu intuito, que se limita a circunscrever o termo *Luder*: este nomeia o sujeito como relação com a decomposição do corpo simbólico, instituição identificadora, além de conotar, portanto, uma transformação no estatuto da instituição e em seu modo de transmissão.

Nominação. O nobre e o podre

Da palavra escutada por Schreber, algumas características estão em consonância com as antigas narrativas místicas e merecem ser sublinhadas. Em primeiro lugar, a passagem do ver para o escutar: a visão funde-se em um efeito de voz no ato de "perceber a fala" (*ich vernahm seine Sprache*), "pujante voz de registro mais grave" localizável "diante da janela". Uma semicegueira do sujeito cria o vazio em que ressoa a palavra do Outro; o mesmo ocorre com um tão grande número de alucinações auditivas que balizam as experiências místicas. De fato, entre a voz e a visão, existe uma inversão dos conteúdos, em Schreber: a voz confere-lhe um espaço que é o avesso do que ele vê em Deus. Schreber é chamado "imundo" pelo Deus que ele contempla "em toda a sua pureza (*Reinheit*)". Os termos contrários tornam-se símbolos em uma estrutura imundo/puro e escutado/visto. A palavra que condena a ser aniquilado (*zu vernichtenden*) é escutada no meio do espetáculo oferecido pela "onipotência (*Allmacht*) de Deus". A fala considera nula a testemunha da glória. Mais exatamente, essa vocação para ser devassa profere o segredo que serve de suporte à epifania divina, cuja marca (*Eindruck*) é carregada por Schreber: ela é gravada ou escrita em seu corpo como admiração diante do "grandioso" e do "sublime". Ditada por uma voz, a podridão do sujeito é a condição para que haja instituição teatral da "onipotência em toda a sua pureza". A língua fundamental declara, portanto, em que lugar *dito* origina-se o ouro puro de uma verdade *mostrada*; neste aspecto, ela coincide com o conhecimento que se desdobrou em narratividades místicas.

Essa constatação diz respeito apenas ao conteúdo. Mais importante é a forma da experiência de Schreber: trata-se de uma nomeação. Na carreira de Schreber, ela ocorre após outras, em acréscimo e, sem dúvida, também em demasia. No ano precedente (1893), ele havia sido nomeado presidente de câmera no Supremo Tribunal de Dresden, *Senatspräsident*. Tal nomeação, promoção para uma tarefa e designação do sujeito (ao se dirigirem a ele, as pessoas utilizam o qualificativo de "Senhor Presidente"), é substituída por aquela apelação imposta pela voz do deus Arimã: "Teu nome é lixo, *Luder*." Jogos de identidades com base no vácuo do nome primeiro, forcluso, *caduco*.

Será esse o núcleo vazio das rupturas iniciáticas? As mudanças de nome e recomeços pelo nome encontram-se, constantemente, na tradição dos místicos: assim, João da Cruz (Juan de la Cruz) é o *ersatz* de Juan de Yepes, nome de família. Nessas substituições onomásticas, a nova apelação é conferida como programa de vida, um programa bem nítido para substituir a obscuridade do anterior – qualquer nome "próprio" impõe ao sujeito o dever-ser do não conhecido que é uma vontade do outro; tal apelação introduz uma filiação de sentido, em vez de uma filiação de nascimento, por uma troca de pai. Sob esse aspecto, a atribuição do nome tem a ver com o romance familiar: ela é adoção na e pela família nobre que toma o lugar da família obscura. No caso de Schreber, por mais "insultante" que seja o nome recebido, ele não deixa de ser o sinal de uma adoção pelo deus Arimã que, por suas "falas autênticas" e por seus "sentimentos verdadeiros", se torna próximo e "benfazejo". Ser chamado "lixo" ou "safado" é ser adotado pela família nobre. Existe aí uma estrutura que tem funcionado em qualquer "família" religiosa, antes de ser encontrado nas instituições ideológicas, políticas ou psicanalíticas.

Esse nome imposto pelo outro tem, igualmente e, sobretudo, a característica de não depender de nenhuma autorização. "Em si mesmo, ele significa algo que remete, antes de mais nada, à significação enquanto tal." O nome não é autorizado por qualquer sentido; pelo contrário, ele autoriza uma significação, à maneira do poema que não tem nenhum precedente e cria possibilidades indefinidas de sentido. No entanto, isso ocorre assim porque o termo *Luder* desempenha o papel do que é incapaz de iludir; em vez de ser crível, ele leva, sobretudo, a crer. Seu estatuto, diz Schreber, consiste em ser veraz e autêntico (*echt*). A língua fundamental responde, aqui, a uma necessidade geral: "é necessário que, em algum lugar, exista algo que não seja ilusório"; a própria ciência supõe que "a matéria não é trapaceira" de modo que, se "nos equivocamos", pelo menos, "ela não nos engana" (LACAN, 1981). Para Schreber, o que garante a verdade de todo o resto e torna possível a proliferação interpretativa de seus discursos, assim como sua lenta metamorfose em corpo de prostituta, é esse nome no qual ele acredita sob palavra, esse significante que vem do outro à maneira de um toque, essa voz de registro sobremaneira grave que impressiona seus nervos e deixa uma marca no corpo – efeito benfazejo produzido nos nervos pela "enunciação direta de uma afetividade real". A crença é baseada na tonalidade de uma voz e ela leva a crer que se é reconhecido, conhecido, até mesmo amado. Aqui, com sua autorização, Schreber acredita que ela o institui, finalmente, em alguma parte, fixando-lhe um lugar que põe termo à sua deriva, além de conferir-lhe lugar definido pelo nome com o qual é chamado por ela.

De fato, a nomeação atribui-lhe um lugar. Ela é vocação a ser aquilo que ela dita: teu nome é *Luder*. Um nome performático: faz o que ele diz. Os nervos de Schreber acabam por obedecer-lhe; trata-se apenas de um começo. Ao acreditar nisso, ele "encarnará" seu nome e terá vontade, diz ele, de "entregar o corpo à melhor oferta, à semelhança do corpo de uma puta" (SCHREBER, 1975, p. 61). Ele o entrega, desde o momento em que acredita. Sem qualquer condescendência e, até mesmo, contra o próprio interesse, ele decide assumir a situação. Ele transforma-se no corpo do significante; ora, a palavra escutada designa precisamente essa transformação. É mais do que um estilhaço de sentido, cravado na carne. Ele adquire valor de conceito já que, ao circunscrever o objeto da crença, articula também a *operação* de crer, que consiste em passar do corpo desfeito sem o nome – "lixo" que deixou de ter nome em qualquer língua – para o corpo "refeito" para e pelo nome: "puta" conformada ao significante do outro. O significado da palavra, ao oscilar entre "decomposição" e "safada", designa, em suma, o funcionamento do significante ou a relação efetiva de Schreber com a lei do significante. Ele exprime a condição e o efeito da crença na palavra quando ela se manifesta como identificação ou salvação.

Em vez de particular, trata-se de uma loucura *geral*. Ela serve de suporte a qualquer instituição que garanta uma linguagem de sentido, de direito ou de verdade. Schreber, enquanto jurista, apresenta somente a particularidade de conhecer seu segredo, difícil de escutar e "insultante"; ele não faz parte do número daqueles que podem permitir-se ignorar tudo a esse respeito. Do mesmo modo, um tão grande número de místicos que não atribuem a outros – considerados como "fariseus" ou "anormais" – o "insulto" da palavra evangélica que visa a "podridão" pressuposta pela "bela aparência", institucional e sepulcral, da verdade ou da justiça;[79] eles sabem que são seus destinatários; suas noites místicas ensinaram-lhes, também, que tipo de enterramento condiciona a verossimilhança de Deus, que tipo de falta (imemorial) e defecção (analítica) do corpo serve de suporte ao reconhecimento do Nome, e que tipo de desvelamento

---

[79] Evangelho de são Mateus 23,27; lê-se "*akatharsia*", em grego, e "*spurcitia*", em latim. No Evangelho de são Lucas 11,45, um doutor da Lei chama a atenção para o caráter "insultante" de tais palavras.

de podridão é, simultaneamente, o efeito e a "razão" da crença em uma justificação (DE CERTEAU, *FM*, cap. I, 1982).

Da tortura à confissão

O alinhamento do sujeito sob o signo da dejeção é o ponto pelo qual se implanta a instituição do discurso "verdadeiro". E esse discurso instituído transmite-se ao produzir sem tréguas, nos "sujeitos", sua condição de possibilidade, a saber, a confissão "benfazeja" – e, para cúmulo, verídica – de que eles não passam de podridão. A essa lei astuta da tradição-transmissão de uma doutrina nobre, pode-se acrescentar um procedimento extremo que proliferou sempre nas beiradas das instituições de verdade e que, bem longe de decrescer, à semelhança de um fenômeno arqueológico da história, não cessa de se desenvolver para tornar-se, cada vez mais, uma "prática administrativa regular", uma "rotina" política: a tortura.[80]

Conviria indagar-se sobre as alianças ocultas entre a mística e a tortura: elas têm aspectos aparentemente acidentais ou factuais. Assim, a coincidência entre antigas técnicas ascéticas e práticas atuais de tortura: por exemplo, as formas de privação de sono em Henrique de Suso (1295-1366), místico renano, assemelhando-se bastante àquelas que são utilizadas nas prisões brasileiras ou gregas. Não é também, de modo algum, um acaso se os trabalhos sobre a mística se desenvolvem durante os períodos de totalitarismo, como ocorreu na França durante a ocupação nazista, sob o regime de Vichy. Esse fato deveria ser equiparado às diferenças entre as figuras históricas de uma radicalidade evangélica, no século XVII: sobretudo, "místicas" nas monarquias católicas, por exemplo, na Espanha e na França; e, de preferência, "proféticas" nas estruturas mais democráticas e reformadas das monarquias inglesa ou nórdicas.[81] Tais experiências místicas postulam a aceitação de um poder "absoluto" que não se deve, ou já é impossível, transformar, além

---

[80] Em uma literatura abundante, ver AMNESTY INTERNATIONAL, 1973 e 1977; LAURET; LASIERRA, 1975; LONDON, 1968; PASQUALINI, 1975; VIDAL-NAQUET, 1972; etc.

[81] Para o século XVI, ver, por exemplo, OZMENT, 1973; ou, para o século XVII – e se distinguirmos aí tipos de experiência assimilados demais pelo autor – KOLAKOWSKI, 1969; e DE CERTEAU, 1975.

de remeter ao sujeito os questionamentos de que ele não poderia ser a representação, nem o objeto.

Desse modo, deparamo-nos com um aspecto mais fundamental. De fato, a tortura procura produzir a aceitação de um discurso de Estado pela confissão de uma perversão: afinal, ao torturar sua vítima, o carrasco pretende reduzi-la a ser apenas *isso*, um lixo, a saber, o que o próprio carrasco, além de ser, sabe que é, mas sem confessá-lo. A vítima deve ser a *voz* dessa safadeza, denegada por toda parte, e que serve de suporte, por toda parte, à *representação* da "onipotência" do regime, ou seja, de fato, à "imagem gloriosa" de si mesmos que tal regime fornece a seus adeptos pelo fato de reconhecê-los; portanto, ele tem de assumir a posição do sujeito a partir da qual funciona o teatro da potência identificadora.

No entanto, essa voz será, também, sufocada na sombra das masmorras, jogada nas noites do suplício, no momento em que ela confessa do sujeito o que torna possível a epifania do poder; trata-se de uma confissão desmentida. A voz só pode ser o outro, o inimigo. Ela deve ser, simultaneamente, escutada e recalcada: escutada porque, ao exprimir a podridão do sujeito, ela garante ou restabelece uma "filiação" – mas em segredo, para não comprometer a imagem em que a instituição respalda seu poder de assegurar a seus adeptos o privilégio de serem reconhecidos. Ela será exigida, mas para ser cochichada nos corredores íntimos da instituição. Grito murmurado, obtido por um suplício que deve meter medo sem provocar escândalo, além de legitimar o sistema sem desestabilizá-lo.

A vítima está apta para essa operação, precisamente porque ela vem de fora, trazendo a confissão que é indispensável ao funcionamento interno da instituição, mas que, ao mesmo tempo, pode ser exorcizada como se fosse a ação de um adversário; é verdade, também, que ela é o inimigo. O estrangeiro ou o rebelde à instituição dá testemunho de uma ambição que, aí, não é tolerável (a não ser hipocritamente): de fato, seja de que maneira for, a um discurso – político (um projeto revolucionário), religioso (um objetivo reformista), até mesmo, analítico (uma fala "livre") – ele supõe o poder de refazer a instituição. A essa pretensão de reconstruir a ordem da história a partir de uma fala "contestadora", a tortura opõe a lei da instituição que, à fala, afeta o papel inverso de ser apenas uma confissão embutida em uma adesão.

Uma vez mais, a tortura é *a iniciação*, por excelência, à realidade das práticas sociais (CLASTRES, "De la torture dans les sociétés primitives", 1974, p. 152-160); seu efeito continua sendo uma desmistificação dos discursos. Ela é a *passagem* do que se *diz* no exterior para o que se *pratica* no interior: esse trânsito, momento durante o qual o carrasco tem de *produzir* o assentimento a partir de uma exterioridade, *atraiçoa*, portanto – mas na obscuridade, durante a noite –, o jogo da instituição. Enquanto os projetos utópicos (revolucionários) pressupõem, em um dizer, a força de determinar um poder ou, na instituição, a capacidade de tornar-se a articulação visível de uma "verdade" dita ou a dizer – enquanto esses projetos conservam, portanto, uma estrutura "evangélica" –, a tortura restaura a lei do que *se passa* efetivamente. A voz deixou de ser "profética", carregando à sua frente a transgressão de um desejo. Um nome, *Luder*, dita ao sujeito o que ele deve ser para garantir a existência da instituição, para que ele possa acreditar o que ela mostra de si mesma e para que ele seja adotado e reconhecido por ela.

O torturado fica surpreendido por deparar-se com uma lei inesperada para ele; de fato, finalmente, não lhe é solicitado para declarar como verdadeiro o que ele considera como falso. A instituição não se apoia no reconhecimento da verdade que ela mostra na aparência e na teoria (portanto, quem, no interior, a pensa como verdadeira?), mas no reconhecimento da safadeza *deles* por seus adeptos. Assim, o sujeito capturado pelo aparelho da tortura seria colocado não perante o valor ou o horror de um sistema – terreno em que ele se sente mais forte – mas diante de uma falha e de uma podridão íntimas, ou seja, terreno em que ele está fragilizado. A revelação da própria safadeza, cuja produção é tentada pelo suplício ao aviltá-lo, deve retirar-lhe, tanto a ele quanto aos carrascos e aos outros, qualquer direito à rebelião. Por essa reviravolta de situação e por esse uso inverso da fala (que, em vez da instituição, passa a questionar o sujeito), o maquinismo da humilhação espera fazer aceitar a vítima o nome que lhe é atribuído pelos carrascos: *Luder*.

O aspecto perverso no procedimento da confissão é que, de qualquer maneira, ele tem a certeza de acertar o alvo. À semelhança de Schreber isolado no hospital psiquiátrico de Sonnenstein, o torturado está privado das garantias coletivas que garantem a "normalidade", entregue à parafernália de técnicas que desfazem seu corpo e se obstinam em comprovar-lhe sua traição, sua covardia e sua insignificância. Ele perde o álibi de filiações políticas, ideológicas ou sociais que o protegiam contra o que o nome insultante lhe ensina a respeito de si mesmo. Essa atribuição do nome não seria, de fato, a expressão do que ele é? "Sou perfeitamente *isso. Luder.*" O nome articula na linguagem o aspecto que faz esquecer as solidariedades de outrora[82]: esse "real" oculto por trás de uma frágil apropriação e propriedade de si. Essa boca abre para o que há de podre sob o reino das relações sociais ou militantes. Essa coisa pronunciada e recebida estabelece relação com a revelação, difícil de entender; seu desnudamento místico e sua elucidação analítica constituem – a partir de modos inversos, embora na mesma solidão – o começo ou o princípio de outra viagem. Convém se questionar sobre os efeitos dessa confissão, sobre o que ela permite ao iniciado e sobre o proveito que uma instituição tira de semelhante enucleação.

Há do outro

Por saber *isso*, o torturado pode ficar completamente subjugado, instrumento passivo do poder, ou arrogar-se todos os direitos, enquanto utilizador cínico de seu segredo: essas duas figuras existem entre os servidores do sistema – aqueles que verificam a revelação, conformando-se ao nome, e aqueles que tiram proveito dela ao revesti-la com um nome atraente. No entanto, apresenta-se outra saída que deixou de ser uma resistência respaldada na "pureza" de uma militância ou na "majestade" de uma causa e que também não é o jogo dos "corrompidos" na instituição do poder. Ela indica-se em um movimento que, em vez de uma denegação ou perversão,

---

[82] Não se deve "esquecer" a solidariedade desenvolvida entre torturados; por exemplo, o resistente que, durante o período do suplício, repetia para si mesmo os nomes dos colegas. A vitória da tortura consiste em apagar a lembrança de qualquer outro nome, salvo *Luder*.

seria algo como: "Sou apenas *isso*, um lixo; *mas, qual é o problema?*" Ser um lixo não implica necessariamente que o sujeito tenha de identificar-se com "isso" ou com uma instituição que lhe garanta "cobertura". Algo do real sobrevive a essa defecção: uma história, lutas, outros sujeitos. Talvez, até mesmo, não haja real além daquilo que deixou de aparecer suscetível de fixar uma identidade ou de merecer o reconhecimento a caminhantes.

Em suas narrativas, alguns torturados indicam em que ponto de desfalecimento ocorre sua resistência. Eles haviam "resistido", de acordo com seus depoimentos, por terem suportado (talvez, até mesmo, convenha dizer: tolerado) a lembrança de colegas que, por sua vez, não eram "lixo"; por terem conservado presente a luta em que estavam envolvidos, ao passo que ela sobrevivia, intacta, ao "aviltamento" deles, sem desonerá-los nem estar dependente dessa situação; por terem escutado ainda, no ruído dos suplícios, o silêncio da cólera humana e uma genealogia de dores dos quais eles eram oriundos, sem que, no entanto, pudessem tomar a defesa ou esperar algo disso; ou por terem rezado, ou seja, suposto uma alteridade, Deus, de quem não recebiam nenhuma ajuda ou justificação e para quem não tinham nenhuma utilidade, nem prestavam nenhum serviço – exatamente o que um antigo rabino visa ao dizer que rezar é "falar para o muro". Essa resistência escapa aos carrascos por ser absolutamente imperceptível; ela organiza-se precisamente no que escapa ao próprio torturado, no que existe sem ele e permite-lhe escapar à instituição que só o assume como filho adotivo ao reduzi-lo a *isso*, um lixo. Semelhante resistência não se respalda em *nada* que lhe pertença; é um "*não*" preservado nele por aquilo que ele não tem. Oriunda de uma defecção reconhecida, ela é memória de um *real* que deixa de ser garantido por um Pai.

Para os místicos, também, o começo é uma destruição da dignidade humana – mesmo que essa corrupção assumida pelo sujeito e que, muitas vezes, acompanha sua teatralização corporal (feridas, infecções, purulências, etc.) seja intolerável para os pesquisadores conformistas e denegada sempre pelos intérpretes "humanistas". O "ego estigmatizado" – para retomar uma expressão de Gottfried Benn (1956) – é o lugar do desfalecimento e da decomposição em que intervém a "fé". Dessa relação entre o menosprezo (você não passa de um lixo) e essa fé (há do outro) obtém-se uma primeira indicação com a forma assumida pelo "puro amor" durante três ou quatro gerações de místicos, no século XVII: apesar de condenado, vou continuar amando você. Rejeitado, prestando-se a bancar o dejeto, o sujeito não deixa de voltar-se para o Oriente do qual está definitivamente separado; há uma aparência – um *Fora* [*Hors*] – do que ele *é*. Mas essa figura histórica e patética de uma fé pensada em termos de condenação não passa de uma variante da estrutura que Mestre Eckhart definiu pelo conceito de *Gelassenheit* (*gelâzenheit*): um abandono de si baseado no absoluto (o des-ligado) do ser, um "deixar ser" o Outro (por exemplo, SHÜRMANN, 1974 e 1975; igualmente, BRETON, 1976).

A esse respeito, teríamos ainda um exemplo de inspiração mais clássica (pelo menos, eis o que estaria à nossa disposição na tradição escriturária do que ainda resta desses textos) com a maneira como João da Cruz caracteriza o princípio (e quase o *a priori*) que organiza, de um extremo ao outro, a viagem mística. O princípio do movimento é "o que excede" (*aquello que excede*). Ele não se manifesta como uma presença e intimação de tudo o que faz falta; pelo contrário, o excesso e o não conhecido de um existir acompanham cada experiência e cada conhecimento. Qualquer etapa tem a ver com a não identidade do sujeito no estado em que ele se encontra. A percepção, a visão, o êxtase, o despojamento, a própria podridão são, alternadamente, entrecortados por um "não é isso", de modo que o discurso de João da Cruz é uma série indefinida de *isso não, isso não, isso não*. A história que ele relata, tão interminável quanto os acontecimentos classificados por ele, narrativiza de algum modo o funcionamento do significante *Deus*, mola propulsora que introduz *cada vez menos* de satisfação e *cada vez mais* de não conhecido na posição do sujeito. Em suma, ela desenvolve o trabalho do que aparece, no início de *A subida do Monte Carmelo*, como o postulado, ou a convenção e conveniência (*conviene*) de qualquer itinerário espiritual, a saber: *creer su ser*. Considerando a distinção entre o verbo *ser* (*être*, ex-istir) e o verbo *estar*[83] (relativo a um estado), traduzirei:

---

[83] N.T.: No original, "ser" e "estar".

crer que há do outro (*La Subida del Monte Carmelo*, II, 4). Para esses místicos, de fato, há sempre o outro de quem, em princípio, nada lhes cabe de direito. É o outro, sem retribuição. Ele ex-iste, sem nome e sem nomear.

Sem dúvida, a expressão – *há do outro* – apresentar-se-ia, então, sob dois registros; ora, aqui, suponho que já não somos capazes de considerá-los, diferentemente desses místicos, como idênticos. O primeiro remete ao papel do significante, a uma função da linguagem, ou seja, "Deus": então, trata-se do fragmento insensato que impede qualquer apropriação, é o pedaço de diamante que restaura o "cada vez mais" ou o "cada vez menos" em relação a cada saber e a cada fruição. Mas o *há* tem a ver, também, com o sentido do *Es gibt* heideggeriano: "dá-se" algo. Então, Deus é o fora que está dentro, uma intimidade da Exterioridade; parece-me que os místicos já se questionavam sobre a juntura entre esses dois funcionamentos do "há do outro", ou de "Deus": a certeza do primeiro insinua, muitas vezes, a verossimilhança do segundo ou consegue mantê-la em suspense e tornar tolerável sua incerteza. De qualquer modo, o que é pensável a esse respeito, para mim, atualmente (por razões que não associo a uma anônima e fictícia *episteme* contemporânea, mas a fixações muito mais particulares e que, aliás, questionam minha abordagem "masculina" desses místicos) é o viés pelo qual a mística é a "ciência da única probabilidade do outro" (SCHEFER, 1975, p. 141). Essa ciência afeta, ao reconhecimento de uma podridão nomeada (apelativa, à semelhança de uma vocação), uma abertura para a indefinida probabilidade do outro.

A tradição pelo corrompido

Com essa localização triangular da "podridão", cuja revelação havia sido entendida por Schreber, assim como por místicos e torturados, limito-me a desdobrar as regiões – psicanalítica, cristã e política – nas quais encontrei a mesma questão. Essa geografia de itinerários assombrados tem apenas, talvez, uma coerência subjetiva; na verdade, somos precedidos, igualmente, por nossas questões e os lugares em que elas se exprimem. O problema, aqui, diz respeito seja à *utopia* que, desde a Reforma e a *Aufklärung*, encena a vontade de refazer instituições (corrompidas) a partir de ficções de "pureza" assumidas como modelos; seja ao *realismo*, figura oculta do cinismo que autoriza o poder por sua capacidade de atribuir um reconhecimento – ou filiação adotiva nobre – a adeptos previamente convencidos de serem safados. No primeiro caso, a instituição é a podridão que deve ser reformada pelo recurso a uma inocência, a uma liberdade ou a uma pureza mais originária; no segundo, a podridão é o originário, cuja revelação é rentabilizada pela instituição, ao encobri-la. As modalidades de iniciação e de transmissão posteriores diferem e posicionam o sujeito em relações inversas com o poder e o saber.

A partir de três experiências esboçadas por mim, pergunto-me se a única saída é uma reforma baseada em uma ficção de pureza (a teoria aparece aí como denegação) e em um conservadorismo apoiado em uma exploração da podridão (a teoria desempenha, desde então, a função de ocultar seu papel efetivo). Por falta de resposta geral (inexistente), limito-me a algumas hipóteses relativas aos referenciais adotados por mim.

O presidente Schreber, a quem é atribuído o qualificativo de lixo, constrói um sistema *a partir de* seu aviltamento; ele encarna seu nome por ser megera, embora megera e prostituta de um Deus que "não tem comércio com cadáveres" (SCHREBER, 1903, p. 65; 1975, p. 60) e que, por sua vez, não passa de uma prostituta (*Hure*; p. 384 e p. 278). O fim do mundo que obceca esse "profeta" da ausência do outro, a catástrofe do Juízo Final que o engole em sua enorme abertura, tudo isso se interrompe com uma palavra "que toma o lugar do que é destituído de nome" (LACAN, 1966, p. 535). E "ele volta a construir o universo" (FREUD, 1954, p. 315) nesse preciso lugar. Gênese de um mundo a partir de uma palavra. Produção de um mundo fictício, "delirante", a partir de uma palavra autêntica e verdadeira (*echt*). Schreber, a partir da ficção que ele constrói, deverá eliminar qualquer falha por onde possa insinuar-se o desastre universal. Nenhum nada, nenhum *nichts-denken* (pensar em nada, pensar o nada), deve esburacar o *corpus* de sua identidade. Ele está na derradeira fronteira – o corrompido – antes da decomposição total e não pode permitir-se qualquer repouso, nem qualquer ausência, porque *nada existe* além dessa proliferação discursiva. Ao segurar essa aposta extenuante, ele engendra o *homogêneo*, ele é a mãe que nada perde e, ao tecer a rede dos raios divinos, ele poderá, em 1898, "acreditar que está habilitado a borrar o mundo inteiro" (SCHREBER, 1903, p. 226; 1975, p. 187).

Esse discurso que escapa à instituição, ao tomar seu lugar, poderia ser equiparado a um grande número de discursos a que se atribui o qualificativo de espirituais, proféticos ou místicos, com a seguinte diferença: muitas vezes, eles não se edificam a partir de uma palavra tão verídica. No entanto, tal constatação não se refere aos místicos que mencionei, na medida em que a própria *instituição é o outro* em relação ao delírio deles e que, neste aspecto, ela tem pertinência. Desse ponto de vista, não há desaparecimento do outro, mas antinomia entre a nomeação, poema sem qualquer autorização, e a instituição que tende a controlar, retomar, alterar o poema, impedindo sua circulação a não ser em versões comentadas ou corrompidas. No entanto, o debate é mais acirrado: trata-se de saber se, ao recusar-se em substituir a instituição por um delírio, o místico não está na posição de se alinhar com ela e, por essa conformação, de eliminar o outro, voltando ao mesmo.

Tal é, de fato, o jogo da instituição: ela *alberga* a podridão e, ao mesmo tempo, a designa. Atribui-lhe uma posição, embora circunscrita, constituída em segredo interno: entre nós, você não passa de uma megera, de um sujeito *suposto* saber. Ao albergar essa "podridão", ela toma seu encargo e vai limitá-la a uma verdade conhecida e pronunciada no interior que permite ao exterior outro discurso – desta vez, nobre – da manifestação teórica. Uma pichação, em uma sala de cinema de Paris, levava a ler a transgressão que ela rejeita: "*Não escrevam nas latrinas, caguem na escritura.*" Schreber passou de uma para a outra dessas duas transgressões. No entanto, para o sistema institucional, o fato de cagar nas latrinas, no interior, é a condição para que haja teoria no exterior. No interior, "velho safado" é uma expressão amigável que estabelece a verdade de um companheirismo: aplica-se apenas a quem é isso mesmo. Tal "intimidade" institucional é a única que torna possível a habilitação a proferir publicamente o discurso do, e sobre o, Outro.

Ou, dito por outras palavras, a instituição não é somente a epifania ilusória de um ideal do ego que viesse a permitir a produção de crentes. Não somente um conjunto de procedimentos geradores de credibilidade pelo fato de retirar o que eles prometem. Não somente uma relação entre algo *conhecido* e algo *silenciado*, modo a partir do qual Freud interpreta a instituição sacerdotal: ela constitui-se por silenciar o assassinato conhecido. No entanto, seria também a atribuição-localização da podridão no interior, mediante a qual o discurso é "grandioso"; seria a combinação entre a *voz* noturna que se refere aos corrompidos e a *manifestação* ou "teoria" do sublime. Eis o que ocorre na relação com o patrão: me chame de *Luder* para que eu aceite seu discurso. A transmissão do saber passaria pelo corrompido; e a tradição pela corrupção que, reconhecida, autoriza a instituição a permanecer a mesma.[84]

No privado, portanto, passa-se algo diferente do que ocorre em público. Talvez seja necessário seguir, de preferência, a orientação que, outrora e temporariamente, havia sido esboçada por Teresa de Ávila e por outros, segundo a qual eles pretendiam entrar em uma ordem *corrompida* sem esperar que esta viesse a atribuir-lhes uma identidade ou um reconhecimento, mas unicamente a alteração de seu indispensável delírio. Eis o que seria encontrar na instituição, simultaneamente, a seriedade de um real e a derrisão da verdade exibida por ela.

---

[84] Será que um homólogo dessa estrutura deve ser reconhecido na articulação aristotélica entre *forma* e *matéria*? Esta última (*hyle*) é, para Aristóles, o que se decompõe, se dissolve (apodrece?), e, simultaneamente, o que se opõe à forma, como uma mulher ao homem. Dar forma à "matéria" (algo de indeterminado em defecção): será esse o papel da instituição?

CAPÍTULO X

Lacan: uma ética da fala/palavra [*parole*]⁸⁵

Ele fala – aos clientes, aos membros de sua École, ao público do Seminário e um pouco por toda parte. Esse é, diz ele, seu ofício de analista, transformando essa postura na maneira de se esquivar. É o ato de sua teoria, o gesto que a constrói; é, também, o paradoxo de uma vida. Ele atrai porque se retrai. As partidas escandem sua carreira: sucessivamente, ele deixa, em 1953, a Société de Paris e, em 1963, a Association Psychanalytique Internationale. Em 1980, é a vez da École Freudienne de Paris, fundada havia dezesseis anos pelo "ato" que a instituía em nome de uma solidão: "Fundo – tão sozinho quanto sempre estive em minha relação com a causa psicanalítica...".[86] Suas estratégias, também, inspiram-se em um desprendimento que, muitas vezes, visa os companheiros mais próximos (esse já havia sido um traço característico de Freud que preferia o distanciamento, como se uma separação criasse o espaço analítico). Segundo reza a lenda (que tem suas razões), "Lacan" designa, aliás, uma retórica da subtração. Esse nome próprio recorta a silhueta de um personagem escandaloso: no círculo restrito dos intelectuais, ele desdenha o código social que os leva à procura de uma presença cada vez mais frequente na mídia; no campo da pesquisa, ele transgride a regra que serve de fundamento à capitalização do saber em relação à legibilidade de seus enunciados. Faz escutar o que ele impede de

---

[85] "Lacan: une éthique de la parole", in *Le Débat*, 1982. Cf., neste livro, história textual deste capítulo, p. 41.
[86] Início de *Acte de fondation* de l'EFP, 21 juin 1964; ver LACAN, 2001; 2003, p. 235.

compreender; dispõe de uma audiência – aliás, não desejada por ele – que irrita as leis aparentes da publicidade. *Isso* lhe acontece como uma doença. *Isso* o apanha quando já é sexagenário; eis uma idade em que não se recomeça a vida. De qualquer modo, *não é isso*. "Apercebi-me de que minha caminhada era da ordem do *não quero saber de nada a esse respeito*" (LACAN, 1975a, p. 9). Nenhum compromisso, seja em relação à televisão, aos cursos ministrados no melhor período da universidade de Paris VIII – Vincennes ou às conferências proferidas no exterior. Pedantismo, sem dúvida (não será, também, um jogo?), essa retirada é o gesto violento que faz seu pensamento e do qual emergem todas as suas proezas. Ele cria a fala tal como teoriza a seu respeito e a torna suporte do ato.

Lacan não pertence a ninguém. Ele *não está aí, nem caiu* na armadilha do próprio discurso em que os fiéis acreditam confiná-lo, *tampouco se vinculou* a uma instituição e a uma genealogia, nem sequer às que lhe dizem respeito pessoalmente. Fala e está sozinho: o mesmo combate. Ele é Outro, tal como assina este testamento de 1980: "Se ocorrer minha partida, estejam certos de que o objetivo é o de ser, finalmente, Outro. É possível contentar-se em ser Outro como todo o mundo, após uma vida passada a pretender isso, apesar da Lei."[87] E isso ocorreu. O passante partiu; não cessou de partir, colocando, no lugar de seu corpo (corpo físico, *corpus* doutrinal, corpo social), os significantes indutores de um "discurso" ["*parole*"] que se chama "Lacan". Essa política da substituição termina no momento em que ele se torna "Outro como todo o mundo". Subsiste seu nome perto da tumultuada École em que ele está enterrado, à semelhança das sandálias de Empédocles,[88] na encosta do Etna; os "escritos" não passam de sandálias desse passante, o efeito da retirada que servia de suporte para seu *dizer*. Portanto, neste texto, não estou ligando para o elogio fúnebre[89] ("teórico" ou não) que um grupo pode lavrar

---

[87] Em 15 de janeiro de 1980. Epígrafe do número especial do cotidiano parisiense, *Libération*, 11 de setembro de 1981 – aliás, a melhor das homenagens prestadas a Lacan após seu falecimento.

[88] Um personagem que obceca os textos lacanianos em seus momentos decisivos. Ver, por exemplo, LACAN, 1966, p. 320, etc.

[89] N.T.: No original, *tombeau*. Esse termo significa também, túmulo; em outros trabalhos, Michel de Certeau usa o "conceito" túmulo escriturário.

em seu proveito ao utilizar esses "escritos" – o "bem da sociedade" é o imperativo de que Lacan se esquiva (LACAN, 1986 – cf. última sessão do Seminário de 1959-1960). Não tenho vontade de repetir tal lição, mas de identificar o ato que transforma seu discurso na ética de uma palavra.

A tragicomédia

O fim será meu começo: os últimos anos do Seminário. Diz-se, então: o velho perde seu vigor. Onde estão os Seminários de outrora, iniciados no Hospital Sainte-Anne (1953), reservados a uma plateia de analistas-estudantes? Nessa ocasião, os participantes encontravam-se "entre si"; nos textos freudianos, o Mestre talhava as peças de um órganon psicanalítico (o ego, as psicoses, o objeto, o inconsciente, a transferência, etc.; 1953-1963), antes de se concentrar sobre a questão do Outro e sobre os conceitos corolários de "objeto pequeno *a*" e de "sujeito barrado" (1964-1974).[90] Durante esse segundo período, a situação começa a deteriorar-se. Na sala de École Normale Supérieure que serve de teatro a essas operações, desde 1964, o público cresce, acumula-se, transborda de forma cada vez mais incontrolável; o lugar "decente" (pensem bem: a École Normale[91]) fica lotado por toda a espécie de indivíduos e coisas. Em 1968, a diretoria não agüenta mais a "sujeira" predominante e, para rechaçar a desordem intelectual, alega a desordem física. Uma vez mais, Lacan desloca-se: ele deve transportar, alhures, a horda que é a doença de sua fala. Com sua flauta, ele a conduz ao *Panthéon* (ao território dos mortos). No entanto, ao mesmo tempo, ele entende instaurar lugares "decentes" ["*propres*"], por um ataque de surpresa dirigido ao departamento de psicanálise (na universidade de Paris VIII – Vincennes); pela fundação de uma "sede" para a École Freudienne (69, rue Claude-Bernard, Paris); e pelo fortalecimento dos procedimentos

---

[90] Sobre esse percurso, há um grande número de interpretações; ver o esquema apresentado por MILLER, 1981, p. 7-8.
[91] N.T.: Vale lembrar que a ENS – École Normale Supérieure, fundada em 1794, rue d'Ulm, ao lado do *Panthéon*, em Paris – é um estabelecimento público de ensino superior para garantir a formação de professores.

iniciáticos da filiação (o "passe"[92]). Na estratégia que responde a tal massificação, o aparato lacaniano, que, outrora, articulava uma fala pública a partir do trabalho silencioso de uma disciplina, encontra-se exposto em um dispositivo geográfico que posiciona em lugares diferentes, por um lado, a fala, entregue à "imoralidade" científica de um *free speech*, e, por outro, a seleção didática e profissional de uma École com sede própria – ou seja, dois elementos que exibem a mesma marca, "Lacan". O isolamento e, portanto, a visibilidade das condições institucionais da análise criam, então, no interior da École, uma série de surpresas, de revisões dilacerantes e de tensões que se foram ampliando incessantemente. Desnudado, o poder que serve de suporte à "fala livre" deve ser, daí em diante, assumido, por sua vez, pela teoria que o pressupunha. No entanto, antes de mais nada, o que ocorre com essa palavra desorbitada dos circuitos profissionais, desvinculada, ab-soluta na multidão?

Tempo dos "nós borromeanos": com pedaços de barbante, o Mestre é, supostamente, capaz de produzir uma metateoria em termos de topologia. É possível. A demonstração não é convincente, mesmo que ela se sirva da coincidência dos dois pólos extremos da linguagem – o mais formal enunciado escriturário e o mal-entendido oral do diálogo – e mesmo que ela ofereça uma teoria geral do espaço para pensar a metonímia (procedimento psicanalítico e literário mais fundamental que a metáfora). Dois pontos tão fascinantes em que, com muitos outros, tenho vontade de acreditar. Mas esse não é o aspecto essencial. Lacan procede a um *rito teórico*. A lenta erosão dos conteúdos conceituais libera o ato teatral que os havia construído. O gesto que tinha reorganizado o campo das práticas e categorias analíticas repete-se por si mesmo, aos poucos, desvencilhado dos elementos em que ele se traçava e limitando-se a carregar aforismos e fragmentos, relíquias e conchas, os detritos das sucessivas etapas que haviam balizado seu caminho. Foi necessário o

---

[92] N.T.: Trata-se de "um dispositivo criado, em 1967, por Jacques Lacan para designar um processo de travessia que consiste em o analisando (passante) expor a analistas (passadores), que prestarão conta disso a um júri dito de credenciamento, aqueles dentre os elementos de sua história que sua análise o levou a considerar como suscetíveis de dar conta de seu desejo de se tornar analista" (ROUDINESCO; PLON, 1998, p. 575).

verdadeiro esforço despendido com a tese sobre *A psicose paranóica* (1932), o "discurso de Roma" (1953), o Seminário (desde 1953), os *Escritos* (1966), etc. para que esse ensino, já tardio e na sequência de muitos anos de prática, viesse a culminar, finalmente, em uma forma depurada que é destituída praticamente de algo consistente e reduz o exercício psicanalítico à sua essência de ser identicamente *ato* e *teatro* – uma fala.

Solicita-se que as pessoas sérias evitem qualquer reação. Nos porões da augusta faculdade de direito (1968-1980), restaura-se uma antiga aliança ("o parentesco no tocante à zombaria") entre uma sapiência desembaraçada de seu saber e uma juventude que ainda não está em desvantagem relativamente aos poderes. Aqui, nada se produz de útil e, para o público, não é exigida qualquer habilitação, nem preço a pagar, tampouco controle permanente. Mas o ator trabalha. Nesta *commedia dell'arte* em que a arte da análise está em cena, o corpo locutor representa o papel principal. Sobretudo, a garganta: tossir discretamente, resmungar, limpar e fazer ruídos com a garganta – tatuagens da fonação – escandem a cadeia das palavras, marcando aí o segredo relativo a todas elas de ser "para o outro" e de produzir efeitos de significado nos ouvintes. Significantes que são tanto mais bem escutados quanto maior é o mal-entendido a respeito do que eles desejam exprimir. Outro brazão do corpo falante: o suspiro introduz no discurso algo que o faz sofrer (o preço de um gozo), que o corta (o tempo de relatar outra história) e que se retira ("vocês ainda estão aí?"). Essas marcações corporais fazem falar o que elas ignoram; aliás, são encontradas em um grande número de lacanianos. Com toda a razão. Tais critérios de filiação são mais seguros que o protecionismo teórico ou clânico. Na confusão atual, conviria generalizar seu uso, tanto mais que os barbantes didáticos permanecem o apanágio do Mestre.

De fato, essa mímica não passa de um repertório parcial em uma arte teatral que consiste em perder seu corpo para falar e que se inscreve na vizinhança de Artaud. Como seu "doente", o analista deixa dizer a seu discurso essa parte de sua história que lhe "escapa" e que "levanta" (como se "levanta" uma lebre) o Outro representado por todos esses ouvintes anônimos e disseminados. No entanto, ele sabe também que, por esses trocadilhos ou borborigmos que lhe advêm desse outro desconhecido, nunca a profusão das interpretações que eles provocam na multidão chegará a fornecer um sentido ou uma imagem apropriável; aliás, essa não é sua solicitação. Ele fala para o Outro, à maneira como alguém falaria com seus botões, sem nenhum proveito; no entanto, ele fala "graças a" essa multidão iconoclasta que destrói e dispersa a imagem de si mesmo que ele poderia ter esperado como retorno do que, por sua vez, ele faz produzir. Como analista, ele "não espera" dessa audiência, de acordo com suas palavras, "nada além de ser esse objeto graças ao qual o que eu ensino não é uma autoanálise" (LACAN, 1974, p. 10). Caso contrário, esse teatro ficaria reduzido a uma histerização do ator (fazer-se um corpo para o outro) à qual corresponderia uma interpretação paranoica dos ouvintes (uma proliferação de significados oriundos da questão: "Afinal, o que ele pretende de nós?"). Portanto, ele só "opera" na medida em que o ator não tem fruição de seu público (p. 29). O analista depende de ouvintes dos quais, em princípio, ele não espera seu prazer, nem sua identidade. Por uma retirada ("não quero saber de nada a esse respeito"), ele *detém* a diferença que separa a fala (simbólica) de uma identificação (imaginária).

Esse exercício assemelha-se a uma prece sem interlocutor: nada de réplica, tampouco resposta a nada. Outrora, um midraxe dizia: "Rezar é falar com o muro".[93] A respeito da fala, Lacan tem uma concepção próxima dessa austeridade rabínica. Há o Outro, sem que nada haja a esperar dele além do desejo que se instaura de ser privado deste. Quem sabe se o verdadeiro sentido da fala tenha sido fornecido em uma dessas "fórmulas" que, na linguagem lacaniana, têm o aspecto de ser as citações e fragmentos de um discurso interior: "Peço-lhe para rejeitar o que lhe ofereço porque não é isso" (LACAN, 1975a, p. 101)?

Comédia, a palavra: "fracasso fundamental" da ação para juntar-se ao desejo que a habita, desvanecimento incessante do objeto, derrisão do saber, equívoco do sentido em chistes, quiproquó entre as personagens no palco. O ator Lacan representa todos os ardis

---

[93] No seu livro, *Écrits*, Lacan (1966) cita, aliás, Antoine Tudal: "Entre o homem e o mundo, há um muro".

por meio dos quais se desenrola uma teoria do desejo. O desdobramento dessas astúcias clássicas e o segredo da teoria formam os mesmos gestos e as mesmas gozações. Representa-se aí algo como um sorriso, o do malogro indefinido da ação e das próprias coisas. O riso aparecia, outrora, no rosto dos deuses que não eram otários; no entanto, ao tornar-se humano, ele se identifica com a "dimensão trágica" do "ser-para-a-morte". Em Lacan, a arte de sorrir é uma arte de perder; ela renasce constantemente do impossível que a instaura. Ela é assombrada, inclusive, por uma fúria contra as presenças, cuja tranquila estabilidade dissimula seu destino de desaparecer para alimentar o desejo. Conviria morrer de falar, como se morre de prazer: "finalmente, Outro". O ator ora expira, ora se regozija. A "missa à maneira de Lacan" é uma tragicomédia que diz exatamente o que faz: ela fala.

"O artista precede"[94]

A fala, assim como o sonho, seria uma "homenagem à realidade frustrada" (LACAN, 1973, p. 57). Ao remontar o percurso lacaniano, desde seu fim teatral até seus começos psiquiátricos, ela desenha a história de um "estilo"; de fato, essa teoria do ato psicanalítico elabora uma estética, se entendermos por isso o que os significantes "operam" ao transmitirem coisas que eles têm o aspecto de significar. Portanto, primeiro desafio: Lacan é, antes de mais nada, um exercício da literatura (mas uma literatura que saberia o que ela é). Escândalo na disciplina (pretende-se saber a razão: a literatura será indefinidamente rotulada como "não séria"?). Ao acompanhá-lo até onde ele vai, em direção a um "dizer", cuja experiência analítica desvela a natureza, ele indica a "verdade" da prática literária.

Essa perspectiva havia sido inaugurada por Freud desde seu livro, *Estudos sobre a histeria* (1895), com o gesto que, à descoberta da psicanálise, associava a necessidade de denunciar o discurso científico e de passar para o campo dos "romancistas" e dos "poetas" (FREUD, *Studien über Hysterie*, t. I, 1940-1952, p. 227).[95] Durante

---

[94] LACAN, 1965, p. 9.
[95] Ver, neste livro, o cap. III.

toda a sua vida, ele serviu-se da literatura para extrair modelos, figuras conceituais e exemplos decisivos; a disciplina criada por ele permanece permeada pela "autoridade do poeta" (FREUD, *Das Unbehagen in der Kultur* [*Mal-estar na civilização*], t. XIV, 1940-1952, p. 432). Assim, a "poética da obra freudiana" seria a "primeira via de acesso para penetrar seu sentido" (LACAN, 1966, p. 317). Bem longe de esquecê-la, Lacan privilegia essa lição com pesquisas que, desde suas primeiras publicações, dizem respeito ao "estilo". Assim, antes mesmo de sua tese (1932), o estudo sobre uma "esquizografia" empenha-se em indicar com precisão, em uma escrita patológica, os processos "afins aos procedimentos bastante constantes da criação poética" (LACAN, "Écrits 'inspirés': schizographie", 1975b, p. 365-382). Em 1933, ele confere à sua tese a significação de levar ao "problema do estilo", ou seja, a um conjunto de questões "sempre insolúveis para qualquer antropologia que não venha a libertar-se do realismo ingênuo do objeto" (LACAN, "Le problème du style", 1975b, p. 383-388): início de sua polêmica "literária" contra o objeto.

Se excetuarmos os escritos de Freud (dos quais ele escolhe, sobretudo, os mais "literários": *A ciência dos sonhos*, *O chiste*, *Psicopatologia da vida cotidiana*, etc.), seus comentários incidem, em particular, sobre monumentos literários: Sófocles, a poesia trovadoresca, Margarida de Navarra, Shakespeare, Sade, Joyce, etc. Ele permeia seu discurso com fragmentos de poemas (Éluard, Aragon, etc.), encarregados de plantar na linguagem o que, por incapacidade de ser um *dito*, abre aí um *dizer*. As simpatias que o vincularam ao surrealismo do período entre as duas guerras (Breton, etc.) não remetem somente à conjuntura do acolhimento "literário" reservado a Freud, na França (ver STEEL, 1979), mas a uma aliança teórica. Aliás, à lista freudiana das "ciências anexas" que permitem pensar a psicanálise (existe já "a história e a crítica literárias"), Lacan acrescenta a retórica, a dialética (no sentido aristotélico), a gramática e, sobretudo, a poética (LACAN, 1966, p. 288). Suplemento característico. Ele marca, entre a literatura e a psicanálise, um intercâmbio ao qual, daí em diante, será atribuído o nome de Lacan.

A coincidência surpreende: por exemplo, a relação com o texto não eliminará da análise a transferência que articula qualquer relação do analista com o analisando? Será possível ler um texto como se este estivesse deitado no nosso divã? Na verdade, o próprio Freud não se incomodou em passar, com frequência, esse Rubicão, desde a análise de Schreber, feita exclusivamente a partir do texto, até o exame de um grande número de documentos literários, históricos ou antropológicos. De fato, esses trânsitos da cura para a leitura questionam a "recepção" analítica da obra literária e, reciprocamente, a passagem da experiência oral para a produção escriturária no próprio psicanalista. O escrito é o efeito e a ficção da relação. Ele suscita, finalmente, o interesse da própria *tradição psicanalítica*, questão central em Lacan que, por sua vez, se posiciona entre os textos de Freud (aos quais ele pretende retornar) e os discípulos psicanalistas (que ele deseja formar). Trata-se de saber como *ler* Freud. Uma interação entre leituras freudianas e leituras literárias fará entender, de umas para as outras, a relação de uma voz com o texto. O operador dessa troca é o Seminário – uma "*lectio*" (no sentido medieval do termo) graças à qual a conexão equívoca entre duas espécies de textos mediatiza a relação oral entre o Mestre e os discípulos.

Ao formular a questão sobre o que a prática lacaniana deduz do texto literário, sobressaem três elementos. Em primeiro lugar, o retorno da *voz* no texto é "literário"; em termos jakobsonianos, a prioridade é atribuída à "função poética" que "enfatiza o lado palpável dos signos" e procura neles o que "ressoa melhor" (JAKOBSON, 1963, p. 218-219). Essa valorização do som – chave de paronomásias, aliterações, rimas e outros jogos fônicos – semeia na organização semântica do discurso uma transgressão oral que desloca ou corta os sentidos articulados e autonomiza o significante em relação ao significado. Essa água sonora espalha-se através da paisagem sintáxica em que ela insinua os deslizes, delícias e delírios de um não-sabido. O ouvido do analista exerce-se precisamente para entender os murmúrios e as vicissitudes dessas outras linguagens. Ele se torna atento à poética presente em qualquer discurso: essas vozes ocultas, esquecidas em nome de interesses pragmáticos e ideológicos, introduzem, em cada enunciado de sentido, a "diferença" do *ato* que o profere. Os significantes dançam no interior do texto. Separados do significado, eles fazem proliferar, nas frestas do sentido, os ritos de endereços ou respostas – a qual Outro? Desse ponto de vista, é "literária" a linguagem que faz escutar algo diferente do que ela diz; reciprocamente, a psicanálise é uma prática literária da linguagem.

Se o texto literário mostra a movimentação do ato enunciativo em um sistema de enunciados, ele desdobra também os procedimentos que articulam esses dois termos, ou seja, as diversas expressões que alteram os enunciados, gravando aí o que o sujeito locutor *pretende* do outro. Trata-se, aqui, de retórica e não mais de poética. No entanto, essa retórica não poderia reduzir-se ao catálogo descritivo das "maneiras" (ou tropos) de ornamentar o discurso; ela é, de preferência (como é já o caso em *A ciência dos sonhos* ou em *O chiste*), a lógica dos "deslocamentos" (*Verschiebungen*) e das "deformações" (*Entstellungen*) que a relação com o outro efetua na linguagem. Entre essas operações alterantes, das quais cada texto literário apresenta uma combinação particular – e cuja retórica deve elucidar a lógica –, Lacan privilegiou a metáfora e a metonímia (LACAN, 1966, p. 493-526, etc.). No entanto, pergunto-me se o deslocamento (ou, de acordo com sua tradução, a "virada") metonímico não se impôs a ele como se fosse mais fundamental a ponto de que a topologia à qual recorre seu ensino dos últimos anos seria um desenvolvimento da problemática espacial própria à metonímia: com a topologia lacaniana, haveria um esforço para elaborar uma nova retórica no discurso contemporâneo e, particularmente, uma lógica "metonímica". De qualquer maneira, ainda neste aspecto, uma questão "literária" define o modo a partir do qual uma teoria psicanalítica especifica a formalidade de suas práticas.

De forma mais ampla, pelos quiproquós induzidos pela "letra" (identificada com o significante), a literatura explora o território no interior do qual se desenrola qualquer viagem humana – o reino da *impostura*. Ela é um trabalho no elemento da impostura, traçando aí uma "verdade" que não é o contrário do erro, mas, na própria mentira, a simbolização do que se representa aí como impossível. Ora, é impressionante que, em uma de suas mais belas encenações de Freud,

Lacan tenha visto – ou, de preferência, escutado – o Moisés da psicanálise dedicar-se a conduzir aí seu povo: "De qualquer modo, temos de ir. – Mas, onde? – Ao país da impostura. [...] Aí é o país para o qual conduzo meu povo" e assumo tal atitude "por estar preocupado com a verdade" (LACAN, 1973, p. 34-35). É psicanalista quem entra nessa região, como outrora era solitário (monge) quem partia para o deserto. No entanto, mesmo aí "o artista sempre o precede" e "abre-lhe o caminho" (LACAN, 1965, p. 9-10).[96] Assim, Marguerite Duras, abrindo, em companhia de Jacques Hold, o "campo imenso, embora cercado por aço, da mentira", o "arrebatamento" de Lol V. Stein. Onde está, portanto, Lol V. Stein? "Ei-la desnuda. Quem está aí na cama? Quem, segundo o que ela crê?" (DURAS, 1976, p. 106, 187).[97] O romance introduz "nessa imagem de si com a qual o Outro reveste você e que a veste, e que, quando desta é desvestida, a deixa, o que ser embaixo dela?" (LACAN, 1965, p. 10; 2003, p. 201) Desse embuste, Lacan presta homenagem a Marguerite Duras que "demonstra saber sem mim o que eu ensino" e, caso único, evocando "aquilo de que [ela] me dá testemunho" – ele cita essa voz – para autorizar o "apoio" encontrado em seu romance (p. 9, 14, etc.).

Com um aparato teórico diferente, o psicanalista avança, por sua vez, para o lugar precisamente em que os "artistas" o haviam precedido. Por que seria surpreendente que ele venha a recorrer, assim como seu "doente", aos "procedimentos bastante constantes da criação poética"? Sobre os procedimentos lacanianos, os estudos já são numerosos e apresentam a gama completa dos gêneros, desde a acrimônia da seriedade linguística até as mistificações da simpatia estilística.[98] Inútil voltar ao assunto. O essencial consiste em reconhecer aí o conjunto das operações efetuadas na linguagem pelo "ser falante". Esses traços literários são os gestos de uma teoria, suas

---

[96] Retomada da frase de Freud (1971a) em sua análise de *A Gradiva* de Jensen: "O romancista precedeu sempre o cientista".

[97] [Ver DE CERTEAU, "Marguerite Duras: On dit", p. 257-265, *in* BAJOMÉE; HEYNDELS, 1985.]

[98] Numerosas, efetivamente, desde as primeiras análises de Georges Mounin até François George (1979). Ver, sobretudo, uma apresentação semiótica desses "jogos de retórica" *in* FAGES, 1971; assim como uma crítica filosófica *in* LACOUE-LABARTHE; NANCY, 1972.

maneiras de andar; eles desenham, talvez, essa "linguística da fala" considerada por Roland Barthes como algo ainda impossível e que seria uma "nova maneira de pensar" (BARTHES, 1970, p. 219 e 223). Impossível, de qualquer modo, reduzi-la (e equipará-la) aos sistemas linguísticos dos quais ela não cessou de se distinguir ("a linguagem não é o ser falante"), sem deixar, no entanto, de pedir-lhes de empréstimo conceitos que ela metaforizava imediatamente.[99] Somente uma inversão de imagem – quiproquó, por sua vez, revelador – pode explicar que Lacan apareça como "psicolinguista" nos cartazes norte-americanos. Seu procedimento obriga, de preferência, a formular a questão sobre a necessidade interna que leva a fala analítica a uma escrita poética e transforma essa experiência em elucidação do que é a prática da literatura.

A mentira e sua verdade

Para entrar na dança representada, conjuntamente, pela mentira e pela verdade (à semelhança do que ocorria, outrora, com o vivo e o morto), convém retornar à cura psicanalítica e passar daí para o discurso analítico que é "o vínculo social determinado pela prática de uma análise" (LACAN, 1974, p. 27). Essa prática inaugura-se em uma impostura mútua, postulado geral de uma cura "psicanalítica", ou seja, baseada exclusivamente no tratamento da linguagem. À partida, o analista é, pelos clientes, "suposto saber"; ele funciona como objeto da crença deles. Os clientes, por sua vez, solicitam-lhe o que, no fundo, não querem saber (o segredo do próprio "mal") e desejam, de preferência, um ouvido a quem relatar seus sintomas. Esse lugar inicial conduz a relação "médica" à condição de qualquer conversação ordinária; no entanto, enquanto o código social acata e impõe que seja respeitado esse jogo da impostura, a cura começa com a maneira como o analista se distancia desse respeito.

O que é, portanto, um analista? Resposta de Lacan: "todo aquele" que, situado na posição de "supostamente saber", apercebeu-se e não esquece o que é o conteúdo desse saber; por conseguinte,

---

[99] Assim, o rigoroso estudo de Gilbert Hottois (1981) estabelece o paralelo entre Lacan e a filosofia linguística. Como dizia Wittgenstein, ele "perde o ponto".

torna-se capaz de "operar" com essa conjuntura se – e sem qualquer exceção – ele não se identifica com esse lugar, nem transforma o que lhe é oferecido em um objeto de fruição. Sua fórmula seria: "só existe isso" ["*il n'y a que ça*"], ou seja, a mentira, mas esta frustra meu desejo, "não é isso" ["*ce n'est pas ça*"].

Por sua vez, o analisando conserva incessantemente a preocupação em proteger o saber que ele supõe no outro; receia não tanto ser iludido, mas enganar seu analista. Ele coloca em ordem suas confissões de maneira a tratar com deferência o que ele crê acerca do outro: "Se eu lhe tivesse falado nisso mais cedo, o senhor seria levado a crer..." Seu relato é um trabalho para aprimorar e manter a crença que lhe permite interpretar; de fato, é o cliente que interpreta. Se, por acaso, o analista tosse discretamente, faz "hum... hum...", diz – "acredita nisso?" –, então, o analisando questiona-se indefinidamente sobre o que tais indícios significam para ele: a que provação ele me submete? O que ele pretende de mim? Que verdade me indica de modo enigmático? Ele se encontra na situação do ciumento submerso em uma superabundância de interpretações relativas ao que acredita acerca do outro. Ele compõe seus romances. Dessa forma, o que lhe "cabe" do que supõe no outro é algo de diferente *nele*; é uma parte de sua história "esquecida" sobre a qual, aos poucos, ele fica sabendo que, constituída por uma relação com outros (pais, etc.), ela não depende do saber do analista. Finalmente, aqui, *nada* há para acreditar, além do fato de que a historicidade de cada um se institui sempre a partir do que um outro leva a crer. O lugar do suposto saber não passa da cena em que aparece o não conhecido do cliente. No entanto, uma vez mais, a aparição do fantasma só se produz se o analista não ocupa essa cena em seu proveito; se ele não se considera como a imagem de si que lhe é enviada; se ele aceita a "abjeção" de ser somente o representante do que ele não sabe; finalmente, se ele mantém a "futilidade" de um discurso que extrai sua operatividade de uma ficção (LACAN, 1973, p. 125-133; e 1974, p. 28-29; etc.).

Essa "abjeção" nem por isso deixa de ser uma arte. À semelhança do equilibrista na corda bamba, considerado por Kant como o modelo da arte de fazer (KANT, *Kritik der Urteilskraft*, § 43, *in*

t. V, 1957, p. 401-402), o analista visa, por imperceptíveis intervenções, manter-se em equilíbrio entre uma presença de corpo (uma simpatia) que serve de suporte às asserções do analisando e o recuo indispensável (Lacan chega mesmo a dizer "desdém") que evoca ou marca a ambiguidade de sua atitude. "Questão de tato", declarava Freud. Esse "tato" consiste em tocar, no outro, o que se ignora; é uma arte de insinuar na cadeia das palavras o acaso de sua significação, de maneira que o analisando identifique aí, tal como um osso depositado nesse lugar pelo passado, um "significante" (um "pedacinho de verdade", diz Freud) do qual ele faça atualmente sua fala, ou seja, o ato (ético) de segurar sozinho seu desejo na própria linguagem da impostura que lhe impõe sua história.

Desde 1936, Lacan havia estabelecido o princípio dessa verdade, ao analisar o que ele designa como "a fase do espelho". Essa cena infantil não é somente, para ele, uma fase do desenvolvimento (entre seis e dezoito meses), mas "uma função exemplar" (LACAN, 1975c, p. 88). Ao dispor apenas de experiências corporais dispersas, sucessivas e móveis, a criança recebe, pelo espelho, a imagem que a torna *um*, mas a partir do modelo de uma *ficção*. Com "agitação jubilatória", ela descobre ser *um* (forma primordial do *eu*), mas pela alienação que a identifica com essa coisa *diferente* dela (uma imagem especular). A experiência poderia resumir-se nesta fórmula: *eu sou isso*. O *eu* forma-se apenas ao alienar-se. Sua captura começa com o nascimento. Nesse episódio exemplar manifesta-se a matriz de uma "identidade alienante" que irá repetir-se em identificações secundárias. Desde a origem, ela instaura o *eu* como "discordância do sujeito com sua própria realidade" e faz apelo ao trabalho do negativo ("isso não existe") pelo qual o sujeito manifesta-se no interior da mentira de sua identidade ("eu sou isso") (LACAN, "Le stade du miroir", 1966, p. 93-100).

A passagem do "eu especular" para o "eu social", pelo acesso à linguagem, complexifica os efeitos dessa matriz, sem modificar, porém, sua estrutura. Neste artigo, está fora de questão relatar as respectivas estratificações e seus entrelaçamentos, aos quais foi dedicado um grande número de anos de ensino. Basta dizer que, ao articular a experiência analítica a partir de uma teoria do sujeito, essa matriz fornece também uma senha para interpretar dois registros estéticos privilegiados por Lacan: o icônico e o literário. Ela torna possível um tratamento novo nos campos abertos por ele: as imagens que despertam a "agitação jubilatória" da criança fascinada pela aparição de sua enigmática identidade; a literatura que produz, com um texto, a cena narcísica de uma interminável discordância; o próprio mito que transforma determinado grupo em "um" (símbolo), fornecendo--lhe a ficção suposta e des-mentida por suas práticas sociais; etc. Em todos esses campos, a mentira é o elemento no qual pode aparecer sua verdade, a saber: o Outro institui sempre o sujeito ao aliená-lo.

Retorno de Freud

A maneira como Lacan se refere a Freud – partindo dessa relação com o outro – fornece ou deve fornecer um modelo. "Retorno a Freud", tal é seu programa. Por esse retorno, ele visa um *texto*, cujo autor nunca chegou a conhecer. Um morto presente apenas por seu discurso, à semelhança de Sófocles ou Shakespeare, mas é o único morto que é verdadeiramente importante: o pai. O papel central que Lacan afeta ao "nome do pai" e à constituição da lei pela morte do pai indica já o peso dessa referência – ou faz seu peso.

É possível entender isso em melhores condições em outra cena, ou seja, no comentário em que Lacan analisa a "tragédia do desejo" que é, para ele, o *Hamlet* de Shakespeare (uma obra assombrada pela importância que Freud já lhe atribuía e pela interpretação que ele lhe deu) (LACAN, *Le Séminaire, Livre VI* – 1958-1959).[100] Nesse lugar do pai, o espectro de Freud ergue-se e, ao mesmo tempo, o do rei assassinado pelos familiares. A lei ditada por ele exige a morte de quem reina em seu lugar, em seu palácio. De acordo com a observação de Lacan, Hamlet encontra, com esse fantasma, não um morto, mas a morte; além disso, a ação de que está incumbido só pode realizar-se com a condição de ser – também, para ele – mortal,

---

[100] No texto datilografado que me serve de referência, duzentas páginas são dedicadas a Hamlet, p. 376-577 (de 4 de março a 29 de abril de 1959). Na sequência das interpretações de Freud, *Hamlet* acabou sendo um lugar da "família" com os comentários de Jones (1910), Rank (1919), etc.

a plena realização do ser-para-a-morte. No entanto, por mais resoluto que esteja (sem a mínima hesitação relativamente à justiça do assassinato que ele deve executar, transformando-a em toda a sua lei), ele segue por vias transversas, "zanza". Essa tergiversação, que perdura uma vida inteira, é um período dedicado à mãe; exatamente, ela cria um entremeio [*entre-deux*] para as "intervenções" que, por ordem do espectro, Hamlet deve executar, através de palavras insinuadas entre sua mãe e o amor que a gruda ao traidor Claudius. O "espírito" do pai diz:

> *O, step between her and her fighting soul, –*
> *Conceit in weakest bodies strongest works, –*
> *Speak to her, Hamlet.*

"Vá intrometer-se entre ela e sua alma em via de combater. O *conceit* [o *concetti*, a agudeza do espírito] opera da forma mais vigorosa possível nos corpos fatigados. Fale com ela, Hamlet" (ato III, cena IV).[101] À espera da morte ao me vingar, fale; introduza palavras "preciosas" entre ela e o objeto com o qual ela se identifica. A voz do comentarista acrescenta: "*Between her and her*: esse é o nosso trabalho. *Conceit in weakest bodies strongest works*, eis o apelo que é dirigido ao analista". Por quem, senão por Freud, e a quem, senão a Lacan?

Será necessário decodificar o que se diz de Lacan no discurso do outro? É inútil porque o essencial é relatado, à letra, pela interpretação desse "sonho" shakespeariano. Pelo contrário, dois corolários permitem indicar com precisão como funcionam, por um lado, o nome e, por outro, a obra de Freud. O primeiro diz respeito à intransigente unicidade da referência freudiana no discurso de Lacan. Por quê esse singular? De onde vem esse único entre os inumeráveis nomes que povoam esse discurso? Não basta evocar a disciplina que carrega o nome de seu fundador. Sabe-se, desde *Moisés e o monoteísmo*, que a preservação do nome (*Namen*) é acompanhada pela traição da "realidade" (*Wesen*) designada por ele;

---

[101] Cito a tradução de Lacan (*Le Séminaire, Livre VI* - sessão de 11 de março de 1959). [Na citação, o inciso entre colchetes é de Michel de Certeau.]

além disso, por um quiproquó habitual nas tradições, essa mesma "realidade" retorna com outros nomes (FREUD, *Der Mann Moses*, t. XVI, 1940-1952, p. 136ss).[102] A história do freudismo fornece-nos um ensinamento aprofundado sobre a pertinência da tese freudiana; ora, Lacan pretende precisamente pensar essa história. Para ele, é único o nome do que está perdido, como ocorre no monoteísmo: não é *um*, além do Separado. Único também (mas é a mesma coisa) o nome do que os psicanalistas odeiam e desejam esquecer. Somente o Outro, o recalcado, é o único. Por trás do trabalho que consiste, com vários "concetti", em separar o sujeito combatente (*fighting soul*) de suas identificações alienantes e, por conseguinte, em restaurar o desejo do ausente, há em Lacan – assim como em Hamlet – uma fúria, alternadamente irônica e violenta; ela percorre o espaço inteiro da psicanálise que, graças a essa perda, se dissemina e prospera. *Motiv*: existe algo de podre no reino da Dinamarca. Para vingar o pai eliminado por sua horda, Lacan transforma seu nome no significante estrangeiro por onde o único retorna, para sempre inseparável da morte.

Mas, relativamente ao irreparável dessa separação, que forma positiva assumirá a interpretação da obra freudiana? Como seria possível permanecer-lhe "fiel"? Esse ponto é estratégico para Lacan, cuja preocupação primeira consistiu sempre em formar analistas e em garantir, assim, a transmissão da experiência analítica. "Meu ensino", eis o que ele repete por toda parte, ao auscultar seus progressos, suas aquisições, assim como seu "resto" que ele reserva para si como um porvir inexpugnável. Mas mesmo a possibilidade de uma conformidade a Freud não será interdita a quem só dispõe, como apoio, de um faltante? Os debates desencadeados por essa suspeita implicaram, na École, controles cada vez mais rigorosos: a instituição deve responsabilizar-se sempre pelos déficits da teoria. No entanto, a indagação comporta também uma resposta teórica: a relação com o faltante organiza já o discurso freudiano de modo que a própria posição de Freud, transformado em espectro, repete o que havia sido elucidado

---

[102] Ver DE CERTEAU, *EH*, 1984, p. 337-352.

em seus escritos e, portanto, pode tornar-se o princípio de leitura desses textos. Nesse aspecto, o *pós*-Freud pode ser pensado como um retorno *de* Freud e não apenas como um retorno *a* Freud. Em vez de designarem um passado a reencontrar, seus textos articulam o que, no psiquismo, em diferentes cenas, não cessa de ser o retorno do Outro que constitui o sujeito como relação a um objeto impossível. Nesta hipótese, os "doentes", à semelhança de espectros, ainda fazem entender ao analista o que fala no discurso freudiano.

Uma arqueologia cristã

Mas, finalmente, qual é esse Outro, cujo irredutível brilho permeia sinuosamente a obra inteira? "O outro está aí... enquanto justamente ele é reconhecido, embora desconhecido" (LACAN, 1981, p. 48). "Esse Outro que designo como o Deus obscuro" (LACAN, 1973, p. 247). Semelhantes fórmulas e um grande número de outras análogas, assim como o próprio aparato da análise, impõem, aos poucos, a impressão estranha de que um monoteísmo assombra a casa. Ele se detecta nos conceitos que pontuam o discurso e cuja promoção teórica (e/ou mítica) é marcada, quase sempre, pela maiúscula: *a* Fala articula-se a partir d*o* Outro pel*o* Nome do pai, pel*o* Desejo, pel*a*Verdade, etc. Por toda parte, reproduz-se a forma monoteísta do singular maiúsculo, índice de algo que, sob o significante do Outro, retorna sempre ao mesmo.

Não se trata de um segredo, cujo mistério fosse conservado por Lacan que, de preferência, repete: "há algo de Um" que é sempre o Outro (1975a, p. 25, 63, etc.). Com a condição de "nunca recorrer a nenhuma substância", tampouco a "nenhum ser" (p. 16), "o fato de dizê-lo faz Deus" e, "enquanto vier a ser dito algo, a hipótese Deus estará aí" (p. 44). Dessa hipótese, a "canção" (assim se exprimiam os místicos) não vem de nenhum lado. No discurso lacaniano, ela tem sua história, suas narrativas e seus lugares teóricos: é cristã. Ao acompanhar suas aparições, fica-se impressionado com o *corpus* que se encontra aí citado e comentado: textos bíblicos e evangélicos; textos teológicos (evidentemente, são Paulo, santo Agostinho e Pascal, assim como autores representantes da profissão, tais como A. Nygren, professor sueco de teologia sistemática; P. Rousselot, teólogo jesuíta que dedicou suas pesquisas ao intelectualismo tomista e à filosofia do amor, etc.); e, sobretudo, textos místicos (Hadewijch de Antuérpia, Mestre Eckhart, a *Imitação de Cristo* ou *Internelle consolation*, Lutero, Teresa de Ávila, Angelus Silesius, etc.). Eles pontuam o espaço lacaniano e marcam aí exórdios (onde é que isso começa?) ou saídas (onde acabar?). A esse controle sistemático de considerandos, acrescenta-se a figura central do analista falante, "Mestre da verdade" (LACAN, 1966, p. 313),[103] até mesmo "diretor de consciência" (LACAN, 1986, sessão XXVII; etc.), um "santo" que "banca o dejeto" (LACAN, 1974, p. 28-29; 1993, p. 32) e cujo modo de se exprimir, preocupado com o preço que o corpo deve pagar para conseguir acesso ao simbólico, é uma fala estruturada como a do rezador.

Alguns indícios orientam para uma identificação ainda mais precisa. Assim, a estranha dedicatória da tese de 1932: "Ao Rev. Pe. Marc-François Lacan, beneditino da *Congrégation de France*, meu irmão de religião".[104] Ora, Lacan conhece bem sua língua: a "religião" designa, aqui, a "congregação religiosa", enquanto "irmão de religião" aponta para uma aliança que não depende do sangue, mas de uma comum participação na Ordem. Por este texto, colocado – à semelhança da "carta roubada" – no local mais visível e, por essa mesma razão, dissimulado à vista, evidenciam-se determinados traços "beneditinos" que eu ainda não tinha observado sob esta perspectiva: a concepção adotada por Lacan a respeito do "mestre" (segundo as regras que caracterizam a "direção espiritual"); a definição de um "trabalho" que é essencialmente "fala" (à maneira do *opus Dei* beneditino); a prática da literatura como exercício do desejo (em conformidade com a tradição monástica da *lectio divina* – ver, por exemplo, LECLERCQ, 1957); a própria ideia de uma Escola da Verdade em que a filiação é avaliada por uma experiência que exige um compromisso por parte dos sujeitos e em que o *abbas* (eleito) detém, simultaneamente, a autoridade do discurso e o poder de gestão; etc. Em torno de Lacan – "monge" (*monos*) e asceta da fala que

---

[103] Esse é o epônimo permanente de Lacan.
[104] Essa dedicatória de 1932 foi corrigida na segunda edição da tese (1975): "A meu irmão, o Rev. Pe. Marc-François Lacan, beneditino da *Congrégation de France*". A "Congrégation de France" designa a associação das abadias beneditinas, cuja sede se encontra em Solesmes.

ele sustenta (com humor e, até mesmo, uma feroz ironia encontrada no dizer monástico), fundador de uma "congregação" em um deserto que ele designa como "mundano" –, reúnem-se os praticantes de um desejo, cuja verdade é capaz de libertar os alienados da identidade. Até mesmo, a militância dos lutadores espirituais de outrora (em guerra contra quais demônios?) e sua autonomia rebelde perante o poder público constituem uma marca da École Freudienne de Paris.

À semelhança de Freud, Lacan não considerava desprezível a crença religiosa, embora não a tivesse assumido. O que fazer, atualmente, com essa pesada história, se não se cede à ilusão de recalcá-la? Eis a questão que, nos últimos três séculos, tem ocupado o Ocidente: o que fazer do Outro? Para o próprio Lacan, Georges Bataille é uma testemunha disso, cuja análise diz respeito, igualmente, às suas relações com Freud e com o cristianismo.

Sabe-se o apreço atribuído por Freud às adesões suscetíveis de ampliar a psicanálise a não judeus. Nesse aspecto, sob a figura do "espiritual" que seria representada por Lacan, será que a história cristã introduz no freudismo uma distância menor que sob sua figura "teóloga", tão característica de Jung? Quais são os efeitos do "espiritualismo" de Lacan sobre a tradição judaica que se articula em Freud? É, sem dúvida, prematuro (antes da publicação de todos os textos lacanianos) e temerário acompanhar essas competições divinas nos bastidores das teorias. Ao limitar a consideração ao que concerne à palavra, uma divergência "arqueológica" parece, no entanto, determinante: a tradição judaica está ancorada na realidade biológica, familiar e social de um "corpo" presente e localizável que se distingue dos outros pela "eleição", que tem sido perseguido pela história em êxodos intermináveis e transcendido pelas Sagradas Escrituras que gravam nele o incognoscível. Enquanto isso, o cristianismo recebeu sua forma pelo fato de estar separado de sua origem étnica e de romper com a hereditariedade: o "desprendimento" a partir do qual se instaura seu *Logos* tem como índice a própria perda do corpo que deveria substituir todos os outros, o de Jesus, de modo que a palavra "evangélica", oriunda desse desaparecimento, deve responsabilizar-se, por sua vez, pela produção de corpos eclesiais, doutrinais ou "gloriosos", cujo destino consiste em substituir o corpo faltante. A própria palavra torna-se o que faz "sacramento" no lugar do corpo; talvez, na sua relação com esse faltante, o cristianismo viesse a apoiar sua maneira de rebelar-se contra a história em nome do *Logos* – um estilo de "desafio" que, também, não pertence à tradição judaica. As remanências desse "desprendimento" através de um desafio da palavra e os procedimentos que ele intenta contra o "biológico" poderiam efetivamente indicar – nas tomadas de posição teóricas, profissionais e sociais de Lacan – a diferença introduzida no freudismo por uma história cristã.

A teoria das figuras éticas

Essa arqueologia só aparece, em Lacan, transformada pelo modo como ele a utiliza: uma transformação que consiste em pensar – de acordo com termos que deixaram de ser os seus – a história religiosa que retorna. Tarefa de uma teoria. Em Freud, ela culmina em *Moisés e o monoteísmo*, um livro preparado "a fogo lento", durante vários anos ("a partir de *Totem e tabu*, ele limitou-se a pensar nisso, ou seja, nessa história de Moisés e na religião de seus pais"; LACAN, 1986, sessão XIV). Correspondente a esse importante livro, Lacan elaborou a *Ética da psicanálise* (1959-1960), considerado sempre por ele como o lugar estratégico de seu ensino, o único Seminário que, na verdade, ele havia desejado "escrever".[105] Desses dois confrontos, emergiram obras importantes, mas – clivagem reveladora –, enquanto a primeira suscita uma teoria da escrita (núcleo da obra freudiana), a segunda produz uma ética da fala (mola propulsora do pensamento lacaniano).

Um discurso não freudiano – predominante durante os anos pós-guerra – serviu de terceiro elemento na gênese da *Ética*: a *Fenomenologia do espírito* de Hegel. A partir dos comentários de A. Kojève (que marcou profundamente o conteúdo e o próprio estilo

---

[105] "De todos os seminários que alguém pretenda publicar, este é, talvez, atualmente, o único que eu próprio voltarei a escrever, do qual farei um texto" (*Encore*, 1975a, p.50; ver, também, p. 9, 54, 65, etc.). Na obra lacaniana, existem numerosas menções relativas à "ética da psicanálise, cuja introdução, em meu seminário, foi o divisor de águas com base na frágil prancha de sua assistência" (1965, p. 13).

do "Seminário"), de A. Koyré ou de J. Hyppolite, Lacan encontrou na obra desses autores o modelo teórico de um desenvolvimento histórico, cujas "figuras" sucessivas manifestam o devir do saber absoluto que se libera, finalmente, de sua última positividade, a religião. Em sua *Ética*, por conta própria, ele refaz, simultaneamente, o *Moisés* e a *Fenomenologia*, empreendendo uma via original entre essas duas obras que privilegia figuras éticas (Aristóteles, são Paulo, o amor cortês, Sade, Kant, etc.) pelas quais um pensamento do desejo é conduzido até as relações ambíguas entre realidade e prazer, tais como Freud as havia elucidado. Ao limitar-nos ao que diz respeito ao cristianismo, temos acesso à ética quando, em vez de se identificar com seu objeto, a crença rejeita tal ilusão e, deste modo, exprime sua verdade. A ética é a forma de uma crença desvinculada do imaginário alienante em que ela supunha a garantia de um real e, portanto, transformada na fala que diz o desejo instituído por essa falta. À semelhança do *Godot* de Beckett, o outro não é, portanto, somente o fantasma de um Deus rechaçado da história em que, no entanto, permanece gravada a passagem de seus crentes, mas a estrutura geral cuja teoria é tornada possível pela eliminação da positividade religiosa e pela aceitação de seu luto.

A análise freudiana é o instrumento mediante o qual Lacan consegue identificar, em uma erótica ou em uma estética, a "ascese" de amparar o desejo que não é apoiado por nenhum ato. Para Kant, por sua vez, o imperativo categórico não se preocupa com o possível: é incondicional (ver LACAN, 1986, sessão XXIV; 1966, p. 321; etc.). Para Lacan, a ética constitui-se na própria relação com o impossível; no homem, ela coincide com "a demanda derradeira de ser privado de algo de real" ou com "essa essência falante" que o acasala à morte (LACAN, 1986, sessão XI).[106] "A única coisa da qual alguém possa ser culpado", finalmente, "é o fato de ter cedido em relação a seu desejo"."Não há outro bem senão o que pode servir para pagar o preço a fim de ter acesso ao desejo" – o que é impossível sem "transpor toda a espécie não só de temor, mas também de compaixão" (1986, sessão XXVII).

---

[106] Lacan designa essa demanda por "vacúolo".

A esse anarquismo ético – tendo sido levada a sério a questão do sujeito (por sua vez, tão associada à história do cristianismo) –, o comentário da *Antígona* de Sófocles opõe toda ética baseada no "bem da sociedade". A moral de Creonte que, em sua essência, coincide com a de Aristóteles, permanece sempre uma "moral do mestre". Ela solicita o sacrifício do desejo em proveito da sociedade. Qualquer novo poder, por mais revolucionário que possa ser, declara sua substância: "Continuem a trabalhar... Que fique bem claro que essa não é, de modo algum, uma oportunidade para manifestar o menor desejo." Essa "moral do poder", que é "serviço dos bens", repete de uma infinidade de maneiras o que esmaga a fala: "Em relação aos desejos, vocês terão de voltar".

Uma política da fala?

Como compreender, a partir daí, a evolução da École em que Lacan aparece, alternadamente, como Mestre da verdade, como mafioso que prepara seus golpes nos arcanos da "família" e como Sardanapalo que liquida o harém antes de morrer? Uma vez mais, não se trata de manipular desonestamente os episódios recentes (1980) que repetiram na École Freudienne, de um modo violento, a tragicomédia do *Panthéon*, nem de esboçar – iniciativa indiscreta e grotesca – a psicologia do personagem, em cujas fortes amizades, inclusive as manifestações de ternura, haviam seus corolários de astúcias e ódios. Convém, de preferência, analisar a política introduzida por essa fala quando, sob a forma de uma instituição, ela inscreve-se no jogo das relações de força.

O ato de fundação (1964) definia a École como

> [...] o organismo em que se deve realizar o trabalho que, no campo aberto por Freud, restaura a perspicácia de sua verdade; que conduz a práxis original, instituída por ele sob o nome de psicanálise, ao dever que lhe incumbe em nosso mundo; e que, por uma crítica assídua, denuncia aí as transgressões e os comprometimentos que amortizam seu progresso ao degradar seu uso.

Aliás, para indicar com precisão as modalidades de funcionamento, uma "nota anexa" afirma que "este ato de fundação considera nulos hábitos simples", ou seja, o aparato jurídico de um direito *comum*, independente da tarefa que especifica uma associação *particular*.[107] Nesse imponente exórdio, reconhece-se um modelo "espiritual" com sua arqueologia "monástica". Ele é lavrado por um desafio: desde o começo, ele não obedece à fé do possível. Ao "mundo", ele opõe um "dever". A fala deve criar para si um corpo – um corpo que faz falta a esse "mundo" em que a verdade é desconhecida. A instituição é, portanto, uma "École" com a forma mesma do ensino: convém que, da fala, venha a emergir um corpo definido inteiramente por ela. Ao retornar ao passado que lhe serve de estrutura, essa "gênese" aparece respaldada em uma provocação de estilo "cristão": de fato, no "gênesis" da Bíblia judaica, a fala não cria, mas *separa*, produzindo a distinção no caos inicial e efetuando, assim, uma distribuição "analítica" do espaço; por sua vez, no "gênesis" cristão do Novo Testamento, a fala *dá origem* a um corpo, ela é o verbo que se faz carne, um *fiat*. Nessa diferença, detecta-se já o desígnio lacaniano.

A École é caracterizada pela ambição, fascinante e altiva, de ajustar todas as instâncias institucionais a partir da ética do sujeito falante. Ela é a escola do desejo instaurado por um objeto que nunca é "isso". Daí seus diversos funcionamentos: a relação com o Mestre único que se esquiva sempre à captação; os grupos, ou "cartéis", pelos quais é garantida a continuidade, entre quatro ou cinco analistas, dos procedimentos da transferência, liberados da relação dual; o "passe", ou iniciação à posição de analista que consiste, para retomar os termos já utilizados pelo ato da fundação, em "experimentar" e em "controlar" o estilo analítico dos candidatos; as assembleias e a fundação da "sede" que visam contrariar, a partir de cenas e por confrontos públicos, a lei tribal dos sectarismos formados entre colegas da mesma geração ou entre "descendentes" do mesmo analista; finalmente, os Seminários e os congressos que exorbitam a escolarização dos membros da École (como se esses teatros do saber servissem de álibi erudito e social ao "suposto" saber da prática analítica), mas que, de

---

[107] Os textos da fundação encontram-se nos sucessivos *Annuaires* da École Freudienne de Paris. [Ver LACAN, 2001.] Cf. LACAN, 2003, p. 239.

fato, permitem simbolizar em uma fala tragicômica, teórica e quase coral, a ascese solitária do exercício cotidiano. No interior, a École é, portanto, a cura enquanto ela nunca "tem fim" e nunca alguém chega a terminá-la até que faltem as forças.

Em relação ao exterior, a instituição exerce uma dupla função: "representar", publicamente, o sujeito suposto saber (ela é seu endereço), ou seja, assumir socialmente a *crença*, cuja desmistificação constitui precisamente o objetivo da cura; e, por outro lado, credenciar juridicamente (em nome de uma profissão e de um estabelecimento sério) o *preço a pagar* para esse acesso ao simbólico, cujo operador é, em princípio, a análise. Essas duas funções apoiam-se mutuamente: uma crença baseia-se no que ela subtrai, fortalece-se com o que retira e, por último, faz avançar por ser remunerada com esse propósito.

Tudo isso era, vigorosamente, articulado e refletido. Por que, então, as violências, as tensões e, enfim, o fracasso? Simplesmente porque a história não obedece à fala que a desafia. Com certeza, o autoritarismo radical da verdade lacaniana tocava o ponto mais sensível de uma doença da sociedade, o núcleo patogênico e impensado que havia criado a substituição do sujeito pelo indivíduo; ele irritava com um grau de intensidade semelhante ao que elucidava o mal. No entanto, as dificuldades não vieram do exterior. O sucesso revelou, sobretudo, um irrealismo fundamental (fundador) do empreendimento. Uma vez passado o patamar do intimismo "primitivo" entre primeiros participantes da mesma experiência, uma vez perdida também a legitimidade que a École recebia pelo fato de se opor às Associações Psicanalíticas reinantes (tal oposição prodigalizava à instituição a própria função da fala, ocultando-lhe seus problemas próprios), então, a École da verdade revelou-se tal como era, ou seja, uma instituição como as outras, entregue aos debates concernentes ao "lugar" dos analistas, às relações de força entre eles e, também – problema político, igualmente – ao "fantasma de onipotência" que os habita. A implantação na universidade de Paris VIII – Vincennes (1968), ao exigir o confronto com estruturas jurídicas independentes da experiência analítica, marcou o início de uma revisão dilacerante que acabaria por levar a École a sair de seu enquistamento na fala, ou seja, de si mesma; era necessário que a prática e a teoria se arrancassem à dupla cena insular da École e do divã. Mas como tratar essas questões em nome de uma experiência que, para sua regulamentação, havia considerado "inúteis" os expedientes jurídicos?

Ainda sobrava a tática. Usar subterfúgios com a história. Tentar atraiçoá-la para não "ceder em relação a seu desejo". Trata-se das habilidades de Lacan, baseadas em um radicalismo da fala. Desse ponto de vista, Lacan é o anti-Maquiavel, se soubermos reconhecer o que é realmente a obra de Maquiavel, uma ética do "bem da sociedade" e a teoria de uma ética política. O que não era atraiçoado pelo próprio Lacan, só podia levar a um fracasso. Sua aventura institucional, essa *trip* de seu desejo, deveria chegar a seu termo neste "malogro": *não é isso* [*ce n'est pas ça*]. No fundo, a retirada de 1980, por mais surpreendente que tenha sido em sua ocorrência, estava inscrita em sua ética. Ele continuava "falando" ao separar-se desse objeto de amor que, por sua vez, se tornara uma identidade alienante. Desse modo, 40 anos depois, ele reiterava o gesto evocado em 1946: "Mantive-me afastado, durante vários anos, de qualquer intenção de me exprimir" (1966, p.151).

Em seu livro, *Les petites annonces*, Catherine Rihoit [1981] lembra esta frase de Lacan sobre Freud: "Creio que ele fracassou em sua tentativa. Eis o que vai ocorrer comigo: em pouco tempo, ninguém dará a mínima importância à psicanálise". Seja qual for o porvir da instituição psicanalítica, Lacan, por seu "fracasso", mantém sua palavra. À semelhança dos textos que ele não cessou de fazer ressurgir, seus escritos – torturados e transformados em *concetti* por essa fala – vão conservá-la com grande intensidade para se fazerem entender. No entanto, se é verdade, de acordo com Freud, que a tradição não cessa de frustrar seu fundador, o que se passará com Lacan: será ouvido nos lugares em que se pretende possuir sua herança e seu nome, ou retornará com outros nomes?

7 de dezembro de 1981.

Referências

Lista de siglas de algumas obras (por ordem alfabética e com a respectiva data de lançamento) de MICHEL DE CERTEAU

ABH - *L'absent de l'histoire*, 1973

CHE - *Le christianisme éclaté*, 1974

CPL - *La culture au pluriel*, 1993

ECH - *L'écriture de l'histoire*, 1984

EUD - *L'étranger ou l'union dans la différence*, 1991

FAM - *La Fable mystique, XVIe-XVIIe*, 1982

FCR - *La Faiblesse de croire*, 1987

HDO - *Heterologies: Discourse on the Other*, 1986

INQ1 - *L'invention du quotidien: 1. Arts de faire*, 1990

INQ2 - *L'invention du quotidien: 2. Habiter, cuisiner*, 1994

ORC - *L'ordinaire de la communication*, 1983

PLA - *Une politique de la langue. La Révolution française et les patois: l'enquête de Grégoire*, 1975

POL - *La possession de Loudun*, 1990

PPP - *La prise de parole et autres écrits politiques*, 1994

1. Referências de MICHEL DE CERTEAU

DE CERTEAU, M. Actions culturelles et stratégie politique. *La Revue nouvelle* (Bruxelas), p. 351-360, abril de 1974.

DE CERTEAU, M. Christianisme et "modernité" dans l'historiographie contemporaine. *Recherches de science religieuse*, t. 63, n. 2, abr.-jun. 1975.

DE CERTEAU, M. Corps torturés, paroles capturées. In: GIARD, L. *Michel de Certeau*. Paris: Centre Georges Pompidou, *Cahiers pour un temps*, 1987, p. 61-70.

DE CERTEAU, M. De l'informatique à l'anthropologie. *Les Nouvelles littéraires*, n. 7, 13-20 jan. 1977.

DE CERTEAU, M. *École et cultures: déplacer les questions*, Écho des conférences et séminaires d'anthropologie - Semestre de verão de 1978, *Cahiers de la Section des Sciences de l'Éducation*, "Pratiques et Théorie", n° 13, Université de Genève, Faculté de Psychologie et des Sciences de l'Éducation, maio de 1979, p. 29-44.

DE CERTEAU, M. Économies ethniques: pour une école de la diversité. CERI, *L'Éducation multiculturelle*. Paris, OCDE, p. 170-196, 1987.

DE CERTEAU, M. *Extase blanche*, outubro de 1983. [Ver DE CERTEAU, *La Faiblesse de croire*, 1987, p. 315-318].

DE CERTEAU, M. Folie du nom et mystique du sujet. In: KRISTEVA, Julia (Dir.). *Folle vérité: vérité et vraisemblance du texte psychotique*. Paris: Seuil, 1979. [Mélancolie et/ou mystique. Fable du nom et mystique du sujet: Surin. *Analytiques*, outubro de 1978].

DE CERTEAU, M. *Heterologies: Discourse on the Other*. Minneapolis: University of Minnesota Press, 1986.

DE CERTEAU, M. Histoire et mystique. *Revue d'histoire de la spiritualité*, t. 48, 1972.

DE CERTEAU, M. Histoire et structure. *Recherches et débats*, n. 68, p. 187-195, 1970. [Revista publicada entre 1952 e 1976 pelo *Centre catholique des intellectuels français*].

DE CERTEAU, M. Histoires de corps. *Esprit*, 1982.

DE CERTEAU, M. Historicités mystiques. *Recherches de science religieuse*, t. 73, p. 325-353, 1985.

DE CERTEAU, M. Informatique et rhétorique: l'histoire. *Traverses*, n. 26, p. 29-35, out. 1982.

DE CERTEAU, M. *Jeanne des Anges*. In: JEANNE DES ANGES (Sœur). *Autobiographie* (1644). 2. ed. 1990. Grenoble: Éditions Jérôme Millon. Coleção "Atopia".

DE CERTEAU, M. Jésuites. *Dictionnaire de spiritualité*, 1973.

DE CERTEAU, M. *L'absent de l'histoire*. [ABH]. Paris: Mame, 1973. Coleção "Repères".

DE CERTEAU, M. *L'écriture de l'histoire*, 1975. [ECH]. 3. ed. Paris: Gallimard, Bibliothèque des histoires, 1984a. Disponível também na Coleção "Folio/Histoire" n. 115, 2002. [*A escrita da História*. 2. ed. Tradução de Maria de Lourdes Menezes. Rio de Janeiro: Forense Universitária, 2008].

DE CERTEAU, M. L'énonciation mystique. *Recherches de science religieuse*, t. 64, n. 2, abril-junho de 1976.

DE CERTEAU, M. L'espace du désir ou le "fondement" des exercices spirituels. *Christus*, t. 20, n. 77, p. 118-128, 1973.

DE CERTEAU, M. *L'Étranger (ou l'union dans la différence)*, 1969. [EUD]. Nova edição de Luce Giard. Paris: Desclée de Brouwer, 1991.

DE CERTEAU, M. L'expérience religieuse, "connaissance vécue" dans l'Église. *Boletim dos estudantes* (Séminaire universitaire de Lyon, França), 1956, ver GIARD, 1988, p. 27-51.

DE CERTEAU, M. L'expérimentation d'une méthode: les Mazarinades de Christian Jouhaud. *Annales ESC*, tomo XLI, maio-junho de 1986, p. 507-512.

DE CERTEAU, M. L'histoire dans une politique de la science. *Esprit*, p. 120-129, out.-nov. 1981.

DE CERTEAU, M. L'histoire, science et fiction. *Le Genre Humain*, n. 7-8, p. 147-169, 1983.

DE CERTEAU, M. L'institution de la pourriture: Luder. *Action poétique*, n. 72, p. 177-188, dezembro de 1977; *Lettres de l'École [freudienne de Paris]*, n. 22, p. 96-107, 1978.

DE CERTEAU, M. L'institution du croire. Note de travail. *Recherches de science religieuse*, t. 71, p. 61-80, 1983.

DE CERTEAU, M. *L'invention du quotidien*: 1. *Arts de faire*, 1980. [INQ1] Nova edição de Luce Giard. Paris: Gallimard, Coleção "Folio/Essais" n. 146, 1990. [*A invenção do cotidiano*. Tradução de Ephraim F. Alves. Rio de Janeiro: Vozes, 1996].

DE CERTEAU, M. *La culture au pluriel*, 1974. [CPL]. Nova edição de Luce Giard. Paris: Seuil, 1993. Coleção "Points". [*A cultura no plural*. Tradução de Enid A. Dobranszky. São Paulo: Papirus, 1995].

DE CERTEAU, M. *La fable mystique, XVIᵉ-XVIIᵉ siècle*. [FAM]. Tomo I. Paris: Gallimard, Bibliothèque des histoires, 1982. Disponível também na coleção "Tel", 1987.

DE CERTEAU, M. *La faiblesse de croire*. [FCR]. Edição de Luce Giard. Paris: Seuil, Esprit, 1987.

DE CERTEAU, M. La folie de la vision. *Esprit [número especial dedicado a "Maurice Merleau-Ponty"]*, n. 66, jun. 1982.

DE CERTEAU, M. *La possession de Loudun*, 1970. [POL]. 3. ed. Paris: Gallimard, 1990. Coleção "Archives".

DE CERTEAU, M. *La prise de parole*, 1968. [PPP]. Retomado em *La prise de parole et autres écrits politiques*. Edição de Luce Giard. Paris: Le Seuil, 1994. Coleção "Points".

DE CERTEAU, M. La spiritualité moderne. *Revue d'Ascétique et de Mystique*, t. 44, 1, p. 33-42, 1968.

DE CERTEAU, M. La vie religieuse en Amérique Latine. *Études*, jan. 1967.

DE CERTEAU, M. Lacan: une éthique de la parole. *Le Débat*, n. 22, p. 54-69, novembro de 1982.

DE CERTEAU, M. Le Croyable, ou l'institution du croire. *Semiotica*, 54, 1/2, p. -266, 1985.

DE CERTEAU, M. *Le lieu de l'autre: histoire religieuse et mystique*, 1969. Nova edição estabelecida por Luce Giard. Paris: Seuil, 2005. Coleção "Points".

DE CERTEAU, M. Le noir soleil du langage: Michel Foucault. In: *L'absent de l'histoire*, Paris: Mame, 1973, p. 115-132.

DE CERTEAU, M. Le parler angélique: figures pour une poétique de la langue. In: AUROUX, Sylvain (Dir.) *et alii*. *La linguistique fantastique*. Paris: Clims et Denoël, 1985.

DE CERTEAU, M. Le rire de Michel Foucault. *Revue de la Bibliothèque Nationale*, t. 4, n. 14, p. 10-16, 1984b; *Le Débat*, n. 41, p. 140-152, set.-nov. 1986.

DE CERTEAU, M. Les chrétiens et la dictature militaire au Brasil. *Politique d'Aujourd'hui*, p. 39-53, novembre de 1969.

DE CERTEAU, M. Les sciences humaines et la mort de l'homme. *Études*, t. 326, p. 344-360, mar. 1967.

DE CERTEAU, M. Micro-Techniques and Panoptic Discourse: A Quid Prod Quo. *Humanities in Society*, t. 5, n. 3-4 (Summer & Fall), p. 257-265, 1982.

DE CERTEAU, M. Mystique et psychanalyse. In: GIARD, L. *Michel de Certeau*. Paris: Centre Georges Pompidou, *Cahiers pour un temps*, 1987, p. 183-189.

DE CERTEAU, M. Mystique. *Encyclopædia Universalis*. Paris, t. 11, p. 521-526, 1971.

DE CERTEAU, M. *Politica e mistica*. Milão: Jaca Book, 1975.

DE CERTEAU, M. Pour une nouvelle culture: le pouvoir de parler. *Études*, out. 1968.

DE CERTEAU, M. Pour une nouvelle culture: prendre la parole. *Études*, jun.-jul. 1968.

DE CERTEAU, M. Pratiques quotidiennes. In: POUJOL, G. e LABOURIE, R. (Dir.). *Les cultures populaires*. Toulouse: Privat, 1979, p. 23-29.

DE CERTEAU, M. Propos sur Valéry. [1978]. *Art Press*, n. 139, set. de 1989.

DE CERTEAU, M. Psychanalyse et histoire. In: LE GOFF, J. *et alii*. *La Nouvelle Histoire*. Paris: Retz, 1978, p. 477-487.

DE CERTEAU, M. Qu'est-ce qu'un séminaire? *Esprit*, p. 176-181, nov.-dez. 1978.

DE CERTEAU, M. Religion et société: les messianismes. *Études*, t. 330, p. 608-616, abr. 1969c.

DE CERTEAU, M. *Theoretische Fiktionen: Geschichte und Psychoanalyse.* Versão a partir do francês por Andreas Mayer. Viena: Turia und Kant, 1997.

DE CERTEAU, M. Une culture très ordinaire. *Esprit,* 10, p. 3-26, outubro de 1978.

DE CERTEAU, M. Une épistémologie de transition: Paul Veyne. *Annales ESC,* t. 27, p. 1317-1327, 1972.

DE CERTEAU, M. Utopies vocales: glossolalies. *Le Discours Psychanalytique,* Paris, n. 7, p. 10-18, 1983.

DE CERTEAU, M.; DOMENACH, J.-M. *Le christianisme éclaté.* [CHE]. Paris: Seuil, 1974.

DE CERTEAU, M.; GIARD, L. *L'ordinaire de la communication.* [ORC]. In: *La prise de parole et autres écrits politiques.* [PPP]. Paris, 1994. Rapport au ministère de la Culture. Paris: Dalloz, 1983.

DE CERTEAU, M.; GIARD, L.; MAYOL, P. *L'invention du quotidien:* 2. *Habiter, cuisiner,* 1980. [INQ2]. Nova edição revista e aumentada de Luce Giard. Paris: Gallimard, Coleção "Folio/Essais" n. 238, 1994.

DE CERTEAU, M.; JULIA, D.; REVEL, J. *Une politique de la langue: la Révolution française et les patois: l'enquête de Grégoire.* [PLA]. Paris: Gallimard, 1975. "Bibliothèque des histoires", disponível também na Coleção "Folio/Histoire" n. 117, 2002.

FAVRE, P. (1506-1546). *Mémorial du Bienheureux Pierre Favre.* Edição e tradução de Michel de Certeau. Paris: Desclée de Brouwer, 1960. Coleção "Christus".

SURIN, J.-J. (1600-1665). *Correspondance.* Edição de Michel de Certeau. Paris: Desclée de Brouwer, Bibliothèque européenne, 1966.

SURIN, J.-J. *Guide spirituel pour la perfection.* Edição de Michel de Certeau. Paris: Desclée de Brouwer, 1963. Coleção "Christus".

SURIN, J.-J. *Triomphe de l'amour divin sur les puissances de l'enfer et Science expérimentale des choses de l'autre vie (1653-1660).* Seguido por DE CERTEAU, M. *Les aventures de Jean-Joseph Surin.* Grenoble: Éditions Jérôme Millon, 1993. Coleção "Atopia".

2. Referências sobre MICHEL DE CERTEAU

AHEARNE, J. *Michel de Certeau: Interpretation and its Other.* Cambridge: Polity Press, 1995.

AHEARNE, J.; GIARD, L. *et alii.* Feux persistants. Entretien sur Michel de Certeau. *Esprit,* março de 1996.

AUGÉ, M. Présence, absence. In: GIARD, L. *Michel de Certeau.* Paris: Centre Georges Pompidou, *Cahiers pour un temps,* 1987.

AUTOUR DE MICHEL DE CERTEAU. *Recherches de science religieuse*, t. 91, p. 493-610, 2003/4. Disponível em: <http://www.cairn.info/revue-recherches--de-science-religieuse-2003-4.htm>.

BEDIN, V.; FOURNIER, M. Michel de Certeau. *La Bibliothèque idéale des sciences humaines*, Editions Sciences Humaines, 2009. Disponível em: <http://www.cairn.info/la-bibliotheque-ideale-des-sciences-humaines-article-78.htm>.

BITTENCOURT, Maria Inês G. F. Michel de Certeau 25 anos depois: Atualidade de suas contribuições para um olhar sobre a criatividade dos consumidores. *Polêm!ca*, vol. 11, n. 2, 2012. Disponível em: <http://www.e-publicacoes.uerj.br/index.php/polemica/article/view/3091/2210>.

BOGNER, D. *Gebrochene Gegenwart: Mystik und Politik bei Michel de Certeau*. Mainz: Matthias-Grünewald Verlag, 2002.

BOUTRY, P. De l'histoire des mentalités à l'histoire des croyances: la possession de Loudun (1970). *Le Débat*, n. 49, p. 85-96, mar.-abr. 1988.

BUCHANAN, I. *Michel de Certeau, Cultural Theorist*. SAGE Publications: Londres; New Delhi, 2000.

BURKE, P. The Art of Re-Interpretation: Michel de Certeau. *Theoria. A Journal of Social and Political Theory*, University of KwaZulu-Natal, Pietermaritzburg, n. 100, dezembro de 2002, p. 27-37.

BÜTTGEN, Ph. Le contraire des pratiques. Commentaires sur la doctrine de Michel de Certeau. *Zeitsprünge. Forschungen zur Frühen Neuzeit* (Frankfurt), vol. XII, n. 1/2 dedicados a "Lire Michel de Certeau. La formalité des pratiques", Philippe Büttgen e Christian Jouhaud (dir.), 2008, p. 69-97.

CAFÉ HISTÓRIA. Michel de Certeau. [Grupo voltado para o estudo da obra do historiador francês Michel de Certeau]. Disponível em: <http://cafehistoria.ning.com/group/micheldecerteau>.

CHOAY, F. Tours et traverses du quotidien. In: GIARD, L. *et alii*. *Histoire, mystique et politique: Michel de Certeau*. Grenoble: Jérôme Millon, 1991, p. 85-90.

CIFALI, M. Entretien avec Michel de Certeau (1983). *Espaces/Temps*, caderno duplo, n. 80/81, p. 156-175, 2002.

COLÓQUIO MICHEL DE CERTEAU ET LE CHRISTIANISME. *Michel de Certeau ou la différence chrétienne*. Atas editadas por Geffré, Claude, Cerf. Centre Thomas More. Coleção "Cogitatio Fidei" n. 165, 1991.

DELACROIX, C. À propos de Michel de Certeau. *Mouvements*, n. 25, p. 152-156, 1/2003.

DELACROIX, C.; DOSSE, F.; GARCIA, P.; TREBITSCH, M. (Dir.). *Michel de Certeau, les chemins d'histoire*. Bruxelas: Éditions Complexe, 2002.

DERRIDA, J. Nombre de oui. In: GIARD, L. *Michel de Certeau*. Paris: Centre Georges Pompidou, *Cahiers pour un temps*, 1987.

DOSSE, F. Michel de Certeau et l'écriture de l'histoire. *Vingtième Siècle. Revue d'histoire*, n. 78, p. 145-156, 2/2003.

DOSSE, F. *Michel de Certeau: le marcheur blessé*. Paris: La Découverte, 2002.

DOSSE, F. *Paul Ricœur, Michel de Certeau. L'Histoire: entre le dire et le faire*. Paris: Éditions de L'Herne, col. "Glose", 2006.

ESPACES/TEMPS (revista), caderno duplo, n. 80/81, 2002. *Michel de Certeau, histoire/psychanalyse. Mises à l'épreuve.*

FREIJOMIL, A. G. Les pratiques de la lecture chez Michel de Certeau. *Les Cahiers du Centre de Recherches Historiques*, 44, 2009, p. 109-134. Disponível em: <http://ccrh.revues.org/3533; DOI: 10.4000/ccrh.3533>.

FROW, J. Michel de Certeau and the Practice of Representation. *Cultural Studies*, 5/1, p. 52-60, 1991.

GARRIC, H. *Portraits de villes: marches et cartes: la représentation urbaine dans les discours contemporains*. Paris: Honoré Champion, 2007. Coleção "Bibliothèque de littérature générale et comparée".

GEFFRÉ, C. (Ed). *Michel de Certeau ou la différence chrétienne*. Paris: Le Cerf, 1991. Coleção "Cogitatio fidei".

GIARD, L. (Ed.). *Le voyage mystique: Michel de Certeau*. Paris: RSR; Le Cerf, 1988.

GIARD, L. et alii. *Histoire, mystique et politique: Michel de Certeau*. Grenoble: Jérôme Millon, 1991.

GIARD, L. *Michel de Certeau*. Paris: Centre Georges Pompidou, *Cahiers pour un Temps*, 1987.

GÎRLEANU, S. La ville et le lecteur braconnier. *Acta Fabula* [Notas de leitura de Garric, 2007], nov. 2009. Disponível em: <http://www.fabula.org/revue/document5293.php>.

HIGHMORE, Ben. *Michel de Certeau. Analysing Culture*. Londres: Continuum, col. "Arts & Humanity", 2006.

JOSGRILBERG, F. B. *Cotidiano e invenção: os espaços de Michel de Certeau*. São Paulo: Escrituras, 2005.

JOUHAUD, Ch. Vingt ans après. In: JOUHAUD, Ch. *Mazarinades: la Fronde des mots* (1985). Paris: Flammarion, col. "Collection historique", 2009, p. I-XVII.

L'ARC, n. 72 [número especial dedicado a "Georges Duby"]. Mesa redonda no *Collège de France*, em 7 jan. 1978, com Georges Duby, Jacques Bonnet, Jean-Claude Bringuier, Hubert Damisch, Julia Kristeva e Michel de Certeau, 1978.

LE BRUN, J. Michel de Certeau historien de la spiritualité. *Recherches de science religieuse*, t. 91, p. 535-552, 4/2003.

LE DÉBAT. Michel de Certeau, Historien [vários artigos sobre este tema], n. 49, março-abril de 1988.

LÉCRIVAIN, P. Théologie et sciences de l'autre, la mystique ignatienne dans les "aproches" de Michel de Certeau s.j. In: MEENEN, B. (Dir.). *La Mystique*. Bruxelles: Facultés Universitaires Saint Louis, 2001, p. 67-85.

MAIGRET, É. Les trois héritages de Michel Certeau: un projet éclaté d'analyse de la modernité. *Annales: Histoire et Sciences sociales*, 55, n. 3, p. 511-549, 2000.

MARION-VEYRON, R. L'antipsychiatrie revisitée par l'œuvre de Michel de Certeau. *L'Évolution psychiatrique*, v. 69, 1, p. 113-127, jan-mar. 2004.

MBOUKOU, S. *Michel de Certeau. L'intelligence de la sensibilité. Anthropologie, expérience et énonciation*. Estrasburgo: Le Portique, col. "Cahiers du Portique", 2008.

MICHEL DE CERTEAU IN THE AMERICAS. *Chronological listing of Michel de Certeau's books, on the basis of the first French edition* by Luce Giard, feb. 8, 2006. Disponível em: <http://literature.ucsd.edu/news/conferences/decerteau/bibliography.html>.

MONGIN, O. Michel de Certeau, à la limite entre dehors et dedans. In: PAQUOT, T.; YOUNÈS, C. *Le territoire des philosophes: lieu et espace dans la pensée au XXe siècle*. Paris: La Découverte, 2009.

NEW BLACKFRIARS (revista dos dominicanos norte-americanos), número especial, vol. LXXVII, n. 909, novembro de 1996, p. 477-528. *Michel de Certeau SJ*: The first collection of essays in the English langage devoted to Certeau's work from the perspective of a theologian.

REVEL, J. Entretien avec Michel de Certeau. *Politique Aujourd'hui*, nov.-dez. 1975.

ROUDINESCO, É. Michel de Certeau ou a erotização da história, 2006. Disponível em: <http://www.ihuonline.unisinos.br/uploads/edicoes/1158344480.87pdf.pdf>.

RUE DESCARTES (revista do "Collège International de Philosophie"). *A partir de Michel de Certeau: des nouvelles frontières*, n. 25, p. 9-19, set. 1999.

SALIN, D. Notes de lecture: François DOSSE, *Michel de Certeau: le marcheur blessé*: La Découverte, 2002. *Études*, t. 397, p. 556-558, 11/2002.

ULLERN-WEITE, I. En braconnant philosophiquement chez Certeau. Des usages de "l'historicité contemporaine" à la réinvention ordinaire de la civilité. *Revue de Théologie et de Philosophie* (Genebra), vol. CXXXVI, n. 4, 2004, p. 347-357.

UNIVERSIDADE CATÓLICA PORTUGUESA. Centro de Estudos de História Religiosa. *Jornadas de estudo Michel de Certeau e a antropologia da modernidade*, 10 a 12 de setembro de 2009. Disponível em: <http://www.ucp.pt/site/custom/template/ucptplminisite.asp?SSPAGEID=4574&lang=1&artigoID=7345>.

VALLIN, P. Michel de Certeau, des notes de lecture. *Recherches de science religieuse*, t. 91, p. 553-570, 4/2003.

VIDAL, D. G. Michel de Certeau e a difícil arte de fazer história das práticas. In: FARIA FILHO, L. M. (Org.). *Pensadores sociais e história da educação*. 2. ed. Belo Horizonte: Autêntica Editora, 2008, p. 265-292.

VIDAL, D. G. Michel de Certeau: historiador-vagabundo, jesuíta-errante. *Revista Educação*, Especial *Pedagogia Contemporânea*, 3 – Memória, História e Escolarização (Contribuições da história da educação para o debate atual), p. 76-90.

VIDAL-NAQUET, P. Lettre. In: GIARD, L. *Michel de Certeau*. Paris: Centre Georges Pompidou, *Cahiers pour un temps*, 1987, p. 71-74.

WHITE, H. Michel Foucault. In: STURROCK, J. (Ed.). *Structuralism and Since*. Oxford University Press, 1979.

3. Referências gerais

ALQUIÉ, F. Le surréalisme et la psychanalyse. *La table ronde*, p. 145-149, dez. 1956.

AMNESTY INTERNATIONAL. *Rapport sur la torture*. Paris: Gallimard, 1973.

AMNESTY INTERNATIONAL. *Torture in Greece*. Londres: Amnesty International Publications, 1977.

ANDREANO, Ralph (Ed.). *La nouvelle histoire économique: exposés de méthodologie*. Tradução do inglês para o francês por Roger Gilles. Paris: Gallimard, 1977. Coleção "Bibliothèque des Histoires".

ARROW, K. J. *Social Choice and Individual Values*. 2. ed., Nova York: Wiley, 1963.

BAJOMÉE, D.; HEYNDELS, R. (Ed.). *Écrire dit-elle: imaginaires de Marguerite Duras*. Bruxelas: Université de Bruxelles, 1985.

BALLY, C. *Traité de stylistique française*. Genebra: Georg, 1951. [1. ed., 1909].

BARBU, Z. *Problems of Historical Psychology*. Nova York: Grove Press, 1969.

BARTHES, R. Aujourd'hui, Michelet. *L'Arc*, n. 52 [número especial dedicado a "Michelet"], 1973.

BARTHES, R. L'ancienne rhétorique. *Communications*, n. 16, número especial dedicado a "Recherches rhétoriques", p. 172-229. Paris: Seuil, 1970.

BARTHES, R. Le discours de l'histoire. *Social Science Information*, VI/4, ago. 1967.

BARTHES, R. *Michelet*. Paris: Seuil, 1965.

BEIRNÆRT, L. *Aux frontières de l'acte analytique: la Bible, saint Ignace, Freud et Lacan*. Paris: Seuil, 1987.

BENN, G. *Poèmes*. Tradução francesa de Pierre Garnier. Paris: Librairie Les Lettres, 1956. Coleção "Parallèle".

BENTHAM, J. et alii. *O panóptico*. Organização de Tomaz Tadeu. Traduções de Guacira Lopes Louro, M. D. Magno, Tomaz Tadeu. 2. ed. Belo Horizonte: Autêntica, 2008.

BENVENISTE, Émile. *Problèmes de linguistique générale*. Paris: Gallimard, 1966.

BESANÇON, A. (Ed.). *L'histoire psychanalytique: une anthologie*. Paris: Mouton, 1974.

BESANÇON, A. *Histoire et expérience du moi*. Paris: Flammarion, 1971.

BESANÇON, A. *Le Tsarévitch immolé*. Paris: Plon, 1967.

BORDA, J.-C. *Mémoire sur les élections au scrutin*. Paris: Histoire de l'Académie Royale des Sciences, 1781.

BRETON, S. Métaphysique et mystique chez Maître Eckhart. *Recherches de science religieuse*, t. 46, p. 161-182, 1976.

BROWN, N. O. *Love's Body*. Nova York: Random House, 1966. [Tradução francesa: *Le corps d'amour*. Paris: Denoël, 1968].

CANGUILHEM, G. *Idéologie et rationalité dans l'histoire des sciences de la vie*. Paris: Vrin, 1977.

CARR, D. et alii (Ed.). *La philosophie de l'histoire et la pratique historienne aujourd'hui.* Ottawa: Université d'Ottawa, 1982, p. 19-39.

CASSIRER, E. *Individu et cosmos dans la philosophie de la Renaissance.* Paris: Éd. de Minuit, 1983.

CASTEL, R. *Le psychanalysme.* Paris: Éd. Maspero, 1973.

CLASTRES, P. *La société contre l'État.* Paris: Éd. de Minuit, 1974.

CONDORCET, M. J. A. N. C., mq. *Mathématique et société.* Paris: Hermann, 1974.

CORGE, C. *Informatique et démarche de l'esprit.* Paris: Larousse, 1975.

CRAIG, J. *Theologiæ christianæ principia mathematica.* Londres: Timothy Child, 1699. Texto em latim e tradução de "rules of historical evidence". *History and Theory: Studies in the Philosophy of History*, suplemento 4, p. 1-31, Mouton: The Hague, 1964.

CUVILLIER, A. *Précis de philosophie.* Paris: Librairie Armand Colin, 1952.

CZUBAROFF, J. Intellectual Respectability: A Rethorical Problem. *Quarterly Journal of Speech*, t. 59, p. 155-164, 1973.

DE CERTEAU, M. History: Science and Fiction. In: HAAN, N. et alii (Ed.). *Social Science as Moral Inquiry.* Nova York: Columbia University Press, 1983, p. 125-152.

DEFOE, D. *Vie et aventures de Robinson Crusoé.* Tradução francesa de P. Borel. Paris: Gallimard, 1959. Coleção "La Pléiade".

DELEUZE, G. Écrivain non: un nouveau cartographe. *Critique*, n. 343, p. 1207-1227, dezembro de 1975.

DELEUZE, G. Prefácio. In: GUATTARI, F. *Psychanalyse et transversalité.* Paris: Maspero, 1974.

DEMAUSE, L. *The History of Childhood.* Nova York: Psycho-history Press, 1974.

DEMOS, J. *A Little Commonwealth: Family Life in Plymouth Colony.* Nova York: Oxford University Press, 1970.

DERRIDA, J. *La dissémination.* Paris: Seuil, 1972.

DEVEREUX, G. *From Anxiety to Method in the Behavioral Sciences.* Nova York: Humanities Press, 1967.

DICTIONNAIRE DE SPIRITUALITÉ ASCÉTIQUE ET MYSTIQUE. Paris: Beauchesne, 1932-1995.

DICTIONNAIRE DE THÉOLOGIE CATHOLIQUE. Paris: Letouzey, 1923-1972.

DOUGLAS, J. D. The Rhetoric of Science and the Origins of Statistical Social Thought. In: TIRYAKIAN, E. A., *The Phenomenon of Sociology.* Nova York: Appleton-Century-Crofts, 1969, p. 44-57.

DREYFUS, H. L.; RABINOW, Paul. *Michel Foucault: un parcours philosophique* Paris: Gallimard, 1984. [*Michel Foucault: uma trajetória filosófica*. Rio de Janeiro: Forense Universitária, 1995].

DUBERMAN, M. *Black Mountain: an Exploration in Community*. Nova York: E. P. Dutton, 1973. Disponível em: <http://www.archives.ncdcr.gov/ead/eadxml/pc_duberman_martin.xml>.

DUMÉZIL, G. *Du mythe au roman*. Paris: PUF, 1970.

DUPRONT, A. L'histoire après Freud. *Revue de l'enseignement supérieur*, n. 44-45, p. 27-64, 1969.

DURAS, M. *Le ravissement de Lol V. Stein* Paris: Gallimard, Coleção "Folio", 1976. [*O Deslumbramento*: le ravissement de Lol V. Stein. Tradução Ana Maria Falcão. Rio de Janeiro: Nova Fronteira, 1986].

ERIKSON, E. H. *Gandhi's Truth*. Nova York: Norton, 1969. [Tradução francesa: *La vérité de Gandhi*. Paris: Flammarion, 1974].

ERIKSON, E. H. *Young Man Luther*. Nova York: Norton, 1958. [Tradução francesa: *Luther avant Luther*. Paris: Denoël, 1968].

EVARD, J.-L. *Les années brunes: la psychanalyse sous le IIIe Reich*. Paris: Confrontation, 1984.

FAVRET, J.; PETER, J.-Pe. La Porte d'enfer. *L'Arc*, 1973.

FAYE, J.-P. *Les langages totalitaires*. Paris: Herman, 1973.

FAYE, J.-P. *Théorie du récit: introduction aux "langages totalitaires"*. Paris: Hermann, 1972.

FOUCAULT, M. *Folie et Déraison: histoire de la folie à l'âge classique* Paris: Plon, 1961. [*História da loucura na idade clássica*. Tradução brasileira de José Teixeira Coelho. São Paulo: Ed. Perspectiva, 1978].

FOUCAULT, M. *Histoire de la sexualité*, I. *La volonté de savoir* Paris: Gallimard, 1976. [*História da sexualidade*, I. *A vontade de saber*. Rio de Janeiro: Graal, 1977].

FOUCAULT, M. *Histoire de la sexualité*, II. *L'usage des plaisirs* Paris: Gallimard, 1984c. [*História da sexualidade*, II. *O uso dos prazeres*. Rio de Janeiro: Graal, 1984].

FOUCAULT, M. *L'archéologie du savoir* Paris: Gallimard, 1969. [*A Arqueologia do saber*. Tradução brasileira de Luiz Felipe Baeta Neves, revisão de Ligia Vassalo. Petrópolis: Vozes, Lisboa: Centro do Livro Brasileiro, 1972].

FOUCAULT, M. *L'ordre du discours: leçon inaugurale du Collège de France*, 2 déc. 1970. Paris: Gallimard, 1971. [*A ordem do discurso*. 7. ed. São Paulo: Loyola, 2001].

FOUCAULT, M. La pensée du dehors: sobre Maurice Blanchot. *Critique*, n. 229, p. 523-546, junho de 1966b. [*O pensamento do exterior*. São Paulo: Princípio, 1990].

FOUCAULT, M. Le pouvoir, comment s'exerce-t-il? In: DREYFUS, H.; RABINOW, P. *Michel Foucault: un parcours philosophique*. Paris, Gallimard, 1984.

FOUCAULT, M. *Les mots et les choses: une archéologie des sciences humaines*. Paris: Gallimard, 1966a. [*As palavras e as coisas: uma arqueologia das ciências humanas*. Tradução brasileira de Salma Tannus Muchail, 6. ed. São Paulo: Martins Fontes, 1992].

FOUCAULT, M. *Naissance de la clinique: une archéologie du regard médical*. Paris: PUF, 1963a. [*O nascimento da clínica*. 2. ed. Tradução brasileira de Roberto Machado. Rio de Janeiro: Forense Universitária, 1980].

FOUCAULT, M. *Raymond Roussel*. Paris: Gallimard, 1963b. [*Raymond Roussel*. Tradução brasileira de Manoel Barros da Motta e Vera Lúcia A. Ribeiro. Rio de Janeiro: Forense Universitária, 1999].

FOUCAULT, M. *Surveiller et punir: naissance de la prison* Paris: Gallimard, 1975. [*Vigiar e punir: nascimento da prisão*. Petrópolis: Vozes, 2004].

FREUD, S. *Cinq leçons sur la psychanalyse*. Paris: Payot, 1966.

FREUD, S. *Cinq psychanalyses*. Paris: PUF, 1973.

FREUD, S. *Délires et rêves dans la "Gradiva" de Jensen*. Tradução francesa de Marie Bonaparte. Paris: Gallimard, 1971a. [*Delírio e sonhos em "A Gradiva" de Jensen* (1907). Lisboa: Gradiva, 1995].

FREUD, S. *Essais de psychanalyse appliquée*. Tradução francesa de Mme E. Marty. Paris: Gallimard, 1933.

FREUD, S. *Essais de psychanalyse*. Paris: Payot, 1967b.

FREUD, S. *Gesammelte Werke*. Londres: Imago, 18 t., 1940-1952.

FREUD, S. *Le Président Thomas Woodrow Wilson: Portrait psychologique*. Paris: Albin Michel, 1968.

FREUD, S. *Les premiers psychanalystes*, I: 1906-1908. Minutas da Sociedade Psicanalítica de Viena. Paris: Gallimard, 1977.

FREUD, S. *Moïse et le monothéisme*. Paris: Gallimard, 1967a.

FREUD, S. *Sur l'histoire du mouvement psychanalytique* (*Zur Geschichte der psychoanalytischen Bewegung*, 1914). Paris: Gallimard, 1991.

FREUD, S. *Totem et Tabou*. Paris: Payot, 1965.

FREUD, S. *Un souvenir d'enfance de Léonard de Vinci*. Paris: Gallimard, 1971b.

FREUD, S.; ZWEIG, A. *Correspondance*. Paris: Gallimard, 1973.

FRIEDLÄNDER, S. *Histoire et psychanalyse: essai sur les possibilités et les limites de la psychohistoire*. Paris: Seuil, Coleção "L'Univers historique", 1975. [Em particular, o cap. 2, "La biographie psychanalytique est-elle possible?", p. 81-141].

FROMM, E. *Escape from Freedom*. Nova York: Farrar and Rinehart, 1941.

FUMAROLI, M. Les Mémoires du XVIIe siècle au carrefour des genres en prose. *XVIIe siècle*, n. 94-95, p. 7-37, 1971.

FURET, F. Le quantitatif en histoire. In: LE GOFF, J.; NORA, P. *Faire de l'histoire*. Paris: Gallimard, 1974, p. 42-61.

FUSSNER, F. S. *The Historical Revolution: English Historical Writings and Thought, 1580-1640.* Westport (CT): Greenwood Press, 1962.

GARRATY, J. A. *The Nature of Biography.* Nova York: Knopf, 1957.

GEORGE, F. *L'effet'yau-de-poêle: de Lacan et des lacaniens.* Paris: Hachette, 1979.

GOUBERT, P. *L'Ancien Régime,* t. I: *La société* (1969) ; t. II: *Les pouvoirs* (1973). Paris: Armand Colin, *1969*-1973. Coleção "U".

GRANGER, G.-G. *Essai d'une philosophie du style.* Paris: Armand Colin, 1968.

GROSSMAN, C.; GROSSMAN, S. *The Wild Analysts.* Nova York: Braziller, 1965.

GUATTARI, F. *Psychanalyse et transversalité.* Paris: Maspero, 1974.

GUYON, J.-M. *La Vie de Mme J.-M. B. de La Mothe Guion, écrite par elle-même,* Colônia [Amsterdã]: J. de La Pierre, 3 vols., 1720.

GUYON, J.-M. *Rencontres autour de la Vie et l'œuvre de Madame Guyon.* Grenoble: Jérôme Millon, 1997. [Coletânea de estudos dos melhores especialistas].

HALE JR., N. G. *Freud and the Americans: the Beginnings of Psycho-analysis in the United States, 1876-1917.* New York: Oxford University Press, 1971a.

HALE JR., N. G. *James Jackson Putnam and Psychoanalysis.* Cambridge (MA): Harvard University Press, 1971b.

HIRSCHMAN, A.: O. *The Passions and the Interests: Political Arguments for Capitalism before its Triumph.* Princeton: Princeton University Press, 1977. [*As paixões e os interesses: argumentos políticos para o capitalismo antes do seu triunfo.* Rio de Janeiro: Paz e Terra, 1979; Editora Record, 2002].

HIRSCHMAN, A. O. *Shifting Involvements: Private Interest and Public Action.* Princeton: Princeton University Press, 1982. [*De consumidor a cidadão: atividade privada e participação na vida pública.* São Paulo: Editora Brasiliense, 1983].

HORKHEIMER, M. Geschichte und Psychologie. *Zeitschrift für Sozialforschung,* t. 1, n. 1-2, 1932.

HOTTOIS, G. La hantise contemporaine du langage: essai sur la situation philosophique du discours lacanien. *Confrontations psychiatriques,* n. 19, p. 168-188, 1981.

HUGHES, H. S. *The Sea Change: the Migration of Social Thought, 1930-1965.* Nova York: Harper & Row, 1975.

IBM: L'ÉMERGENCE D'UNE NOUVELLE DICTATURE. *Les Temps modernes,* ano 31, n. 351, p. 482-527, outubro de 1975. [Autor anônimo, ex-diretor de vendas de IBM].

IMBERT, C. Stoic Logic and Alexandrian Poetics, In: SCHOFIELD, M.; BURNYEAT, M.; BARNES, J. (eds.). *Doubts and Dogmatism: Studies in Hellenistic Epistemology.* Oxford, 1980, p. 182-216.

JAKOBSON, R. *Essais de linguistique générale.* Tradução francesa de N. Ruwet. Paris: Éd. de Minuit, 1963.

JAY, M. *Permanent Exile: Essays on the Intellectual Migration from Germany to America*. Nova York: Columbia University Press, 1986.

JEWSIEWICKI, B. L'histoire en Afrique et le commerce des idées usages. *Canadian Journal of African Studies*, t. 13, n. 1-2, p. 69-87, 1979.

KANT, I. Qu'est-ce que "Les Lumières"? (dezembro de 1784). *La philosophie de l'histoire*. Paris: Aubier-Montaigne, p. 83-92, 1947. Tradução francesa.

KANT, I. *Werke*. Editado por W. Weischedel. Frankfurt, Main: Insel Verlag, 1957.

KARDINER, A. *My Analysis with Freud: Reminiscences*. Nova York: Norton, 1977.

KERNAN, A. B (Ed.). *Modern Shakespearean Criticism*. Nova York: Harcourt, Brace and World, 1970.

KLINE, M. *Mathematics in Western Culture*. Oxford University Press, reimpressão por Penguin Press, 1972.

KOLAKOWSKI, L. *Chrétiens sans Église*. Paris: Gallimard, 1969.

KUHN, T. S. *La structure des révolutions scientifiques*. Paris: Flammarion, 1972.

L'ARC, n. 30 [número especial dedicado a "Jean-Paul Sartre"]. *Jean-Paul Sartre répond*, p. 87-96, 1966.

LACAN, J. *Autres écrits*. Paris: Seuil, 2001. [*Outros escritos*. Tradução brasileira de Vera Ribeiro. Rio de Janeiro: Jorge Zahar Editor, 2003. Campo freudiano no Brasil; cf. "Ato de fundação", p. 235-247].

LACAN, J. *De la psychose paranoïaque*. Paris: Seuil, 1975b.

LACAN, J. *Écrits*. Paris, Seuil, 1966.

LACAN, J. Hommage fait à Marguerite Duras, du Ravissement de Lol V. Stein. *Cahiers M. Renaud et J.-J. Barrault*, dezembro de 1965. [Homenagem a Marguerite Duras pelo arrebatamento de Lol V. Stein. In: LACAN, J. *Televisão*. Versão brasileira de Antonio Quinet. Rio de Janeiro: Jorge Zahar Editor, 1993, p. 198-205].

LACAN, J. *Le Séminaire, Livre I: les écrits techniques de Freud*. Paris: Seuil, 1975c.

LACAN, J. *Le Séminaire, Livre VI: le désir et son interprétation* (1958-1959), xerox.

LACAN, J. *Le Séminaire, Livre XI: les quatre concepts fondamentaux de la psychanalyse*. Paris: Seuil, 1973.

LACAN, J. *Le Séminaire, Livre XX: encore* (1972-1973). Paris, Seuil, 1975a.

LACAN, J. *Séminaire sur l'"éthique de la psychanalyse"*, 1959-1960. [*Le Séminaire, Livre VII: l'éthique de la psychanalyse*. Paris: Seuil, 1986].

LACAN, J. *Séminaire sur les psychoses*, 1955-1956, xerox, Conferências de 30 de novembro, 7 e 14 de dezembro de 1955. [*Le Séminaire, Livre III: les psychoses*. Paris: Seuil, 1981].

LACAN, J. *Télévision*. Paris, Seuil, 1974. [*Televisão*. Versão brasileira de Antonio Quinet. Rio de Janeiro: Jorge Zahar Editor, 1993. Campo freudiano no Brasil].

LACOUE-LABARTHE, P. e NANCY, J.-L. *Le titre de la lettre*. Paris: Galilée, 1972.

LAPLANCHE, J.; PONTALIS, J.-B. *Vocabulaire de la psychanalyse*, 2. ed. revista. Paris: PUF, 1968.

LATOUR, B.; WOOLGAR, S. *Laboratory Life: The Social Construction of Scientific Facts*. Beverly Hills (CA): Sage, 1979. [Tradução francesa: *La vie de laboratoire. La production des faits scientifiques*. Paris: La Découverte, 1988].

LAURET, J.-C.; LASIERRA, R. *La torture blanche*. Paris: Grasset, 1975.

LE GOFF, J.; NORA, P. *Faire de l'histoire*. Paris: Gallimard, 1974.

LE GOFF, J. et alii. *La Nouvelle Histoire*. Paris: Retz, 1978.

LECLERCQ, d. J. *L'amour des lettres et le désir de Dieu*. Paris: Cerf, 1957.

LEGENDRE, P. *L'amour du censeur: essai sur l'ordre dogmatique*. Paris: Seuil, 1974.

LEJEUNE, P. *Le pacte autobiographique*. Paris: Seuil, 1975.

LEVINAS, E. *Totalité et infini*. 4. ed. Haia, Holanda: Nijhoff, 1971. [*Totalidade e infinito*. Lisboa: Edições 70, 2000].

LÉVI-STRAUSS, C. *L'origine des manières de table*. Paris: Plon, 1968.

LÉVI-STRAUSS, C. *Tristes tropiques*. Paris: Plon, 1955.

LINDENBERG, D.; MEYER, P. A. *Lucien Herr: le socialisme et son destin*. Paris: Calmann-Lévy, 1977.

LONDON, A. *L'aveu*. Paris: Gallimard, 1968.

MACCIOCHI, M. A. *Pour Gramsci*. Paris: Seuil, 1974.

MACFARLANE, A. *The Origins of English Individualism: the Family, Property and Social Transition*. Blackwell: Cambridge University Press, 1978.

MACK, M. The Jacobean Shakespeare: Some Observations in the Construction of the Tragedies, In: KERNAN, A. B (Ed.). *Modern Shakespearean Criticism*. Nova York: Harcourt, Brace and World, 1970, p. 323-350.

MACPHERSON, C. B. *The Political Theory of Possessive Individualism*. Oxford: Clarendon Press, 1962.

MAJOR, R. (Org.). *Géo-psychanalyse: les souterrains de l'institution* (p. 129-145). Paris: Confrontation, 1981.

MARCUSE, H. *Culture et société*. Tradução francesa de G. Billy, D. Bresson e J.-B. Grasset. Paris: Éd. de Minuit, 1970. Coleção "Le sens commun" dirigida por P. Bourdieu. [Título original: *Kultur und Gesellschaft*].

MARCUSE, H. *Éros et civilisation: contribution à Freud*. Paris: Éd. de Minuit, 1963.

MARCUSE, H. Le vieillissement de la psychanalyse. In: MARCUSE, H. *Culture et société*. Paris: Éd. de Minuit, 1970, p. 85-106. [Conferência pronunciada em Nova York, durante a reunião anual da American Political Association, com o título "Obsolescence of psychanalysis". Tradução francesa de D. Bresson a partir de *Kultur und Gesellschaft*, 2].

MAZLISH, B. (Ed.). *Psychoanalysis and History*. Nova Cork: Grosset and Dunlop, 1971.

MAZLISH, B. Clio on the Couch. *Encounter*, t. 31, n. 3, 1968.

MEHLMAN, J. *Émigrés à New York - Les intellectuels français à Manhattan (1940-1944)*. Traduzido do inglês por P.-E. Dauzat, Paris: Albin Michel, 2005.

MEYERHOFF, H. On Psychoanalysis and History. *Psychoanalysis and Psychoanalytic Review*, t. 42, n. 2, 1962.

MILLER, J.-A. Jacques Lacan, 1901-1981. *Ornicar?*, suplemento n. 24, p. 7-31, 9 de setembro de 1981.

MORALES, C. Poder del discurso. *Historia y Sociedad*, n. 8, p. 39-48, 1975.

NICOLAU DE CUSA. *De la pensée*, in Cassirer, 1983.

NIETZSCHE, F. *Considérations inactuelles*, II, 4. Paris: Aubier, 1964.

NORA, P. (Ed.). *Essais d'ego-histoire*. Paris: Gallimard, 1987. Coleção "Bibliothèque des histoires".

O'MALLEY, J.W. *Les premiers jésuites 1540-1565*. Paris: Desclée de Brouwer; Montréal (QC): Bellarmin, 1999. Coleção "Christus", n. 88, [Tradução francesa por É. Boné de *The First Jesuits*. Cambridge, Mass.: Harvard University Press, 1993].

OGDEN, C. K. *Bentham's Theory of Fictions*. Londres: Kegan Paul, 1932.

ORAISON, M. *Vie chrétienne et problèmes de la sexualité*. Paris: P. Lethielleux, Collection du Centre d'études Laënnec, 1952.

OZMENT, S. E. *Mysticism and Dissent*. New Haven (CT): Yale University Press, 1973.

PASQUALINI, J. *Prisonnier de Mao*. Paris: Gallimard, 1975.

POPPER, K. R. *La logique de la découverte scientifique*. Paris: Payot, 1973.

QUINE, W.V.; ULLIAN, J. S. *The Web of Belief*. Nova York: Random House, 1970.

RABANT-LACÔTE, C. Sur deux sculptures de Miró. *L'Art vivant*, n. 38, abril, 1973.

RANK, O.; SACHS, H. *De l'importance de la psychanalyse pour les sciences humaines*, 1913.

RECHERCHES, n. 21, março-abril de 1976. Histoires de La Borde: dix ans de psychothérapie institutionnelle à la clinique de Cour-Cheverny. [Revista do CERFI - *Centre d'études, de recherches et de formation institutionnelles* – 49 números entre 1966 e 1981].

REICH, W. *La psychologie de masse du fascisme* (1933). Paris: Payot, 1972.

REIFF, P. *The Mind of a Moralist*. Nova York: Viking, 1959.

REIK, T. *Le Rituel: psychanalyse des rites religieux*. Tradução francesa de Michel-François Demet. Prefácio de Sigmund Freud. Paris: Denoel, 1974.

REILL, P. H. *The German Enlightenment and the Rise of Historicism*. Berkeley: University of California Press, 1975.

RICHARD, J.-P. Mallarmé et le rien, d'après un fragment inédit. *Revue d'histoire littéraire de la France*, t. 64, p. 633-644, 1964.

RIHOIT, C. *Les petites annonces*. Paris: Gallimard, 1981.

ROBIN, R. *Le cheval blanc de Lénine ou l'histoire autre*. Bruxelas: Complexe, 1979.

ROBINSON, P. *The Freudian Left*. Nova York: Harper, 1969.

ROGER, J. *Les Sciences de la vie dans la pensée française du XVIIIe siècle*. Paris: Armand Colin, 1963.

ROHRMOSER, G. *Das Elend der Kritischen Theorie*. Friburgo: Rombach, 1970.

ROUDINESCO, É. *Généalogies*. Paris: Fayard, 1994a.

ROUDINESCO, É. *Histoire de la psychanalyse en France. 2 - 1925-1985*, nova ed. Paris: Fayard, 1994b.

ROUDINESCO, É. *Jacques Lacan: esquisse d'une vie, histoire d'un système de pensée*. Paris: Fayard, 1993.

ROUDINESCO, É.; PLON, M. *Dicionário de Psicanálise*. Rio de Janeiro: Jorge Zahar, 1998.

SAINT-JOHN PERSE. *Œuvres complètes*. Paris: Gallimard, 1972. Coleção "La Pléiade".

SCHEFER, Jean-Louis. *L'invention du corps chrétien*. Paris: Galilée, 1975.

SCHMIDT, V. Éducation psychanalytique en Russie soviétique. *Les Temps Modernes*, 273, p. 1626-1647, março de 1969. [O original em alemão deste relatório havia sido publicado em 1924].

SCHOFIELD, M. *et alii*. *Doubt and Dogmatism*. Oxford: Clarendon Press, 1980.

SCHREBER, D. P. *Denkwürdigkeiten eines Nervenkranken*, Leipzig: Oswald Mutze, 1903 [*Mémoires d'un névropathe*. Paris: Seuil, 1975].

SCHÜRMANN, R. Trois penseurs du délaissement: Maître Eckhart, Heidegger, Suzuki. *Journal of the History of Philosophy*, t. 12, p. 475-477, 1974; e t. 13, p. 43-59, 1975.

SIMONS, H. W. Are Scientists Rhetors in Disguise? An Analysis of Discursive Processes within Scientific Communities. In: WHITE, E. E. (Ed.). *Rhetoric in Transition*. Pennsylvania State University Press, 1980, p. 115-130.

STEEL, D. Les débuts de la psychanalyse dans les lettres françaises: 1914-1922. *Revue d'histoire littéraire de la France*, t. 79, p. 62-89, 1979.

STROUT, C. Ego Psychology and the Historian. *History and Theory*, t. 7, n. 3, 1968.

STURROCK, J. (Ed.). *Structuralism and Since*. Oxford University Press, 1979.

TARDITS, A. *Les formations du psychanalyste*, Ramonville Saint-Agne: Érès, 2000. Coleção "Scripta".

THIBAUDET, A. Psychanalyse et critique. *Nouvelle revue française*, abril de 1921.

TILLY, C. Computers in Historical Analysis. *Computers and the Humanities*, t. 7, n. 6, p. 323-335, 1973.

TODOROV, T. *Introduction à la littérature fantastique*. Paris: Seuil, 1970.

TROTSKY, L. *Littérature et révolution*. Paris: Julliard, 1962.

VALÉRY, P. *Rhumbs*. Paris: NRF, 1933.

VENTURI, F. *Il populismo russo*. Turim: Einaudi, 1952.

VEYNE, P. *Comment on écrit l'histoire*. Paris: Seuil, 1971.

VIDAL-NAQUET, P. *La torture dans la République*. Paris: Maspero, 1972.

WARD, G. (Dir.). *The Certeau Reader* [coletânea de textos]. Blackwell: Oxford, 2000.

WEHLER, H.-U. (Ed.). *Geschichte und Psychoanalyse*. Colônia: Kiepenheuer, Witsch, 1971.

WEINSTEIN, F.; PLATT, G. History and Theory: The Question of Psychoanalysis. *Journal of Interdisciplinary History*, t. 2, n. 4, 1972.

WOLMAN, B. *The Psychoanalytic Interpretation of History*. Nova York: Basic Books, 1971.

WORTIS, J. *Soviet Psychiatry*. Baltimore: Williams and Wilkins, 1950.

WULFF, M. W. Die Stellung der Psychoanalyse in der Sowjet Union. *Psychoanalytische Bewegung*, 1930.

ZOUILLOUX, É. *Une Église en quête de liberté: la pensée catholique française entre modernisme et Vatican II (1914-1962)*. Paris, Desclée de Brouwer, 1998.

Índice onomástico

A

Abraham, Karl: 251
Ackerman, Nathan Ward: 251
Acquaviva: 32
Adler, Alfred: 79, 80
Adorno: 84
Agostinho, santo: 30, 224
Ahearne, Jeremy: 8
Alquié, Ferdinand: 105
Amnesty International: 196, 240
Andreano, Ralph: 47,
Andreas-Salomé, Lou: 79
Angelus Silesius: 191, 225
  Consulte também: Johannes Scheffler
Aragon, Louis: 214,
Aristóteles: 97, 119, 228, 229
Arrow, Kenneth J.: 56
Artaud, Antonin: 211
Augé, Marc: 7

B

Bajomée, Danielle: 217
Bally, Charles: 106
Barbu, Zevedi: 73
Barthes, Roland: 78, 106, 185, 187, 218
Bataille, Georges: 226
Béasse: 160
Beckett, Samuel: 228
Beirnært, Louis: 24, 25, 28, 29, 31, 35, 36
Benn, Gottfried: 200
Bentham, Jeremy: 69, 120, 185, 248
Benveniste, Émile: 105, 106
Bergerac, Cyrano: 173
Bergson, Henri: 83
Besançon, Alain: 73, 85
Bettelheim: 84
Blanchot, Maurice: 132, 145, 243
Blondel, Maurice: 25,
Bonaparte, Marie: 85, 243
Borda, Jean-Charles de: 56,
Borel, Pétrus: 241
Borges, Jorge Luis: 119, 139
Boutry, Philippe: 33
Breton, André: 85, 105, 121, 201, 214
Brown, Norman: 83
Bruno de Marie-Jésus: 27

Bullit, William C.: 11, 79

C

Canguilhem, Georges: 77
Carr, David: 38
Cassirer, Ernst: 247
Castel, Robert: 80, 114
Cavallera, Ferdinand: 24
Cazalis, Henri: 111
de Certeau, Michel: 3, 4, 7, 8, 9, 10, 12, 15, 16, 17, 18, 19, 21, 25, 28, 29, 31, 32, 33, 34, 35, 36, 37, 38, 39, 40, 41, 45, 57, 73, 77, 92, 100, 125, 131, 163, 171, 175, 178, 181, 188, 191, 196, 208, 217, 222, 223, 233, 234, 236, 237, 238, 239, 240, 249
Cervantes y Saavedra, Miguel de: 101
Chaplin, Charlie: 251
  Consulte também: Charles Spencer
Charcot, Jean Martin: 21, 84, 95, 96, 100
Charles Spencer: 251
Choay, Françoise: 15
Clastres, Pierre: 198
Clérambault, Gaëtan Gatian de: 21, 84
Cloulas, Ivan: 59
Condillac, Étienne Bonnot de: 56
Condorcet, Jean-Antoine-Nicolas de Caritat, marquês de: 56, 57
Corge, Charles: 58
Craig, John: 56
Crawley, Ernest: 77
Cuvillier, Armand: 23
Czubaroff, Jeanine: 50

D

Daman, Paul: 29
Damiens, Robert-François: 121, 160
Defoe, Daniel: 186
Deleuze, Gilles: 87, 122, 153
Demause, Lloyd: 83
Demos, John: 83
Derrida, Jacques: 186
Descartes, René: 32
Devereux: 85
Diderot, Denis: 127
Dilthey, Wilhelm: 178

Douglas Jack D.: 55
Dreyfus, Alfred: 123
Duberman, Martin: 67
Dumézil, Georges: 252
Dupront, Alphonse: 252
Duras, Marguerite: 252

E

Eckhart, Mestre (Johannes): 252
Éluard, Paul: 252
Empédocles: 208,
Erikson, Erik H.: 252

F

Fages, Jean-Baptiste: 252
Favre, Pierre: 252
Favret, Jeanne: 252
Faye, Jean-Pierre: 252
Febvre, Lucien: 252
Federn, Paul: 252
Ferenczi, Sandor: 252
Foucault, Michel: 4, 5, 10, 36, 39, 40, 117, 118, 119, 120, 121, 122, 123, 125, 126, 131, 132, 133, 134, 135, 136, 137, 138, 139, 140, 141, 142, 143, 144, 146, 147, 148, 149, 151, 152, 153, 154, 155, 156, 157, 158, 159, 160, 161, 162, 170, 236, 240, 242, 243
Fouilloux, Étienne: 26, 27
Frazer, James George: 77
Freud, Sigmund: 4, 5, 6, 11, 12, 13, 21, 22, 23, 24, 25, 26, 27, 29, 34, 35, 36, 37, 38, 69, 71, 73, 74, 75, 76, 77, 78, 79, 80, 81, 82, 83, 84, 85, 86, 87, 88, 92, 93, 94, 95, 96, 97, 98, 99, 100, 101, 102, 103, 104, 105, 106, 107, 108, 109, 110, 113, 114, 115, 120, 124, 144, 151, 171, 174, 186, 191, 203, 205, 207, 213, 214, 215, 217, 220, 221, 222, 223, 224, 226, 227, 228, 229, 232, 240, 242, 244, 245, 246, 247, 248
Freud, Anna: 86, 93
Friedländer, Saul: 12, 73
Frink, Horace W.: 82
Fromm, Erich: 84
Fumaroli, Marc: 68
Furet, François: 59
Fussner, F. Smith: 68

G

Garnier, Pierre: 240
Garraty, John A.: 83
Geffré, Claude: 8, 238
George, François: 217
Giard, Luce: 3, 4, 5, 7, 8, 15, 19, 30, 41, 91, 151, 235, 236, 237, 239
Gide, André: 21, 85
Girardet, Raoul: 40
Goering, Hermann (marechal): 81
Goubert, Pierre: 177
Gramsci, Antonio: 124, 247
Granger, Gilles-Gaston: 32
Granoff, Wladimir: 29
Grégoire, Henri: 15, 233, 237
Groddeck, Georg: 79
Grossman, Carl e Sylvia: 84
Guibert, Joseph de: 24
Guyon, Jeanne-Marie: 191, 244

H

Haan, Norma: 38
Habermas, Jürgen: 38
Hadewijch de Antuérpia: 191, 225
Haitzmann, Christoph: 12
Hale Jr., Nathan G.: 83
Hegel, Georg Wilhelm Friedrich: 227
Heidegger, Martin: 249
Herr, Lucien: 124, 247
Heyndels, Ralph: 217
Hirschman, Albert O.: 38, 67, 103
Hitler, Adolf: 84
Hold, Jacques: 217
Horkheimer, Max: 73, 84
Hottois, Gilbert: 218
Hughes, H. Stuart: 22
Hume, David: 67, 103
Hymes, Dell H.: 128
Hyppolite, Jean: 228

I

Imbert, Claude: 100
Inácio de Loyola: 14, 15, 31

J

Jahoda, Marie: 84
Jakobson, Roman: 215
James, William: 83, 244
Janet, Pierre: 21, 84
Jay, Martin: 22
Jeanne des Anges: 32, 234
  Consulte também: Jeanne de Belcier
Jean-Paul: 88, 100, 245
  Johann Paul Friedrich Richter. 100, 245
  Consulte também: Jean-Paul

Jensen, Wilhelm: 217, 243
João da Cruz (Juan de la Cruz; Juan de Yepes): 193, 201
Johannes Scheffler: 251
Jones, Ernest: 79, 221
Jouve, Pierre-Jean: 85
Joyce, James: 214
Julia, Dominique: 57, 234, 239
Jung, Carl Gustav: 12, 24, 25, 79, 80, 81, 82, 226

K

Kant, Immanuel: 88, 101, 123, 219, 228, 236
Kardiner, Abram: 82
Kleist, Heinrich von: 88, 100
Kline, Morris: 56
Kojève, Alexandre: 227
Kolakowski, Leszek: 196
Koyré, Alexandre: 228
Kuhn, Thomas S.: 10

L

Lacan, Jacques: 13, 22, 29, 85, 185, 210, 247, 249
Lacan, Marc-François: 225
Lacoue-Labarthe: 217
Lagache, Daniel: 28, 85
Laplanche, Jean: 28
Lasierra, Raymond: 196
Latour, Bruno: 10
Lauret, Jean-Claude: 196
Le Bon, Gustave: 76
Leclercq, dom Jean: 225
Legendre, Pierre: 128, 155
Le Goff, Jacques: 38, 71
Lehmann, Andrée: 27, 29
Lejeune, Philippe: 112
Lenau, Nikolaus (Franz Niembsch von Strehlenau): 87, 100
Leonardo Da Vinci: 77, 88, 100, 107
Levinas, Emmanuel: 187
Lévi-Strauss, Claude: 165, 169
Lévy, Philippe: 184, 191, 247
Lindenberg, D.: 124
Locke, John: 67, 103
Loewenstein, Rudolph: 22
London, Arthur: 196
Lucas, são: 195
Lutero, Martinho: 225

M

Macciochi, Maria Antonietta: 124
Macfarlane, Alan: 56, 101
Mack, Maynard: 98
Macpherson, C. B.: 56, 101
Major, René: 39
Mallarmé, Stéphane (Étienne): 17, 110, 111, 114, 115, 147, 248
Mangenot, Joseph-Eugène: 23
Maquiavel, Nicola: 232
Marcuse, Herbert: 84, 85
Marie-Joseph du Sacré-Cœur: 27
Marx, Karl: 81, 84, 102, 120
Mayer, Andreas: 36, 236
Mazlish, Bruce: 73
Merleau-Ponty, Maurice: 124, 235
Meyer, Konrad Ferdinand: 88, 100, 124
Meyer, Pierre André: 88, 100, 124
Meyerhoff, H.: 73
Michelangelo Buonarroti: 104
Michelet, Jules: 51, 78, 187, 240
Miller, Jacques-Alain: 209
Miró, Joan: 188, 248
Moingt, Joseph: 36
Morales, Cesareo: 153
More, Thomas: 114, 238
Moscovici, Serge: 155
Mounin, Georges: 217
Mühlmann, Wilhelm Emil: 175

N

Nacht, Sacha: 85
Nancy, Jean-Luc: 217
Nicolau de Cusa (Nikolaus von Kues): 127
Nietzsche, Friedrich: 79, 182
Nixon, Richard: 49
Nora, Pierre: 29, 40, 41
Nygren, Anders: 224

O

Ogden, Charles Kay: 69
O'Malley, John W.: 30
Oraison, Marc: 28
Orcibal, Jean: 14
Ozment, Steven E.: 196

P

Pascal, Blaise: 143, 224
Pasqualini, Jean: 196
Paulo, são: 224, 228
Pavlov, Ivan Petrovitch: 82
Peter, Jean-Pierre: 57, 187
Peyré, Ives: 39
Platão: 56
Platt, Gerald M.: 73
Plé, Albert: 27
Pontalis, Jean-Bertrand: 28

Popper, Karl R: 10, 46, 50
Psellos, Michel: 23
Pseudo-Dionísio, o Areopagita: 146
Psichari, Ernest: 24
Putnam, James Jackson: 79, 82, 244

Q

Quine, Willard van Orman: 112

R

Rabant-Lacôte, Christine: 188
Rank, Otto: 78, 79, 221
Rather, Dan: 52
Reich, Wilhelm: 84, 85, 242
Reiff, Philipp: 83
Reik, Theodor: 78, 79
Reill, Peter Hanns: 57
Revel, Jacques: 57
Ribot, Théodule: 21, 84
Richard, Jean-Pierre: 110, 111
Richelieu, Armand Jean
 du Plessis, cardeal de: 32
Rihoit, Catherine: 232
Rivière, Jacques: 22, 85
Robin, Régine: 67
Robinson, Paul: 84, 101, 186, 188, 190, 241
Roger, Jacques: 131, 240
Rohrmoser, Günther: 84
Romains, Jules: 85
Roudinesco, Élisabeth:
 12, 22, 28, 29, 41, 210
Rousseau, Jean-Jacques: 67
Roussel, Raymond: 121, 132, 134, 243
Rousselot, Pierre: 224
Ruwet, Nicolas: 245

S

Sachs, Hans: 78, 79
Sade, Donatien Alphonse François,
 marquês de: 146, 214, 228
Saint-John Perse (Alexis Léger): 190
Sartre, Jean-Paul: 86, 124, 245
Saussure, Ferdinand: 169
Schefer, Jean-Louis: 202
Schilder, Paul: 79
Schiller, Friedrich von: 109, 110, 111
Schmidt, Vera: 82
Schreber, Daniel Paul: 34, 189, 190, 192, 193,
 194, 195, 199, 202, 203, 204, 215
Sédat, Jacques: 36, 94
Shakespeare, William: 98, 214, 221, 247
Simons, Herbert W.: 55
Smith, William Robertson: 77

Sófocles: 214, 221, 229
Spinoza, Baruch: 67, 103
Steel, David: 214
Steiner, Rudolf: 79
Strout, Cushing: 73, 83
Surin: 20, 32, 33, 34, 234, 237
Suso (Heinrich Seuse): 196
Suzuki: 249

T

Tardits, Annie: 28
Tausk, Viktor: 79
Teresa de Ávila (Teresa de Cepeda
 y Ahumada): 191, 205, 225
Thibaudet, Albert: 85
Tilly, Charles: 59, 60
Todorov, Tzvetan: 91
Trotsky, Léon: 82
Tudal, Antoine: 212

U

Ullian, Joseph S.: 112

V

Vacant, Alfred: 23
Valéry, Paul: 124, 125, 236
Velásquez, Diego da Silva y: 121
Venturi, Franco: 124
Verne, Jules: 132
Veyne, Paul: 67, 236
Vidal-Naquet, Pierre: 41, 196
Vidocq, François Eugène: 160
Viller, Marcel: 24
Vnukov, V.: 82

W

Wagner, Richard: 79
Waugh, Evelyn: 183
Wedekind, Frank: 87, 100
Wehler, Hans-Ulrich: 73
Weinstein, Fred: 73
Weischedel, Wilhelm: 245
White, Eugene E.: 153
Wilson, Thomas Woodrow: 12, 79, 244
Wittgenstein, Ludwig: 119, 218
Wolman, Benjamin: 73
Wortis, Joseph: 82
Wulff, Moshe W.: 81, 82

Z

Zola, Émile: 123, 124
Zweig, Arnold: 94, 95

Este livro foi composto com tipografia Bembo e impresso
em papel Off-White 80 g/m² na Formato Artes Gráficas.